韓国最大の支援団体の
実像に迫る

慰安婦運動、聖域から広場へ

沈揆先 *SHIM, Kyu-Sun*
箱田哲也 訳

朝日新聞出版

目次

慰安婦運動、聖域から広場へ

韓国最大の支援団体の実像に迫る

第1章　尹美香・慰安婦・大統領

第2章　慰安婦合意と和解・癒やし財団

日本語版の出版にあたって

内部監視者としての記録

誰もが本を出す世の中だ。しかし、誰もが注目されるわけではない。拙著を日本で翻訳出版することは私にとって大きな意味がある。そして、ありがたい。大きな意味があるというのは、ジャーナリストとして生きてきた30年間、書物にお世話になってきたからであり、ありがたいというのは、拙著がそれでも日本で翻訳するだけの本だと認められたと信じるためである。

昔は本を書く人が能動的で、読む人は受動的だった。著者中心の世の中だった。しかし、最近は反対に、読者中心の世の中だ。どれだけ良いテーマで、どれだけ力を入れて本を書いても、読者が共感しなければ特別な意味がない。だから、日本の読者たちがこの本をどう受け入れてくれるか、筆者である私としても非常に気にかかる。

この本を書いた直接のきっかけは、2020年5月に起きた「ユン・ミヒャン（尹美香）事件」だった。それは予期せず、慰安婦被害者であるイ・ヨンス（李容洙）さんの告発から始まった。尹氏と30年間にわたり、同志のように過ごしてきた李容洙さんが、慰安婦支援団体の金銭問題などに疑問を呈すると、メディアは直ちに反応した。慰安婦支援団体という「報道の聖域」が崩れる瞬間だった。メディアは支援団体の「日本軍性奴隷制問題解決のための正義記憶連帯（正義連）」と［団体の前代表で、支援活動の象徴的存在である］尹美香氏を自由に批判した。以前には想像できなかったことだった。私がこの本のタイトルを『慰安婦運動、聖域から広場へ』とした理由だ。

この事件がどんどん大きくなるなか、メディアの攻撃と尹美香氏、正義連の防御、尹美香氏、正義連の攻撃とマスコミの防御を注意深く見てきた。そして、この本を構想することになった。尹美香氏と正義連の防御には省略と隠蔽（いんぺい）が多く、攻撃には事実より主張が多かったためだ。（彼女らの過去の功績をそのまま認めるとしても）実家に陰口をたたこうというのではないが、メディアの攻撃と防御は物足りなかった。そうするしかなかったように見えた。30年間、まったく同じことを独占的にやってきて、被害者と国民、さらに国家から全面的な支持を受けてきた尹美香氏と正義連を急に取材して、相手の弱点を見つけるのは容易なことではない。専門家が、しかも粘り強く取り組まないと不可能なことである。だが韓国メディアはそのような準備ができていなかった。私も専門家ではない。にもかかわらず、この本を書こうと勇気を出したのは、私の目に見える「矛盾」と「疑問」だけでも、また、私が考える「事実」と「正義」だけでも記録しておかなければならないと思ったからだ。

尹美香事件が、油紙に火がついたように突然燃え上がったのには、三つの理由がある。第一に、先に触れたように、李容洙さんという内部の核心人物が尹氏を直撃した爆発力のためだ。二つ目は、透明性を持って運営していると信じた慰安婦団体への失望から。三つ目は、「慰安婦運動」で国会議員にまでなった尹美香氏という人物のニュース性のためだ。

李容洙さんの役割と主張は本文に譲るとして、正義連という団体を見てみよう。正義連は現在、大韓民国で最も強力な市民団体と言っても過言ではない。正義連の前身は「挺対協」である。挺対協は1990年、37の女性団体が集まって発足した「韓国挺身隊問題対策協議会」の略称だ。発足当時は慰安婦を「勤労挺身隊」［戦争中の労働力不足を補うための強制的な勤労動員組織］と混同して使っていたころだった。同団体が、２０１５年の韓日慰安婦合意［韓国側が設置する元慰安婦支援の財団に、日本が政府予算を拠出することなどを盛り込んだ日韓両政府による初の慰安婦問題での合意］に反対して２０１６年に設立された「日本軍性奴隷制問題解決のための正義記憶財団」と18年に統合し、現在の「日本軍性奴隷制問題解決のための正義記憶連帯」となった。正義連は、正義記憶連帯をさらに短くした略称だ。

挺対協と正義連は30年間活動し、一方では成就の道を歩み、他方では独占の道を歩んできた。そのため、規模も大きくなり、影響力も増していった。そして「金城鉄壁」［守りのかたい城壁のこと。転じて、堅固な物事のたとえ］となった。それが可能だったのは、もちろん運動家たちの努力のためだ。しかし、国民の支持と国の支援がなかったら、今日のような地位を得ることはできなかっただろう。このように制約を受けない空気が長らく続き、「被害者中心主義」が徐々に「団体中心主義」に変質したようだ。私は正義連が真の「被害者中心主義」をどう具現するか、真剣に悩むことが今回の事件から学ぶべき教訓だと考える。

尹美香氏は「成功神話」を利用した。もちろん、挺対協に関わり、いわゆる「出世」した人物は尹氏の以前にもいた。国会議員を5期務めたイ・ミギョン（李美卿）氏や女性相になったチ・ウンヒ（池銀姫）氏がその代表である。尹氏が彼女らと違うのは、ただひたすら挺対協と正義連で育ったという点だ。彼女は大学と大学院で神学を学んだ後、１９９２年に挺対協の幹事になったのを皮切りに団体との縁を結んだ。事務局長、事務総長を経て、２００５年からはずっと挺対協常任代表を務め、18年からは正義連理事長となって、国会に進出した。他のことをしたことがない。彼女は挺対協・正義連とともに成長し、挺対協・正義連もまた尹氏とともに成長した。このような状況下、他の職員たちが団体運営について彼女に小言を言ったり、歯止めをかけたりするのは難しかっただろう。

尹美香事件が韓国において持つ意味は何か。いわゆる保守と進歩の反応が異なる。もちろん、韓国にも原論的な意味での保守と進歩がある。しかし、私は最近、韓国の保守と進歩がまともに機能しているか疑わしく感じる。保守と進歩は違いを認めるが、共存を志向する。鳥が二つの翼で飛ぶように。だが最近の韓国の進歩と保守は、相手方を認めない。翼一つで飛ぶというのだ。

さらに大きな問題がある。どちらの側も、自分の陣営にいる人が過ちを犯してもそれを過ちと考えず、相手陣営にいる人の過ちは、ほんのわずかな過ちでも大きな過ちと考える。いや、考えるだけでなく、そうだとばかりに声を荒らげて行動する。韓国ではこれを「陣営論理」と言う。このため「常識」と「正義」は瀕死直前だ。一つの翼で飛ぶというだけでは足りず、その翼にある腐った羽さえ引き抜かないということだ。私は、韓国の最大の弊害は、この極端な陣営論理だと考える。陣営論理は、左右の理念対立が最も悪い姿で現れたのだ。

陣営論理という側面から尹美香事件を見ればどうか。尹氏は進歩陣営出身なので、保守陣営は彼女を強く批判するが、進歩陣営はそうではない。元慰安婦らの人権を無視したという点から、弱者を利用したという点から、職業倫理がきちんとしていなかったという点から、進歩側も当然批判すべきだ。しかし、「価値」より「陣営」が優先される国では、そんなことは起こらない。むしろ彼女を擁護してやったり、意見を代弁してやったりする。保守系関係者が過ちを犯しても、似たような現象が起こるだろう。こうした点で、いわゆる進歩系メディアが「意外に」、尹美香事件を批判的に報道したのは特筆すべきことだ。

尹美香氏は、私的な不動産問題によって、彼女が所属していた「共に民主党」から２０２１年６月に除名されたため、無所属となった。前年の２０２０年９月、検察は彼女を横領、詐欺、背任などの容疑で在宅起訴し、2021年8月に初公判があった。私はこの本でも明らかにしたが、裁判でどのような結果が出ようとも、世間はすでに「尹美香有罪」との判決を下したと考える。尹氏と挺対協、正義連は、他に金を稼いだことがない。ひたすら慰安婦被害者のために、一般国民や企業、地方自治体、国からの義援金、寄付金、支援金、補助金だけで団体を運営してきた。であるなら、いかなる疑いも受けないほど透明に団体を運営しなければならないが、尹氏はそうではなかった。市民団体の責任者は、それ一つをとっても有罪である。

日本での出版を嬉しく思う一方で、心配もある。この本を読む日本の読者たちが、韓国の大手新聞社の大記者［韓国の新聞社にある最高位の役職］を務めた人間まで、ムン・ジェイン（文在寅）政権と尹美香氏を批判するのを見て、慰安婦問題は日本の誤りがあまりなかったと誤読しないかということである。はっきり言っておくが、私が韓国を批判するのは、日本をかばうためではなく、韓国がより堂々とした国になってほしいという思いからだ。つまり、ジャーナリストが普段すべきことをするだけだ。

過去の歴史問題に関しては、日本にも言いたいことが少なくない。一言だけ加えるとすれば、「国家間の合意は万能ではなく、合意は問題の終わりではなく管理の始まりだ」と言いたい。その他にもたくさん言いたいことはあるが、それでも言葉を惜しむのは「悲しい現実」のためである。最近、韓国と日本は互いに相手の主張に耳を傾けない。そのため、言ってみても無駄だ。だから、日本に対する批判は韓国ではなく、日本のメディアと知識人がするのがそれでもまだマシだ、という結論に至った。私は、そんなことをこの本に限って言うのではない。韓国でも日本でも、機会があるたびに同じことを言ってきた。そのため、日本の読者がこの本を読み、誰を支持するとか批判するとかと二分するのではなく、韓国にも言いにくいことを言うために努力するジャーナリストがいる、ということを理解してもらえると、ありがたく思う。

この場を借りて、拙著を翻訳出版する朝日新聞出版の海田文氏に感謝したい。また、少なからぬ分量を翻訳するために力を尽くしてくれた朝日新聞の箱田哲也論説委員にも、特別に感謝する。同じ道を歩むジャーナリストとして、そして海を挟んだ友人として、25年以上築いてきた縁が著述と翻訳に結びついたことを嬉しく思う。

２０２１年11月

故郷安城の書斎で

シム・ギュソン（沈揆先）

出版にあたって

記事で彩るステンドグラス

この本は、慰安婦支援団体の前代表が業務上横領などで在宅起訴された「ユン・ミヒャン（尹美香）事件」と2015年の「韓日慰安婦合意」、また、強制徴用問題［日本の植民地支配下にあった朝鮮半島から動員された元徴用工らが日本企業に損害賠償を求めた訴訟で、韓国大法院（最高裁判所）は日本企業に賠償を命じた。これに対し、日本政府は国際法違反だとして韓国政府に是正を求め、激しく対立している］と日本政府を相手取った慰安婦訴訟［元慰安婦らが日本政府に損害賠償を求め、原告が勝訴した訴訟。日本政府は国際法の原則に反するとして控訴せず、一審判決が確定した］など、日韓間の最も敏感な懸案を扱っている。今まさに動いている問題ゆえ、最近出た記事を多く引用した。元々そのような形で本を書こうとはしていた。しかし、韓国言論界のある知人が「大手新聞社の大記者ほどの人が、後輩たちの記事を集めて簡単に本を書いたという印象を与えかねない」と心配してくれた。だから、少しだけ「言い訳」しておこうと思う。

文章や論文を書く際、つぎはぎやコピペをすれば非難されて当然である。原典の出所を隠し、まるで本人が書いたかのように偽ることは許されない。だが、この本はそれとは正反対だ。私が引用した記事は正確に出どころを明らかにし、歪曲（わいきょく）の素地を減らすために、記事、コラム、声明書、判決文、法の条文などを十分に引用した。

直接取材すれば済むことではないか、との指摘もあるだろう。しかし、尹美香事件や韓日慰安婦合意、徴用問題と慰安婦判決などは一般の事件・事故とは異なり、現場というのがない。発言と解釈、主張と反論、解決案、声明、判決文などが主な素材だ。私の本に必要なものはまさにそれらであり、それゆえ引用がすなわち取材とも言える。

私はなぜこの本を書くのか。私は記事というガラス片を使って、自分だけのステンドグラスをつくろうと試みた。そのステンドグラスを通じて、25年近く記者として、日本の問題に取り組んできた私だけの見方を示したかった。そのためには被害者や支援団体の声明、司法の判決文、学者の論文などよりも自由な方式が必要であり、悩んだ末の結果がこの本である。結局、私が長い間携わってきたジャーナリズムの世界を示す書き物になったようだ（告白すると、関連記事を読みあさり、必要な記事だけを選り分けるのは、机の上で自分の意見を書くことよりしんどい）。

記者仲間の間でよく言われる話がある。「最も書きやすいのは一人で書く記事で、最も書きにくいのは多くの記者が一斉に書く記事だ」と。特ダネ記事は適当に書いても皆が注目するが、皆がよーいドンで書く記事には、何か変わった内容や主張、見解がなければ意味がない。この本も後者に属する。この本は、韓日間の懸案を扱う多くの記事をどう読み、分析し、整理するかを示す、小さな試みだと評価してもらえれば、ありがたく思う。

위안부 운동, 성역에서 광장으로
(Comfort women movement, from sanctuary to plaza)
by SHIM, Kyu-Sun

First published in Korea in 2021 by Nanam Publishing House Co., LTD
Japanese translation rights arranged with Nanam Publishing House Co., LTD
through BC Agency and Japan UNI Agency.

装丁・渋澤 弾（弾デザイン事務所）

慰安婦運動、聖域から広場へ

韓国最大の支援団体の実像に迫る

・引用は、日本語訳がある場合は日本語の資料を一部用いた
・補足説明が必要な箇所については訳注を［ ］で加えた
・尹美香氏の敬称は基本的に「氏」で統一したが、引用箇所の肩書き・敬称については原文のまとした。韓国のメディア等では、尹氏が2020年4月15日の総選挙で国会議員に当選したのちは「(国会議員)当選人」、同年6月1日以降の任期中は「議員」を使用している場合が多い
・日本でいう「徴用工問題」における「徴用」「動員」について、韓国ではこの二語が混在しており、使い分けに厳密なルールはない。そのため、本書でもどちらかに統一せずに原文のままとした。ただし、「動員」の章初出についてのみ（徴用）と補足を入れた
・1ウォン＝0・10円（2021年12月7日時点）

プロローグ

尹美香事件と文喜相法案、法と感情の間

ムン・ジェイン（文在寅）大統領が2021年1月18日、新年の記者会見で、韓日間の懸案について言及した内容はとても意外だった。彼は会見の10日前に出た、日本政府を相手取った慰安婦訴訟で原告が勝訴した判決に困惑し、2015年の韓日慰安婦合意を公式な合意として認めた他、18年10月の強制徴用裁判の判決により、日本企業の資産を強制執行（現金化）することは望ましくない、と述べた。この発言は、文政権が韓日関係の適正な管理に失敗したことを認め、国益と国民感情のうち、国益を考慮する方に旋回したい、という意志を示したものだ。しかし、文政権の方向転換はあまりにも遅すぎた。

この本は①ユン・ミヒャン（尹美香）事件と慰安婦運動の批判的分析、②2015年の慰安婦合意と「和解・癒やし財団」［2015年の韓日慰安婦合意に盛り込まれた、元慰安婦の支援にあたる財団］の解散、③強制徴用問題とムン・ヒサン（文喜相）法案［当時の文喜相国会議長が徴用工問題の解決策として示した法案］に対する内容を扱う。尹美香事件に、より多くの比重を置いているが、三つの事案はいずれも、法と感情、国益と感情という相反する物差しのうちのどこかに位置しているという点では共通点がある。このような観点は、すべての懸案が、法と感情、国益と感情というどちらか一つの物差しだけで解決することができず、結局は二つの物差しの間のどのあたりかで解決するしかないことを示唆する。そ

れを認めるのが外交であり国際関係だが、我々韓国はこれまで、国内論理と国民感情を優位に置いてきたというのが事実だ。三つの事案を分析してみると、その傾向が明確である。

２０２０年９月14日、検察（ソウル西部地方検察庁）は尹美香氏［当時は与党「共に民主党」国会議員、21年6月に不動産問題で党から除名され無所属に］を詐欺、準詐欺、業務上横領及び背任など八つの罪で在宅起訴した。新聞は「裁判で明らかになろうが」「裁判所の判断が残っているが」「今後の裁判で罪が認められるのであれば」といった余地を残しつつ、尹氏の起訴容疑を批判した。

しかし、筆者の考えは違う。この事件には、法が断罪する問題と感情が断罪する問題が同時に存在し、検察と裁判所の前に、世間がまず感情で断罪したと考える。世間の判決は常に法の判決より早い。世間の判断は「尹美香有罪」である。感情が法の上に立つことができるかと問われるなら、我々は感情が法よりも正義だという経験をたくさんしてきたのではないのか、と言いたい。

尹美香事件は２０２０年５月７日、元慰安婦であるイ・ヨンス（李容洙）さんの記者会見から始まった。「30年間だまされるだけだまされ続けた」という李さんの「鬱憤（うっぷん）」を見ても、法でなだめてあげることはできなかった。２０１５年の韓日慰安婦合意当時、尹氏が日本政府の「10億円の拠出」を事前に知っていたかどうかは処罰の対象にならない。尹氏が国会議員になってはいけない、水曜集会［ソウルの日本大使館前で毎週水曜日に開かれる慰安婦問題の抗議集会］はなくすべきだ、慰安婦と勤労挺身隊を同様に扱わないで、といった李容洙さんの主張もまた対象外だ。「集会で金を集めて何をするんですか。（元慰安婦の被害者たちには）一つも使ったことはない」という李容洙さんの糾弾こそが、唯一の捜査の発端だったのかもしれない。

李容洙さんがこう発言すると、尹氏とその支持勢力は感情を利用した。「親日派」だ、「土着倭寇（わこう）」

〔韓国に自生する親日派＝背信者という意味で、日本を擁護する者らに使われる蔑称〕だといった言葉で、この事件を報じる保守的なメディアを批判した。しかし、「親日派」「土着倭寇」という批判フレームはそれほど大きな効果がなかった。検察が捜査に着手すると、今度は「法に則って捜査結果を見守ろう」と言い、起訴されるや、またも法にしがみついて「裁判所の判断を待とう」と態度を変えた。

尹美香氏や支持勢力が見逃したことがある。それは、「親日派」や「土着倭寇」という言葉で防御に乗り出した時、尹氏を攻撃した民心もまた、感情によって動いたということだ。元慰安婦を支援するという団体が「被害者中心主義」を守らなかったようだ、お金をたくさんためているが、元慰安婦たちには少ししか使わなかったらしい、支援団体が元慰安婦たちの機嫌をうかがうのではなく、元慰安婦たちが支援団体の機嫌をうかがっていたそうだ——そんな雰囲気が広がり、民心を刺激した。こんな疑いは感情の領域だ。報道と捜査は、感情に対する回答である場合が多い。今回も同じだ。

尹美香事件を感情の攻防から法の領域に持っていったのがメディアだ。メディアは李容洙さんの会見後、尹氏に対しては「寄付金流用疑惑」を、日本軍性奴隷制問題解決のための正義記憶連帯（正義連）には「会計不正疑惑」を集中的に提起した。市民らは、2020年5月14日から8月26日にかけ、計17件の告発と31件の陳情を検察に出した。

検察は、捜査着手から4カ月後に尹氏を在宅起訴したが、正義連の会計不正疑惑は不起訴処分にした（だからといって道義的責任までないというわけではない）。検察の今回の起訴は、「壁を建てた起訴」のように見える。尹氏個人に対しては責任を問うが、正義連に「免罪符」を与えることで尹氏と正義連の間に壁をつくったということだ。検察は正義連の理事一人だけを共犯として起訴した。韓国挺身隊問題対策協議会（挺対協）の理事10人や正義連の前・現職理事、理事経験者22人らは「容疑なし」とし、加担の程度が重くない会計実務者2人を起訴猶予にしたことも、壁を築こうとした印象を与えている。

尹氏と検察の法廷での攻防は、しばらく続くだろう。それでも「尹美香事件」の全貌を示すことはできまい。この本の第一章は、尹美香事件で論議や起訴の対象にはならなかったが、指摘しなければならない問題に対する筆者なりの意見を盛り込んだ。これは、尹氏が裁判でどのような判決を受けるかに関係なく、提起できると思う。

第二章は、韓日慰安婦合意と和解・癒やし財団の解散について論じた。慰安婦合意は間違っているという文大統領の固い信念は、財団をすぐに解散させるという強力な暗示として作用した。関係省庁は、大統領の考えに合わせて行動した。外交省は、慰安婦合意を検証するタスクフォースをつくり、事実上、合意を破棄する理論的根拠を提供した。女性家族省は財団に対する監査をした結果、これといった問題がないにもかかわらず、その事実を公開することをはばかり、理事の欠員を補充しなかったことで財団を機能不全に陥れた後、それを理由に財団を解散させた。行政安全省は、財団の業務上、生存している慰安婦と遺族らの所在把握と書類へのアクセスが必要であるにもかかわらず、「個人情報保護法」を盾にして協力しなかった。国会で与党は、国家予算で支援してきた財団の人件費と運営費を一銭も与えず、財団の解散だけを迫った。慰安婦合意と和解・癒やし財団は消えゆくしかなかったのである。

文大統領は、あとになって慰安婦合意を韓日間の正式合意と認めると述べたが、合意の根幹である和解・癒やし財団はすでに解散していたため、合意を破棄したも同然だ。この事案も、為政者が国際関係と国内感情のはざま、国益と国民感情のはざまで、それぞれ後者に偏った悪い先例として記録されるだろう。

第三章は、強制徴用判決と同問題を解決するための文喜相法案を扱った。この事案は、法より先に国民感情が断罪した尹美香事件とは反対に、立法は可能だが、国民感情が受け入れられていない例と言える。この法案については、本来責任を負うべき日本の「戦犯企業」が賠償に参加しないこともあり得るなど、様々な理由を挙げて反対する専門家が多い。それにもかかわらず筆者は文喜相法案に込められた意図や仕掛けを注意深く見てみる必要があると主張してきた。完璧さだけを追求するのではなく、不完全ではあるが研究の対象として見る必要がある。もし韓日両国がこの問題で再び交渉のテーブルに着くことになるのなら、同法案を避けて通ることはできないと予想するためだ。

三つの事案を法と感情、国益と感情の基準で分析でき、問題解決もこの二つの基準の間で解決できると考えるとは言ったが、もしかしたらそれよりも重要な問題を見過ごしているのかもしれない。信頼の問題だ。韓日両国は現在、底なしの不信の沼に陥っている。両国の懸案解決は、具体的な代案提示よりも相手に対する信頼回復から始めるべきかもしれない。

第1章

尹美香・慰安婦・大統領

1 尹美香事件を書くということ

以下は、イ・ヨンス（李容洙）さんが2020年5月7日に最初の記者会見をする2カ月前の3月に、筆者が書いた文章の一部分である。

これまで慰安婦問題や韓日関係に関わる支援団体・市民団体は、批判や牽制（けんせい）、監視を受けたことがない（良いことをしているのだから、なぜ批判や牽制、監視を受ける必要があるのかと言うのなら傲慢（ごうまん）だ。現代社会は、公私にかかわらず、透明な運営を前提に存在し、活動する）。こうしたガラパゴスのようなことが起きているのは、「日本に好意的な記事を書いてはいけない」という記者の「自己検閲」が働き、この「自己検閲」が支援団体や市民団体に対しては逆に「不利な記事を書いてはいけない」という過剰擁護メカニズムに変容するからだ。この点に関し、日本のある市民運動家が「韓国の市民運動を、被害者と支援団体に分けるべきだ」と主張したのは妥当だ。私たちはこれまで元慰安婦のハルモニ〔韓国では元慰安婦の被害者らのことを親しみを込めて「ハルモニ（おばあさん）」と呼ぶことが多い〕と彼女たちを支援する団体を「一心同体」と考えてきた。しかし、「和解・癒やし財団」が慰安婦被害者と接触する過程で、そうした前提は誤りだということを確認できた。

筆者はかねてより、慰安婦支援団体に対する問題意識を持っており、「ユン・ミヒャン（尹美香）事件」はその延長線上にある。その問題意識とは、元慰安婦と支援団体の倒錯した関係と団体中心主義的な運営方式だ。

李容洙さんの2020年5月7日の記者会見は、大きな波紋を広げた。彼女は、韓国挺身隊問題対策協議会（挺対協）と日本軍性奴隷制問題解決のための正義記憶連帯（正義連）の問題は、最近のものではなく、古い問題だと主張する。「30年間だまされた」という言葉がそれだ。9月14日、検察は尹美香氏を詐欺、準詐欺、横領、背任などの容疑で起訴した。

検察が出した資料を基に整理した捜査結果は次のとおりだ（検察捜査に対する尹美香氏の反論も紹介する。「被告人ら」とは、共犯として起訴された尹美香氏と正義連の理事一人を指す）。

◎起訴内容

補助金管理に関する法律違反、地方財政法違反、詐欺	
容疑内容	⑴被告人らは共謀し、挺対協が運営する「戦争と女性人権博物館」が法律上の博物館登録要件である学芸員を備えていないにもかかわらず、学芸員が勤務しているかのように虚偽の申請をして登録された博物館であるかのように国庫・地方補助金を虚偽申請して2013～20年、文化体育観光省から計10事業で計1億5860万ウォン、2015～20年、ソウル市から計8事業で計1億4370万ウォンが支給され、補助金不正受領及び詐欺 2件不正受領　計3億230万ウォン
共謀者	正義連理事
尹氏反論	挺対協は定められた手続きに従い、必要な一切の書類を提出し、要件を備え、補助金を受領して執行した

	容疑内容	⑵被告人挺対協は、挺対協の職員Ｂ○○、Ｃ○○らと共謀し、２０１４年１月から20年４月まで女性家族省の「慰安婦被害者治療事業」「慰安婦被害者保護施設運営費支援事業」と関連し、事実は人件費補助金を受け取っても人件費ではなく運営費など、他の用途に使用するにもかかわらず偽り、人件費補助金を申請して計７事業、計６５２０万ウォンの支給を受けた補助金不正受領及び詐欺
	共謀者	挺対協職員２名
	尹氏反論	補助金支援事業を通じて活動家が正当な労働の代価として受け取った人件費を団体に寄付した事実を、不正と詐欺だと歪曲・蔑視してはならない
寄付金品の募集及び使用に関する法律違反	容疑内容	⑶被告人らは共謀し、所轄官庁に登録せず、団体口座に２０１５～19年、挺対協及び戦争と女性人権博物館関連で約27億ウォン、２０１６～20年、正義連（名称変更前の正義記憶財団を含む）関連で約13億ウォン、２０１９～20年の「キム・ボクトンの希望」関連で約１億ウォンの計約41億ウォンの寄付金を募集
	共謀者	正義連理事
	尹氏反論	挺対協は定款でも明らかにしているように、挺対協の活動趣旨に共感し、支持する後援会員らの会費で主に運営された
	容疑内容	⑷被告人尹美香は管轄官庁に登録せず、個人口座に２０１５年ナビ基金（海外戦時性暴力被害者支援）名目約４千万ウォン、19年キム・ボクトンさんの葬儀費用名目で約１億３千万ウォンなど計約１億７千万ウォンの寄付金品を募集
	尹氏反論	キム・ボクトンさんの葬儀費用など通常の寄付金とは別の性格の弔慰金まで違法行為としている
業務上横領	容疑内容	⑸被告人尹美香は、２０１２年３月から20年５月までに個人口座五つを利用し、慰安婦被害者海外旅行経費、香典、ナビ基金などの名目で合計３億３千万ウォン余りを募金し、そのうち計５７５５万ウォンを個人用途として任意に消費 ⑹被告人尹美香は、２０１１年１月から18年５月まで挺対協経常費などの法人口座から、①支出の根拠や証憑なしに個人口座へ金員振替を受け、②個人支出領収書を業務関連の支出証憑資料として提出し、補てんしてもらうなどの方法により、計２０９８万ウォンを個人用途に任意消費 ⑺被告人尹美香は、２０１８年10月から20年３月まで挺対協の麻浦憩いの場の運営にかかる費用を保管していた職員Ｃ○○名義口座から合計２１８２万ウォンを振り込ませ、任意に消費 以上　３件　横領額　１億35万ウォン

罪名	区分	内容
	尹氏反論	検察は募金に個人名義の口座を使ったのが業務上横領だと主張する。しかし募金された金員はすべて公的用途に使用され、尹美香個人が私的に流用したことはない
準詐欺	容疑内容	⑻被告人挺対協は、麻浦の憩いの場所長の職員Ｃ○○と共謀して、２０１７年11月、重度の認知症を患っている日本軍慰安婦被害者Ｄ○○さんの心身障害を利用して、元慰安婦が受けた「女性人権賞」の賞金１億ウォンのうち５千万ウォンを正義記憶財団（現・正義連）に寄付するなど、その頃から20年１月まで正義連などに計９回にわたり計７９２０万ウォンを寄付・贈与させた
	共謀者	麻浦憩いの場職員
	尹氏反論	当時、元慰安婦たちは「女性人権賞」の意味をしっかり理解し、その意味をともにするために自発的に賞金を寄付した。重度の認知症を患っている元慰安婦をだましたという主張は、当該元慰安婦の精神的・肉体的主体性を無視したもので、「慰安婦」被害者をまたも侮辱する主張に検察は責任を負わなければならない
業務上背任	容疑内容	⑼被告人たちは共謀し、○○会社が社会福祉共同募金会に対し、「元慰安婦の住居施設支援」を目的に指定寄託した10億ウォンを、社会福祉共同募金会から配分を受けて事業を進めたが、事業目的や用途に不適合な住宅（安城憩いの場）を取引相場さえ確認せず、理事会できちんと価格を審査しないまま、知人から紹介された売り主の要求通り、相場より高い７億５千万ウォンで買収し、売り主に財産上の利得を取得させ、挺対協に損害を与えた
	共謀者	正義連理事
	尹氏反論	理事会で、きちんと価格を審査せず、売り主に財産上の利益を取得させ、挺対協に損害を加えたというが、検察は挺対協のすべての会議録を確認しており、挺対協に損害となる事項でもなかったため、背任は当たらない。これに関連して背任容疑がないと発表した検察の調査結果は、つじつまが合わない
公衆衛生管理法違反	容疑内容	⑽被告人らは共謀し、管轄区庁に届け出ず、２０１４年１月から19年７月まで安城憩いの場を市民団体、地域政党、個人等に約50回貸与し、合計約９００万ウォンを宿泊費として支給され、未申告の宿泊業を運用
	共謀者	正義連理事
	尹氏反論	安城憩いの場を未申告の宿泊施設として見た検察の見立てに惨憺たる思い。安城憩いの場は、日本軍慰安婦被害者たちのための空間だったが、これを活用する状況ではなかった。しかし、安城憩いの場は、日本軍慰安婦被害者の精神を受け継ぐための平和と連帯の空間として活用しており、空間を活用する団体の空間使用責任を付与するため、所定の費用を受けただけで、安城憩いの場を宿泊施設として認識した検察の見立ては不当

◎不起訴内訳

①個人財産関連

	告発　要旨	不起訴　理由
1	尹美香夫妻が申告した年収が5千万ウォンぐらいだが、数億ウォンの娘の留学費を支出したことからして、挺対協、正義連の資金を流用し、業務上横領	・尹美香本人の給与所得、講演などその他の副収入と配偶者が運営する新聞社の広告料など各種収入を総合すると、実際の家計収入は申告された夫妻の年収より多い ・約3億ウォンに達する留学資金は尹美香夫妻及び親戚らの資金、尹美香の配偶者の刑事補償金などで大部分が充てられた以上のことが確認された
2	挺対協、正義連の団体資金を流用し、貸し出しなどなしで現金で個人不動産購入	・居住アパート（2012年4月ごろに競売で取得）の購入資金の出所は、定期預金解約金及び家族、職員に借用した金員と確認 ・団体資金がアパート購入に使われたと考えられる証拠はなし
3	選挙管理委員会に申告した預金約3億ウォンに寄付金が含まれているという疑惑	・申告した預金3億ウォン相当は、尹美香がこれまで保有していた預金と配偶者の刑事補償金などが資金源
4	配偶者が運営する○○新聞社に不当に集中的に発注した業務上背任	・押収資料などによると、複数の業者から見積書を受け、提示金額が最も安い○○新聞社を選定
5	尹美香の父親を憩いの場の管理者に形式的に登録し、2014年1月ごろから20年4月ごろまでに計7580万ウォン支給	・尹美香の父親の日記の記載内容、通話基地局の位置などによると、父親が実際に憩いの場の管理者として勤務していたことが確認されるため、背任など犯罪と認めるのは困難

②団体会計処理など関連

	告発　要旨	不起訴　理由
1	補助金及び寄付金収入・支出内訳を国税庁のホームタックス［納税者が電子申告などを行えるサービス］に虚偽公示、あるいは公示漏れにより流用（公示上、「居酒屋での過剰支出」「2016～20年、国庫補助金の8億2千万ウォン漏れ」など）	・公示漏れなど、手抜き公示がかなりあったが、確認の結果、疑惑提起された部分について正常会計処理はされており、支出にも特に問題が発見されず ・国税庁ホームタックス虚偽公示及び漏れについて現行法上処罰規定はなし

2	挺対協・正義連が同じ事業で補助金をそれぞれ受け取るなど補助金の重複・過多支給	・挺対協、正義連による補助金の事業内容分析の結果、事業内容の詳細や毎年繰り返される事業で受領する補助金であることなどから、補助金の重複過多支給とは考えにくい
3	正義連の2017～19年の寄付金収入約22億1900万ウォンのうち、被害者直接支援事業等に使用した約9億1100万ウォンを除く約13億800万ウォンを流用して業務上横領	・正義連寄付金募金事業は、日本軍慰安婦被害者たちに対する直接支援事業だけでなく、たたえる事業、教育・海外広報、奨学事業など内容が多岐にわたっているので、被害者直接支援事業以外の事業にも使用できる
4	主務官庁である外交省及び人権委に寄付金及び補助金収入及び支出内訳を虚偽報告	・主務官庁に後援金の収入・支出を一部欠落して報告したが、公益法人として設立されたのではないため公益法人法を適用して処罰できない
5	2020年4月ごろ、安城憩いの場の値段が6億ウォン台にもかかわらず、4億2千万ウォンの安値で売却して業務上背任	・2020年8月7日基準の時価鑑定評価金額が約4億1千万ウォンである点、購入者がいなかったため約4年間売却が遅延された点を考慮すると背任とは言い難い
6	2011～12年ごろ、安城憩いの場を不法増築	・建築法公訴時効の5年が過ぎ公訴権がない

※その他提起された疑惑についても綿密に検討したが、嫌疑点は発見できなかった。

筆者は、検察が公開した様々な容疑の中でも、二つの点に注目する。

一つは業務上横領の疑いだ。

尹美香事件が起きた時、一般国民が最も疑ったのは、尹氏が寄付金や補助金に手を出したのではないかということだった。検察は娘の留学資金やアパート購入費、選挙管理委員会に申告した3億ウォンの現金は容疑がないことを確認した。

しかし、個人口座を利用した募金額から5755万ウォンを横領し、挺対協の経常費から2098万ウォンを、［元慰安婦が居住するなど福利施設として活用していた］「麻浦憩いの場」の運営費から2182万ウォンを個人口座に振り替えてもらい、流用したと発表した。全部で1億35万ウォンだ。検察はこの金がどこに使われたかは明らかにしなかったが、生活費や交通費などに使ったという報道がある。これが事実なら、挺対協や正義連は「元慰安婦の生活支援団体」ではなく、「尹美香の生活支援団体」になったという非難は避けられない。

本人の個人口座から募金した金を流用することは、本人がその気になればできるとしても、挺対協の法人口座や麻浦憩いの場の職員名義の口座から、尹美香氏の個人口座に送金することは、職員の黙認や協力がなければ不可能だ。これらの金をどのように会計処理したのかも気になる。正義連は検察の起訴こそ避けられたが、これらの事実に責任がないとは言えない。

尹美香氏がこの容疑に反論するやり方も少し変わっている。すべての事案に対して反論した尹氏が、個人募金流用容疑、挺対協経常費流用容疑、麻浦憩いの場運営費流用容疑に対しては、「募金された金員はすべて公的用途に使用され、尹美香個人が私的に流用したことはない」と一括反論した。この釈明は個人口座の募金については通じるかもしれないが、挺対協の経常費と麻浦憩いの場の運営費は「募金された金員」ではないため反論とは言えない。生半可に反論してかえって逆攻撃に遭うことを憂慮したのかもしれない。

次は準詐欺の疑いだ。

尹氏が麻浦憩いの場の職員と共謀し、そこで生活していたDさんの重度認知症を利用し、9回にわたり、計7920万ウォンを寄付、または贈与するよう誘導したというのが検察の主張だ。準詐欺は未成年者の知識不足や他人の心身障害を利用して財産上の利得を得た時に成立する犯罪である（刑法348条）。Dさんは、すでにキル・ウォンオクさんであることがわかったので、実名を書こうと思う。キルさんが2017年11月に「女性人権賞」でもらった1億ウォンのうち5千万ウォンを「キル・

ウォンオク女性平和賞」の基金として正義連に寄付したことはすでに知られている事実だ。当時、キム・ボクトンさんも「キム・ボクトン平和基金」として5千万ウォンを、ソン・シンドさんも「ソン・シンド希望の種基金」として1億ウォンを寄付した。

この容疑に対しては、検察と尹美香氏の間で熾烈(しれつ)な法廷攻防が予想される。尹美香氏と正義連の道徳性に直結する問題だからだ。この事実が認められれば、支援団体は被害者のために存在したのではなく、被害者が支援団体のために存在したという批判から自由ではいられない。

尹氏は起訴当日、立場表明を通じ、「当時、元慰安婦たちは『女性人権賞』の意味をしっかり理解し、その意味をともにするために自発的に賞金を寄付した。重度の認知症を患っている元慰安婦をだましたという主張は、当該元慰安婦の精神的・肉体的主体性を無視したもので、『慰安婦』被害者をまたも侮辱する主張に検察は責任を負わなければならない」とした。

正義連も翌日（2020年9月15日）の立場表明で「何よりも、自ら進んで解明できない死者にまで共謀罪をかぶせ、被害生存者の崇高な行為を『認知症老人』の行動とした点に対しては強い遺憾の意を表する。日本軍『慰安婦』問題解決運動全般はもちろん、人権運動家になった被害生存者たちの活動を根本的に傷つけようとする底意があるとしか見ることはできない」と批判した。

検察側も黙ってはいなかった。ソウル西部地検の関係者は「キルさんの医療記録など関連資料を（寄付を始めた）2017年以前からすべて検討しており、実際に元慰安婦にも何度も会っている。担当医療陣の所見はもちろん、医療専門家の見解まで参考にして総合的に判断した」と伝えた（「東亜日報」2020年9月16日付）。

「法」に違反した行為は今後裁判所が断罪することになるが、尹美香事件は「法」を超える「ある示唆」を与える。感情の問題である。この本は、筆者なりに「ある示唆」を分析し、その「ある示唆」を黙殺しようとする動きに対する反論である。

これを書くことになったのには、いくつかの理由がある。そして明らかにしておきたいこともある。

この本は、確かに2020年5月7日の李容洙さんの記者会見がきっかけとなった。後で詳しく触れるが、挺対協と正義連は長い間マスコミの取材対象から外れていた。挺対協と正義連を批判するのは、両団体の「大義」を否定するものであり（尹氏は検察の起訴に対する立場表明でも「慰安婦運動の30年の歴史と大義」に言及した）、これは即、「親日派」や「土着倭寇（わこう）」という批判を受けやすい。そのような足かせを外してくれた人が、他ならぬ李容洙さんだ。メディアは今回、李容洙さんに大きな借りをつくった。

新聞社を退職したものの、いやむしろ退職したため、この事件を整理する義務感のようなものを感じた。後輩たちは活発に取材して記事にしたが、忙しい現役生活では、総合的に問題を整理することは容易ではない。筆者は現役記者時代、その気になれば挺対協と正義連を取材できる立場に長い間いた。しかし、それはできなかった。「しなかった」という言葉がもっと正確かもしれない。この本は、そのような怠惰さに対する反省文でもある。

明らかにしておきたい点の一つ目は、筆者は挺対協と正義連の業績を否定したり、解体を主張したりはしないということだ。「では、なぜ批判するのか」と問われるなら、「存在価値を認めることと、批判しないことは別の問題だ」と答えるしかない。我々は、功がある者も不正が明らかになれば、その功を考慮せず厳しく批判してきた。今回は正義連内部で無視できない告発があり、尹美香氏と正義連（挺対協）は長い間、健全な監視の対象から外れていた。ジャーナリズムの役割は本来、称賛より批判にある。尹氏と正義連も今回は外部の批判に謙虚に耳を傾けるべきだ。

筆者は、2015年12月28日の韓日合意でつくった和解・癒やし財団理事だったという点を改めて明らかにする。そのことは現役記者時代のコラムを通じて、また討論会やセミナーなど公開の席上で何度も言及してきた。ただこの本に和解・癒やし財団に関する部分も含まれており、そこで経験した部分も含まれるため、改めて明らかにしておく。和解・癒やし財団理事だったため、挺対協や正義連に批判的なのではないかという質問もあり得る。そうした印象も避けられないだろう。ただし、筆者が和解・癒やし財団の理事ではなかったとしても、今回の尹美香事件には批判的でなければなるまい。

なぜ日本を積極的に批判しないのか、という指摘も出る可能性がある。筆者は、日本の批判は日本の方でやってもらいたいと願う。最近の韓国と日本は、互いの忠告にはまったく耳を傾けない。不幸ではあるが、それは事実だ。韓国が日本を、日本が韓国を非難するほど簡単なことはない。しかし、簡単なだけに効果もない。韓日関係が良くなれば、その時は以前のように相手の批判や忠告が受け入れられるかもしれない。筆者が日本を批判しないのは、日本に過ちがないからではなく、日本のメディアと知識人が直接批判してくれることを望むからだ。

尹美香事件を整理することも、尹氏と正義連を批判することが究極的な目標ではない。日本側の変数は、それなりに考慮するものの、慰安婦問題が一体なぜ解決されないままここまできたのか、今回の事件を通じて、市民団体の望ましい役割は何か、メディア、国民、国家は市民団体とどんな形の関係を結ばなければならないかを悩む必要がある。

2 尹美香事件が含む意味

ユン・ミヒャン（尹美香）事件は、被害者と支援団体、陣営と陣営、与党と野党、支持者と批判者の間で攻撃と防御、主張と解釈が横行するなど、華やかだが古い服を着て現れた。しかし、時間が経つにつれて、古い上着の中にあった新しい服が徐々に見えてきた。

新しい服とは、第一に「被害者中心主義」を改めて考えさせ、第二に「被害当事者」を再定義させ、第三に「最後の聖域」を崩し、第四に「内部批判」の扉を開き、第五に「特権市民団体」はもうこれ以上、存続不可能という点を示したことだ。

（1）「被害者中心主義」は利用された

筆者が「被害者中心的接近」という言葉を初めて聞いたのはムン・ジェイン（文在寅）政権発足後、パク・クネ（朴槿恵）政権下での慰安婦合意を検討する「韓日日本軍慰安婦被害者問題合意検討タスクフォース」（以下、合意検討ＴＦ）が２０１７年12月27日に発表した報告書だった（筆者が無知だった場合、その批判は甘受する。筆者が言いたいのは、「被害者中心主義」という言葉が広く使われてもいなかったし、その概念が確立されてもいなかったことだ）。

合意検討TFの報告書は「慰安婦合意に関して浮き彫りにされた重要な問題意識は、この合意が慰安婦被害者及び関連団体と、国連など国際社会が強調してきた被害者中心的なアプローチやその趣旨を反映しているか？」と疑問を提起した。そして結論部分で、慰安婦合意は四つの点で間違ったと指摘し、その最初に「被害者中心的接近を十分にしなかった」と批判した。

第一に、戦時の女性の人権に関して国際社会の規範として定着した被害者中心的な接近が慰安婦の交渉過程で十分に反映されておらず、一般的な外交懸案のようなギブ・アンド・テイクの交渉で合意がなされた。韓国政府は、被害者が一人でも生きている間に問題を解決しなければならないと協議に臨んだ。しかし、協議の過程で被害者の意見を十分に聴取しないまま、政府の立場を中心に合意に決着をつけた。今回のように被害者らが受け入れない限り、政府間で慰安婦問題の「最終的・不可逆的解決」を宣言したとしても、問題は再燃するしかない。

（「韓日日本軍慰安婦被害者問題の合意（2015・12・28）検討結果報告書」2017年12月27日）

その後、慰安婦合意を批判するたび「被害者中心主義」は伝家の宝刀のように使われた。「被害者の意見と利益を中心に置いて、問題を解決しなければならないが、慰安婦合意はそうではなかった」という指摘だ。文在寅大統領も2020年8月14日、第三回「日本軍慰安婦をたたえる日」のメッセージでこの言葉を再び使った。「被害者中心主義」と言えば、専門家なら異議や批判を申し立てることができるが、一般の人々は皆うなずく。

結論から言えば、慰安婦運動団体が語ってきた「被害者中心主義」には問題がある。正確に言うと、問題があった、ことがわかった。明確にしておきたいが、「被害者中心主義」自体が問題ということではない。運動団体が、「国際社会の規範として定着した」とした「被害者中心主義」を実践する過程で、「被害者中心主義」の重要な原則や価値を無視した事例がかなり多かったということ、そして「無視」によって生じた「便益」を一方的に運動団体が享受したということが問題の核心だ。

2020年7月ごろ、「被害者中心主義」について専門家と意見を交わす機会があった。国際機関が提示した原則と外国の事例などを基に提示した「被害者中心主義」は、被害者の尊厳と人権の尊重、身体的・精神的健康保護、身の安全と秘密の保障、二次被害の防止、加害者の捜査と処罰、公式謝罪、再発防止の約束、適切な賠償、被害者の追悼と教育を通じた伝授などだった。よく耳にする言葉であり、誰もが同意できる言葉だった。

しかし、筆者の目を引いたのは別のことだ。

被害者は単一集団ではない。被害者らはそれぞれ異なる要求と優先順位を持つことができる。被害者個々の必要と選択を尊重しなければならない。

被害者のために働く専門家は、何が被害者のためなのかを決めてはならない。被害者の要求は、相手の責任を究明しようとする*（被害者ではない人々の）要求と衝突しかねない。被害者に接したり、被害者にサービスを提供したりする人は、被害者の信頼を得なければならない。被害者を支援する人は、実現不可能なことにまで被害者の期待を高めてはならない。

被害者に対する支援と支持は、捜査や裁判に協力したかどうかに関係なく提供しなければならない。被害者の権利と最善の利益を考えて支援と支持を与えるべきだ。支援する際、被害者のプライバシーや秘密の保障、被害者が内容を理解した上で同意すること（informed consent）などは、被害者の権利であるということを尊重すべきである。

被害者（または親や保護者）は、必要な支援方式を決定する権利があり、事前に自由な状況においてあらゆる可能な選択肢に関する情報を受けなければならない。被害者に関する行動や過程の進展状況及び結果について、被害者に情報を提供しなければならない。

（専門家たちがつくった資料を筆者が整理、２０２０年７月）

これらの原則は、これまでの挺対協と正義連の行動が本当に適切だったかを問わせる。挺対協と正義連は果たして、被害者の要求と優先順位を受け入れたのか。元慰安婦一人ひとりの選択を尊重したのか。元慰安婦たちの協力の有無とは関係なく、同じように待遇したのか。元慰安婦たちに十分な情報を提供したか。元慰安婦たちが自由に選択できるようにしたのか。元慰安婦たちと団体の志向が異なって衝突したことはないか。そのような時に何を優先したのか。実現不可能なことを約束して期待を高めたのではないか。元慰安婦たちの権利と利益を優先したのか、それとも団体の利益を優先したのか。元慰安婦たちの同意を得ようと努力したのか、それとも団体の立場を受け入れろと言ったのか。元慰安婦たちが決定する権利を認めたのか。

挺対協の結成後、時が経つにつれ、これらの原則を無視してきた。その結果が、イ・ヨンス（李容洙）さんの問題提起だ。李容洙さんの記者会見後、彼女の言葉を「解釈」したコラムがいくつかあった。尹美香氏と正義連の過ちは飛び石を踏むように軽く飛び越え、批判の矢は玄海灘［玄界灘］を渡ってすぐに日本に向かう。それが妥当なのか。元慰安婦の言葉を「解釈」するのではなくまず「傾聴」せねばならない。「傾聴」と言えば、支援団体、運動団体、市民団体が万能なカギのように使ってきた「被害者中心主義」を定義し直せという要求が聞こえてくる。

尹美香氏の疑惑が浮上してすぐに出たコラムの中で筆者が注目したものがある。陣営の論理で逃げたり、どちらにも非があるという主張に隠れたりしていないためだ。

重要なことは被害者の言葉に対する韓国社会の選択的な聞き方だ。「(運動団体に)利用された」という訴え、被害者と活動家の関係に対する葛藤を保守メディアは与党の揺さぶりに利用する。運動団体は「高齢者」の誤解と背後に政治的なものがあるとの説でこき下ろし、進歩メディアは運動の大義名分の弱体化を懸念する。皆がファクトを主張する。しかし、他人の言葉、特に歴史的証言の聞き取りは、社会が受け入れられる言葉を選択する党派的行為だ。言葉に対する解釈は聞き手の利害関係によって再構成される。(略)

今回の事態が重要な理由は、社会的弱者の声を聞く方法に全面的な省察を要求するためだ。問題を特定団体と個人に押し付けたり、被害者と活動家の利害は衝突するといった相対主義に期待したりして、逃げてはいけない。(略)

言葉の痕跡は消え、「親日勢力総攻勢」「正義連疑惑究明」という二つのフレームだけが飛び交う時、被害者たちは何を見るだろうか。彼女らは話せるだろうか。尊重してもらえるだろうか。

(チョン・ユジン〈鄭柚鎭〉=元・同志社大学韓日関係専攻助教、現・韓国女性人権進興院日本軍慰安婦問題研究所長「ハンギョレ新聞」2020年5月15日付)

筆者はこの寄稿文を「各陣営は、社会的弱者の声を自分たちの振幅機を通じて必要な部分だけを聞いたり、大きくしたりせず、彼女らのための団体や活動家も、被害者個人の多様性と成長の声を阻もうとしてはならない」と理解する。

日本軍「慰安婦」被害者、李容洙さん（92歳）が正義連などの慰安婦団体の運動方向を批判する以前は、「被害者中心主義」が慰安婦問題を解決する「万能なカギ」のように使われた。文在寅政権も２０１５年韓日慰安婦合意を事実上破棄し、その根拠に「被害者中心の接近の不足」を挙げた。しかし、李さんの問題提起により、被害者中心主義は「被害者」によって挑戦を受けることになった。

被害者中心主義は、日本が慰安婦被害に対する国家責任を否定して文献資料を隠蔽してきたため、生存被害者たちの証言が犯罪を立証する重要な根拠として認められなければならない、ということから出発した。だが２０１５年の韓日慰安婦合意の議論を経た結果、被害者たちが希望して同意する方式で問題が解決されなければならないという意味に変わり、問題が生じた。「京郷新聞」は慰安婦問題を研究する学者、活動家など10人余りに被害者中心主義について尋ねた。政界、学界、市民運動の間でこれに対する合意された定義はまだない。ただ「被害者の意思を尊重する運動方式と合意の手続きが必要だ」という程度の認識があるだけだった。「被害者の共通の意思」が存在するという見方は、この運動が持つ幻想だったのかもしれない。（略）簡単な解決策として、韓国社会はこれまで、名の知られた何人かの被害者と運動団体の歩みを「被害者の意思」と解釈してきた。最近の事態が、李容洙さんと正義連の対立構図に単純化されたのはこうした慰安婦問題の消費方式のためと見られる。

（「『慰安婦』運動再び書く①『被害者イメージ』に即していない声は埋められなければならなかった」、「京郷新聞」2020年6月11日入力）

この記事は「被害者中心主義」の問題点を平易に、かつ最も的確に批判している。尹美香事件を、資金問題で切るのではなく、方法論的観点で慰安婦運動の方向性を自省して見た良い記事だ。

筆者は特定の団体が「被害者中心主義」を長らく独占し、次のような形で歪曲（わいきょく）・変質してきたと考える。

第一に「被害者利用主義」に流れたことだ。

後述するが、挺対協と正義連は「我々は被害者の生活支援団体ではない」と主張している。団体が後援や補助を受けたり、保有したお金に比べて元慰安婦たちに使ったお金があまりにも少なかったりしたという批判への反論だ。

正義連の定款（ていかん）第1章総則第2条（目的）は「財団は、日本軍『慰安婦』と呼ばれた日本軍性奴隷制問題の法的認定、真相究明、公式謝罪、法的賠償、責任者処罰などを通じた正義の解決を遂げることで、被害者の名誉と人権回復に寄与し、歴史教育と追悼事業などを通じて未来世代に日本軍性奴隷制問題を正しく記憶させ、武力対立や戦時性暴力の再発防止と戦時の性的暴行被害者の人権回復に寄与することを目的とする」と規定している。元慰安婦たちに直接関係している部分は「被害者の名誉と人権の回復に寄与し（略）」という言葉だけだった。

しかし、よく読んでみると、正義連の目的全体が元慰安婦たちと不可分の関係にある。挺対協と正義連は「元慰安婦の、元慰安婦による、元慰安婦のための団体」だ。各種寄付金、補助金、後援金を受ける際は、被害者の存在と彼らのための便宜を前面に押し出して、資金をもらい、いざ使う段になると「我々は被害者の生活支援団体ではない」「我々が作った設立目的によって正当に使用している」と言うから批判を受けるのだ。

第二に「被害者団体中心主義」に、過剰に代表する問題を引き起こしたことだ。団体は元慰安婦たちを前面に出して支援を受けながらも、これまで資金の使途などを決めるのに、元慰安婦たちの意見を傾聴したり、収斂したりした形跡がない。すべては挺対協と正義連が決定し、元慰安婦たちは、ただ決定に従う受動態だった。この過程で団体は三つのことを過剰に代表するようになった。①被害者よりも団体の方が過剰に代表するようになった、②慰安婦、徴用、徴兵、軍属という四つの被害者カテゴリーの中で慰安婦を過剰に代表した、③政府がしなくてはいけないことを長期間にわたり、社会団体が担ったため、国家の権限をも過剰に代表した――。その結果、「大韓民国はNGO共和国」と言われるほどになり、挺対協と正義連はその代表的な存在となった。

正義連の騒動が収まらない。尹美香・前正義連理事長（「共に民主党」比例代表当選人）をめぐる醜聞は、韓国市民運動の変質を身をもって証言している。権力を監視する番人から利権団体に転落した市民団体も、歴史的背景がある。民主主義と人権のために闘った市民運動は、民主化以降も社会的議題を発掘し、人権感受性を高めた。巨額の寄付横領及び背任疑惑の当事者である尹美香氏もまた、慰安婦問題を国際人権運動に格上げさせるのに寄与した。

しかし、市民運動と現実政治の相互浸透は、必然的に市民団体の権力化を生む。市民運動が運動家の出世に悪用される。これは保守・進歩陣営双方に見られるが、とりわけ進歩政権で目立つ。力の強さでは劣勢だった韓国の進歩陣営は、市民運動との戦略的連帯を政権掌握の近道とした。活動家たち自身も権力に身を投じ、官職と利権を得る行為を現実的な参加だと美化している。韓国市民運動の権力志向性は、ロウソク政府［2017年に市民らがロウソクを手に街頭に出て、朴槿恵大統領を弾劾・罷免に追い込んだ行動（ロウソク革命）によって生まれた政府］を自任した文在寅政権で頂点に至る。（略）

正義連の騒動で文政権は与党寄りのメディアと市民団体を総動員し、脱真実（Post-truth）を量産する陣地戦に乗り出した。大々的な世論操作で公論の場を攪乱（かくらん）するのは、チョ・グク（曺國＝元法相）の事態［曺国・元法相が子どもの大学入学をめぐる不正などで起訴された事件］の時と同じだ。（略）

（「ユン・ピョンジュン　コラム：韓国市民社会は死んだのか」、「朝鮮日報」2020年5月22日付）

このコラムは「被害者中心主義」が「被害者団体中心主義」に変質した理由が特定政権との連帯を通じた利権と権力の確保のためであり、こうした構造が陣営論理で保護されていると主張している。第三に「被害者理想主義」を固着化したことだ。

挺対協と正義連は慰安婦被害者の「理想型」をつくり出すことで、知らず知らずの間に元慰安婦たちの行動を拘束した。元慰安婦たちは「日帝の銃刀で強制的に連行された白い服を着た少女」でなければならず、最後まで日本に謝罪を求め、当然、謝罪なき日本の賠償金は拒否しなければならない、という強迫を与えなかったか。これは国民とメディアにも「理想的な慰安婦像」に対する先入観を植え付けた。

第四に「被害者差別主義」を露呈したことである。挺対協と正義連は、自分たちの団体を批判したり、「被害者の理想主義」を否定したり、あるいは日本からの金を受け取った元慰安婦たちを批判し、リストから除外したり、大統領府の招請行事などから排除したりした。こうした被害者同士の分裂は、日本がつくった「女性のためのアジア平和国民基金」（アジア女性基金）［1995年に発足し、日本の首相によるおわびの手紙と国民の寄付から償い金が、国費から医療福祉支援がそれぞれ元慰安婦に支給された事業。2007年に事業終了］の資金や、韓日が合意してつくった「和解・癒やし財団」の資金を受け取った被害者たちを辱めた。

元来、「被害者中心主義」では、挺対協と正義連は支援団体にすぎず、被害者に選択を強要する何の権限もないはずだ。にもかかわらず、支援団体は「団体中心主義」の見地から、元慰安婦たちが「理想的な慰安婦像」から離脱したという理由で、「被害者中心主義」を自ら尊重しなかった。

それでまた挺対協が、（アジア女性基金を）渡さないようにと日本にうわさを広めていった。（だから）補償をくれるの？　くれないだろ。どんな金でも何千万ウォンもくれるなら、くれただけ、ハルモニ（おばあさん）たちはもらうように、ほっておくよ。ハルモニたちはみんなもう死んで行ってるじゃん。それなのに、募金を受け取るな、それを受け取ったら汚い金だ、売女(ばいた)だ。そんな耳障りなことばかり言うんだ。

（ソク・ボクスン『証言集　強制連行された朝鮮人軍慰安婦たち』5巻、未邦訳）

一部の活動家と学者は、日本がアジア女性基金と和解・癒やし財団を通して、被害者たちを仲たがいさせたと主張する。特に和解・癒やし財団から金を受け取った元慰安婦たちと、そうでなかった元慰安婦たちとの間に反目が生じたので、合意した朴政権が間違ったのだ、という指摘もある。が、それはまったく理屈に合わない。元慰安婦たちはそれぞれの立場で、苦悩の末、1億ウォンを受け取ったり、もらわなかったりを決めたにすぎない。その選択をめぐり、よくやっただの、悪かっただのと敵味方に分けたのは、財団ではなく運動団体だ。合意当時、生存していた46人の元慰安婦のうち34人が和解・癒やし財団から1億ウォンを受けたいと申請したにもかかわらず（財団が幕を閉じる際は、被害者に認定された元慰安婦が1人増え、47人のうち35人が受領した）、こういった事実は無視して寄付金を集めて、財団の金を受けていない8人の元慰安婦にだけ「女性人権賞」という名で1億ウォンずつを与えたのは、どこの誰か。財団から金を受け取った元慰安婦たちは「女性人権」とはほど遠い人たちなのか。元慰安婦たち自らが敵味方を分けたのだというのは、元慰安婦たちに対する責任転嫁だ。

第五に「被害者放置主義」であり、「第二の不作為」状態が続いていることだ。

憲法裁判所は2011年8月30日、慰安婦問題の解決にあたり、韓国政府の不作為を認める違憲の決定を下した。この決定の要旨は、1965年の韓日基本条約の解釈と実施に関して両国間に紛争が発生した場合、韓日基本条約は1次的には外交上の経路を通じて、2次的には仲裁を通じて解決するよう規定しているにもかかわらず、政府が何もしないこと、すなわち不作為は憲法に反するというものだ。

この決定を意識し、イ・ミョンバク（李明博）、朴槿恵両大統領はそれなりに慰安婦問題を解決しようと努力した。2007年、大統領候補を決める党内選挙の過程で、両氏は和解できないほど感情の溝が深まった。朴大統領は前任の李明博政権の政策をすべて否定したが、唯一受け継いだのが「慰安婦問題」と言えるほどだった。

李元大統領は2012年8月10日、「独島(竹島)が紛争地域だという印象を与えない」という、これまでの政府の基調を破り、電撃的に独島を訪問した。彼の独島訪問は、数日間は支持を受けたが(特任長官室の調査で84・7パーセントの支持)、それ以降の評価は否定的に変わり、専門家らはもっと否定的だった。独島訪問から数日後に相次いで出た李大統領の「国際社会での日本の影響力も昔ほどではない」という発言(8月13日)と、「(天皇が)韓国を訪問したがっていたが、独立運動で亡くなった方たちを訪ね、心から謝罪するなら来いと言った」という発言(8月14日)が、日本をさらに刺激したという指摘が多い。

当時、李元大統領の独島訪問について大統領を擁護するグループは「以前から計画していたことだ」「大統領が自分の国の領土を訪問することの何が問題か」と反論したが、独島訪問の背景には慰安婦問題があったことは否定できない。李大統領が「日本の地位が落ちた」と言ったのは、カン・チャンヒ(姜昌熙)国会議長と、パク・ピョンソク(朴炳錫)、イ・ビョンソク(李秉錫)両副議長を青瓦台(大統領府)に呼び、昼食をとった時だった。李元大統領はこの時、独島訪問の背景について「日本が国内政治問題によって(過去の歴史問題の解決に)消極的な態度を示しており、行動で示す必要を感じた」と述べ、独島訪問が過去の歴史と関連があるという点を明確にした(「韓国経済」2012年8月13日入力)。

李大統領は、独島訪問が議論を呼ぶと、ある日、韓日問題の専門家数人を大統領府に招いて意見を聞いた。この時、「日本の消極的態度」が何なのかを詳しく説明した。以下は、その場に出席したチェ・ソミョン(崔書勉)国際韓国研究院長(2020年5月に92歳で死去)の証言だ。

大統領も私の（質問）意図に気付いた。自分の国ではあるが、なぜあえて（独島に）行って人が嫌がることをしたのか（という質問の意図を）。大統領いわく「まあ、聞いてください。実は、国際会議の首脳会談で国家元首たちが集まれば皆、仲良く話をするのだが、野田（佳彦）首相だけが一人で座っていたからかわいそうだと思って声をかけました。『慰安婦問題を、ひとこと言って整理しましょう。今度いらっしゃる時には、二人で手をつないで（解決しましょう）』と言うと、『そうしましょう』と答えた。それで次の国際会議で会ったのに何も言わないので『どうなりましたか？』と聞くと、もたもたしている。この間はああ言ったのに……と思って席を立ったが、（野田首相が）また一人で座っていても誰も相手をしていない。やはり気の毒だと思ってまた近寄り、この前のことを話してみた。二度も話したのに二度とも反応がなかった。それで『えいっ』と（独島に）行った」。

（『崔書勉オーラル・ヒストリー』２０１８年3月、日本語版非売品）

朴槿恵大統領も憲法裁判所の決定を意識して２０１５年12月28日に日本と合意したが、文在寅政権はその合意が「被害者中心的なアプローチをしなかった」と事実上破棄して和解・癒やし財団も解散した。そして、日本に新しい交渉は要求しないと明らかにした。これは明らかな矛盾であり、「第二の不作為」と言わざるを得ない。

文大統領とチュ・ホヨン（朱豪英）未来統合党院内代表が２０１５年の慰安婦合意の履行問題

をめぐって微妙な舌戦を繰り広げていたことがわかった。朱院内代表が最近、「共に民主党」の尹美香氏をめぐる論争に言及すると、文大統領は慰安婦合意自体の問題点を強調したという。

28日、大統領府で開いた文大統領と与野党の院内代表間の昼食会合で、朱院内代表は「憲法裁判所で慰安婦問題に対する国家の不作為は違憲だという決定があった」と切り出した。さらに「この政権が（慰安婦）合意を無力化し、3年間何ら努力をしていないように見え、違憲状態が続いている」と述べ、特に「補償と関連し、元慰安婦たちの立場をちゃんと反映しなかったため、尹美香事件のようなことが起きた」と語った。（略）

これに文大統領は「慰安婦合意で問題が解決されるとの期待があったが、被害者たちは受け入れられなかった」と述べ、慰安婦合意に対する批判意見を示した。文大統領は「当時、ハルモニ（おばあさん）たちと事前に（合意内容を）共有できていたなら受け入れたかもしれないが、一方的だった」と述べ、「日本も合意文上、（当時の安倍晋三）首相が謝罪の意を表明したものと見なしたが、その時限りで説明がなかった」と語った。また、「慰労金の支払いで政府自らが合意趣旨を色あせさせた。今後の課題だ」と言及した。

（「韓国日報」2020年5月28日入力）

文大統領が朴政権の合意を死文化したことは文政権の政策的判断だと言うこともできる。ただ、その後いかなる措置も取っていないことは「第二の不作為」であり、憲法に背いたとも言える。朱院内代表が「違憲状態が続いている」と指摘したのは、まさにこの点だ。

（2）「被害当事者」の声は強い

2020年5月7日、李容洙さんの記者会見の要旨は、挺対協と正義連が元慰安婦たちを利用だけしてきた、団体が受けた寄付金を元慰安婦たちに使わなかった、尹美香氏は日本から10億円が来ることを知っていたが説明しなかった、尹氏は国会議員になってはならない、水曜集会は助けにならないのでやめねばならないし自分も参加しない、韓日の学生は仲良くせねばならない、といったことだった（李容洙さんは2020年5月25日の2回目の記者会見の際、運動団体が元慰安婦たちを利用したという主張をさらに強めた）。正義連と尹氏はこれまでに経験したことのないメガトン級の攻撃を受けたわけだ。尹氏は2020年5月29日の記者会見で「被害者を超え、人権運動家として挺対協運動の象徴となられた被害者の痛烈な批判から始まったので、本当につらかった」と告白した。

李容洙さんが記者会見で主張したのと同じ内容を、どこかのメディアが取材して「単独報道」していたら、どうなっていただろうか（完璧に取材をしても報道できなかった可能性が高い）。正義連と尹美香氏はきっぱりと否定し、国民もその報道を支持せず、他のメディアも追っかけなかっただろう。正義連と尹氏は名誉毀損でそのメディアを提訴し、国民はネットでの書き込みなどで「○○日報は親日新聞」「×××記者は土着倭寇」と言って蜂の巣をつついたように攻撃したはずだ。ところが、李容洙さんが記者会見したことで結果はまったく変わった。

被害当事者の李容洙さんが直接、尹美香氏と団体を批判したことは、二つの異なる結果をもたらした。「メディアの現実的」観点と「運動の理論的」観点である。

メディアの現実的な観点から見ると、李容洙さんの記者会見は、メディアが関連記事を負担感なく、詳しく、長期間にわたり報道できるようにした。これは、これまで挺対協と正義連が享受してきた利点だったが、今回は逆にメディアが享受することになった。挺対協と正義連はこれまで慰安婦の存在に疑問が示されると「ハルモニたちこそがその証拠だ」とし、元慰安婦たちも「私が証拠だ」と応えてきた。元慰安婦らは「証拠」であるだけでなく、頼もしい「盾」だった。ところがまさにその「生きている証拠」である李容洙さんが意を決して批判したのだから、正義連と尹氏は元慰安婦の批判に反論するのが難しく、メディアは反対に確実な「盾」を得たわけだ。筆者は、李容洙さんが直接出てこなかったら、事態はここまで拡大しなかった、と断言する。李容洙さん本人も、自分の主張がこれほど大きな波紋を呼ぶとは想像もしなかっただろう。

運動の理論的観点から見ると、被害者である元慰安婦が支援団体と異なる意見を示すことで、自らが運動の主体となった。

今月に入って二度にわたって開かれた李容洙さんの記者会見（公開証言）をどう受け入れればいいのか。結論から言って、日本軍「慰安婦」問題を歴史の深淵から初めて引き上げた1991年8月14日、キム・ハクスン（金学順）さんの初の証言と同じぐらい、李容洙さんの今回の証言を女性運動史上、非常に重要な事件として受け入れなければならないと考える。

これまで我々は、慰安婦被害当事者の声を聞く時、彼女らが証言する「被害事実」と悲劇的な人生の話に集中した。これを通じて彼女らの「痛み」とこれを克服した「勇気」をたたえてきた。話をするのは彼女たちだったが、問題解決の主体は支援団体や政府であり、その意味で被害者たちは受け身の存在だった。今回の李容洙さんの証言は、内容が大きく異なる。正義連（挺対協の後身）が主導的に導いてきた従来の運動方式を批判し、自ら慰安婦問題を定義し、運動方向を定めようとする主体的意志を表現している。私たちが望む姿であろうがなかろうが、彼女が私たちの前に主体として立つと決心したという事実だけは認めなければならない。過去30年間、挺対協・正義連を中心に続けられた運動が「被害当事者」である李容洙さんとどれほど問題意識を共有し、実際にどれだけ被害者の癒やしと回復に寄与したのかを振り返ってみる機会でもある。

（ハン・ヘイン〈韓恵仁〉＝アジア平和と歴史研究所研究委員「『慰安婦運動を語る』専門家リレー寄稿②：巣立った鳥：独立した『被害者の声』」、「ハンギョレ新聞」2020年5月29日付）

文在寅大統領が2020年8月14日、第三回「慰安婦をたたえる日」のメッセージで「被害者を超え、人権運動家として絶えず韓国社会に新しい価値を与えているハルモニたち」と表現したのも、専門家のこのような見方を受け入れたものと見られる。

であれば、以前にも挺対協の活動に批判的な元慰安婦がいたのに、その時はなぜニュースにならなかったのか。

シム・ミジャ（2008年死去）さんら慰安婦被害者13人は2004年、ソウル西部地方裁判所（地裁）に挺対協と「ナヌムの家」［ソウル近郊にある元慰安婦らが共同生活を送る施設］を相手に「募金行為及びデモの動員禁止仮処分」を出した。（略）また、「挺対協が恥ずべき過去を暴き出し、ビデオ、冊子などを同意なしに無断で製作して募金活動を行っている」とし、直ちに広報活動を中止してほしいと要求した。「被害当事者でもない挺対協が、慰安婦支援の名目で自分たちの懐だけ肥やして人格権を侵害している」とした。彼女らはまた、挺対協が1990年から開催してきた水曜集会も実際の慰安婦被害者らではなく中国から来た人たちが混ざっており、韓日の問題解決に役立たないと述べ、中断することを主張した。

しかし、裁判所は仮処分申請を棄却した。裁判所は「後援金募集やビデオ販売などは被害者の生計支援や国民に対する広報、外交的権益保護が目的」とし、「シムさんら原告3人以外の他の生存被害者125人はむしろ、挺対協のおかげで名誉と人格権を回復したと考える余地もある」とした。13人のうち10人は訴訟を取り下げており、決定文に残ったのはシムさんら3人だった。

（「朝鮮日報」2020年5月15日付）

「被害者を利用して金儲けをするな」「恥ずべき過去を売る募金運動をするな」「水曜集会を中止せよ」というのがシム・ミジャさんらが提起した訴訟の趣旨だったが、16年後に起こった李容洙さんの主張とまったく同じだ。しかし、なぜ2004年には注目を受けられず、20年には大きな波紋を起こしたのか。

それは先に指摘したように、30年間を慰安婦運動の最前線に立った李容洙さんが直接問題を提起したという点で、主張の重みとディテールが異なっていたからだ。もう一つはやはり30年間、慰安婦運動を先導してきた挺対協と正義連の内側から答えを見いだすことができる。団体の問題点は二つに分析できる。挺対協と正義連が30年間、慰安婦運動を「過剰に代表」してきたことに対する反作用が一つであり、もう一つは、市民団体も今や透明性が必要だという一般的要求である。この二つが相乗作用を起こし、関心を高めたのだ。

(3) メディアの「最後の聖域」が崩れた

筆者は公的・私的な席で日本関連報道が韓国メディアの「最後の聖域」だとよく語ってきた。韓国メディアは権力機関に対するタブーを破って成長した。現在は青瓦台、情報機関、国会、軍部、高位公職者などを批判するのに何の障害もない（最近「新しい聖域」として財閥、宗教界、市民団体などが頭をもたげてはいるが、今のところ以前の権力機関ほどではない）。新米記者でもそれなりの理由を挙げて大統領を批判すると言うなら、紙面を与えるのが最近の言論界の風土だ。

ところが、たった一つの例外が、まさに日本関連報道だ。細かく見ると二つの領域でそうである。第一に、たとえ「事実」であっても、日本の肩を持ったり、韓国を批判したりする記事を書くことは難しい。第二に、日帝被害者を支援する団体や彼らの主張も批判しにくい。大韓民国で最も消し去りがたい烙印（らくいん）が「アカ（共産主義者）」から「親日派」に移って久しい。記者の負担感は、会社や先輩がさせるから生まれるのではない。記者自らが感じる。これを「自己検閲」という。「自己検閲」が作動するのは、反日感情がそれだけ広く、根深く、強いからだ。

そのため、挺対協と正義連も、長らくメディアの批判や監視対象から外れていた。こうした風土が挺対協と正義連の「逸脱」をあおったのかもしれない。しかし、李容洙さんの記者会見を機に、保守・進歩のいずれのメディアも尹氏と正義連を批判的に報道した。二つの「聖域」のうち、日本の肩を持つことよりもっと困難だった、被害者支援団体に対する批判が可能になったのだ。

日本の立場を伝えたり、韓国を批判したりする記事はこの10年間、徐々に増えている。代表的な韓国批判の事例が、李明博大統領（当時）の独島訪問、対馬から盗んできた仏像を返さなくてもいいとした裁判所の判決、朴槿恵大統領が慰安婦問題の解決を前提条件にして2年8カ月間も安倍晋三元首相との首脳会談に応じなかったこと、検察当局が朴大統領に対する名誉毀損で加藤達也「産経新聞」元ソウル支局長を起訴し、出国禁止にしたこと、日本の輸出規制に対抗して韓日軍事情報包括保護協定（GSOMIA）を対応カードで使ったこと、などの問題点を指摘したことだ。このような記事はストレート記事よりコラムなどが多い。

筆者と同じく、挺対協と正義連を「聖域」と言及した人がいる。

> 1995年の「村山談話」で有名な村山富市元首相の主導でアジア女性基金が発足し、慰安婦被害者らに対する賠償が開始された。慰安婦被害者の一部は賠償金を受諾したが、一部は拒否した。日本政府の公式賠償ではないという理由からだった。慰安婦被害者たちを助けた挺対協（2018年に現・正義連に統合）は、女性基金に協力する活動家や被害者らと決別した。挺対協が聖域となり、活動家が聖所を守る神官になったのは恐らくその時からだったと思う。（略）
>
> 2015年に入り、「日本首相の謝罪」という韓国の要求を日本が受け入れる可能性があるといううわさが東京に広まったが、私はそのうわさを信じなかった。安倍晋三首相（当時）にとって、魂を売ることになる、と考えたからだ。だから合意文が発表されたその日、私は耳を疑った。私は被害者の元慰安婦たちが、最終的かつ不可逆的に勝利したと思った。（略）

しかし、その合意が拒否され、私は正確な理由がわからず、当惑した。韓国人の友人は、「被害者の意見が排除された合意だから」と語った。しかし、彼らの誰も、河野談話や村山談話はもちろん、2015年の慰安婦の合意文を読んでいなかった。（略）被害者の意見が最も重要だと言いながら、被害者の声を聞いたことがなかった。被害者は聖所に閉じ込められており、私たちが聞くことができるのは神託だけだったからである。

（パク・サンジュン＝早稲田大学国際学術院教授「東亜日報」2020年5月30日付）

尹美香氏をめぐる慰安婦被害者の後援金の流用などの疑惑について、チョン・ヨンウ（千英宇）元大統領外交安保首席は「知る人ぞ知る秘密」だとした。しかし、その秘密は「報道したり言及したりできない聖域」と述べた。

千元首席はこの（2020年5月）16日、ユーチューブ千英宇TVで「正義連と挺対協の素顔、慰安婦合の秘話」というタイトルの映像をアップしてこのように述べた。（略）千元首席は（略）「李容洙さんが正義連と尹美香に向けて言った言葉は、知る人ぞ知るすごい秘密だが、メディアや政府当局者がすべて知っていても、報道したり言及したりすること自体がタブー視されてきた聖域だった」と打ち明けた。（略）そして「李容洙さんが見せた勇気を高く評価しなければならない理由は、韓国社会の聖域の一つを崩したからだ」とし、「タブーと聖域が多ければ多いほど病んだ社会だ。誰もできない大変なことを李容洙さんがした」と評価した。

（「ソウル経済」2020年5月19日入力）

だがメディアの報道目的は、慰安婦支援団体の「聖域」を破ることではない。「聖域」を破った後が問題だ。ただし、以前とは違ってメディア各社は今や、意志さえあれば、いくらでも慰安婦運動団体の問題点を指摘できるようになった。

(4) 内部批判の口火を切った

メディアと同様、関連学界や運動団体もこれまで、挺対協や正義連の「光」だけを見て、「陰」については口を閉ざしてきた。それにはいくつか理由があった。運動団体内部のことを表に出すことに対するざらつき感、他人に切り込むことからくる誤解と非難の憂慮、人的ネットワークと支援などに対する不利益の可能性などが口を塞(ふさ)いだのだろう。しかし最も大きな理由は、恐らく挺対協と正義連がすでに一人や二人の問題提起や一言、二言の批判ぐらいでは揺るがないほど「金城鉄壁」になってしまったためであろう。そして李容洙さんの叫びが、その城門のかんぬきを外し、城壁にはしごをかけた。

市民団体が政府の支援を多く受けるのは問題だ。1990年、挺対協の発足後、2007年まで政府支援金は、キム・デジュン(金大中)政府時代に受けた2千万ウォンがすべてだ。挺対協運動の成果で1993年、慰安婦生活安定支援法が制定され、被害者たちは支援金を受けたが、団体は支援対象ではなかった。挺対協出身のイ・ミギョン(李美卿)氏が国会議員になり、2002年に慰安婦生活安定支援及び記念事業法に改正し、団体支援が可能になった。しかし、その後も私がいた時までは政府の支援はなかった。尹議員が国会に行くのが正しいのか。その質問からしなければならない。「慰安婦運動＝尹美香」と思われる状況だが、その運動の成果をみんな自分が持って特定政党の「選択」を受けていくこと、それが慰安婦運動や団体にどんな影響を与えるか考えずに行くのが正しいことだっただろうか。30年運動の成果が個人の成果に帰結して残念だ。

（シン・ヘス＝国連人権政策センター理事長「東亜日報」2020年6月10日付）

シン・ヘス理事長は韓国女性団体連合共同代表と挺対協の共同代表を務め、旧日本軍「慰安婦」記録資料のユネスコ世界記録遺産登録国際連帯委員会の事務団長を務めている。

2000年の法廷※は真相究明と法的解決という大きな枠組みを示し、骨組みをつくった。その後、様々な活動が行われたが、骨組みの隙間をすべて埋めることはできなかった。現在残っている数多くの隙間を埋めることが、どうして市民団体だけの役割だろうか。今回の論議は、私たちの前にある埋めるべき空間に対する質問から始めなければならない。いくつかの提案をしたい。

第一に、この30年間の運動を詳細に検討しながら、我々の中にこれまでしてきた慣性はなかったかを調べることだ。持続的に運動をしていると、これまでのやり方に慣れているため、細かくチェックしなければならないものを逃すかもしれない。第二に、国民の目線から財政や組織、事業など全般にわたって、透明性と責務性に基づいた強力な革新案をつくらなければならない。

第三に、2000年の法廷が21世紀を迎える時代的要求であったように、20年の時代的要求に関する社会的合意を公論化の過程を経てつくり出さなければならない。多様な利害当事者が集まって膝を突き合わせて、この時代に必要な課題が何かを公論の場に引き出すことは、国民的共感を拡散させることでもある。もちろん活動家と被害者の関係を再確立し、信頼を回復することから始まらなければならない。第四に、敵味方に分ける陣営論理に寄りかかって、被害者を貶めたり、団体を悪意的に歪曲したりすることは直ちにやめなければならない。根拠のないフェイクニュース、でたらめな報道、被害者のトラウマから目をそらす人身攻撃的な発言、真偽に関係なく理念論をかぶせて団体を攻撃することは、問題解決にまったく役に立たない。第五に、政治と運動を分離させなければならない。

（ヤン・ミガン＝元韓国挺身隊問題対策協議会事務総長「ハンギョレ新聞」2020年6月9日付）

※日本、韓国、インドネシア、フィリピンの慰安婦被害者や関連団体が日本の責任を問うため、2000年12月に東京で開催した民間国際法廷。

ヤン・ミガン元事務総長の五つの提案は、今回の事態の解決策をうまく要約しているように見える。

これまで我々が知っている李容洙が、国際社会に慰安婦問題を提起した公式的な女性人権運動家だったとするなら、2020年の李容洙はきれいな服も着たいし、お腹が減る時にはご飯も食べたい、腹が立つと怒る、という平凡な女性市民として、我々内部の「不正義」を率直に語っている。多様な欲望を持つ女性、人間として、これからはあなたの意思通り、主体的な人

間として生きる、という自己正義を宣言したのだ。女性、人間、宣言！（略）
もしかすると日本の謝罪よりもっと重要なのは、被害の証明以外に彼女たちの何にも関心がなかった国家・運動団体・メディアが、日常的生活を送る「李容洙ら」の苦痛を聞くことではないか。であればこそ、彼女たちがこれまでの重荷を下ろして楽に暮らすことができる。これこそが私たちが彼女たちとともに生き、その歴史を記憶する方法であり、まさに私たちが学ぶべき新しい「李容洙ら」の「女性人権宣言」である。李容洙は、私たちがより多くの「李容洙ら」と向き合えるよう準備させているのだ。

（ピョン・ヘジョン＝元韓国女性人権振興院長「京郷新聞」2020年6月28日入力）

ピョン・ヘジョン元院長は国家、運動団体、メディアが「運動家・李容洙」ではなく「女性・李容洙」「人間・李容洙」となることを許容せよと要求している。

チュ・ソンス漢陽大学第三セクター研究所長（公共政策大学院名誉教授）は、市民団体の運動環境が2017年のロウソク革命を機に完全に変わった、と分析する。市民運動の核心主体が「市民団体」から「個人当事者」に移ってきたが、市民団体がその変化に適応できず、各種問題が浮き彫りになったという。（略）チュ所長は一連の過程を市民運動の個人化と命名した。「政治民主化」時代が過ぎ、「生活民主化」時代に入ったということだ。（略）そして大型団体中心の市民社会運動もやめるべきだと主張した。（略）

（「市民社会団体、信頼の道を失う」、「韓国日報」2020年7月1日入力）

チュ・ソンス所長の「市民運動の個人化」という概念は新鮮だ。もはや市民団体が「外」に向かって規模を拡大する時代は終わり、個人中心の「内」のコンテンツを悩む団体に変わってこそ生存できるというのだ。

(5)「特権市民団体」は存続できない

韓国での市民団体の存在感は次第に高まった。一部の市民団体は、特定政権の人材プールの役割をするほど、規模と力が大きくなった。その過程で二律背反的な現象が起こった。一部の市民団体は「我々は力があるのできちんと処遇してほしい」と言う。同時に「我々は善良だから検証は遠慮する」と言う。銃は持ったが天使だ、という主張だ。権力と利権を前にして、天使は絶対的に善良ではない。善良な天使も、長期間、検証を受けなければ、白い翼に垢(あか)がつくものだ。

尹美香事件は、いくら「立派な」団体も、いくら「強い」団体も「セルフ監査」に依存してはならないという教訓を与えた。「開放性、透明性、民主性は(新型コロナの)防疫3原則に限らない」(チョン・ユジン〈鄭柚鎭〉韓国女性人権進興院日本軍慰安婦問題研究所長)。市民団体の原点を問う検証は二つの方向で進めねばならない。一つは倫理の問題であり、もう一つは制度の問題である。倫理は団体自らが確立しなければならず、制度は団体の外で強制しなければならない。

文在寅大統領が制度の問題に言及し、与野党が競って、いわゆる「尹美香防止法」を提出した。

「雨降って地固まる」という言葉があります。今の論議と試練が慰安婦運動を発展的に昇華させる契機になることを期待します。特に政府は、今回の論争をきっかけに寄付金統合管理システムを構築し、寄付金または後援金募金活動の透明性を根本的に強化します。（略）政府と自治体の補助金も透明に管理します。（略）

（文在寅大統領、首席補佐官会議、2020年6月8日）

2020年9月14日に尹美香氏を起訴した検察は「挺対協、正義連は『公益法人法』上の公益法人として設立されていないが、『相続税及び贈与税法』上の公益法人として税制優遇を受けており、監督官庁への報告や公示に不十分な点がかなりあったにもかかわらず、これに関して処罰はできなかった」と問題点を指摘した。また、「挺対協と正義連のホームタックスの公示内容が不十分であったり、事実と異なったりしたため多くの疑惑が提起されたが、処罰規定がないことに起因する点もあると思われる」とも述べた。

そこで検察は「寄付金を募集し、社会一般の利益のために各種活動をする法人の資金執行の透明性向上のため、①公益法人法の適用拡大、②相続税及び贈与税法上の公益法人に対してずさんな公示に制裁を強化するなど、関連法制度改善を法務部に建議する計画だ」と明らかにした。支援団体の透明性の問題は、政界が法を新たに制定したり、既存の法律を改正したりすれば、これを誠実に順守すればいいことだ。ただ、これからは国民ももう少しよく見極め、問わねばならない。ものぐさな国民が、さらにものぐさな団体を生むのである。

3 尹美香と正義連の主張に対して

２０２０年5月7日のイ・ヨンス（李容洙）さんの記者会見後、多くの記事や企画、社説、論評、コラムなどが出てきた。どのニュースをいつ、どのような方法で、どのくらいの大きさで報道するかは各メディアが判断する問題だ。しかし、一部のニュースをめぐって真実の攻防が起こり、あるコラムと論評はユン・ミヒャン（尹美香）氏と正義連を擁護するあまり、納得しがたい論理を展開したケースもあった。一部の真実の攻防と論争的な主張について筆者なりの意見を述べる。

（1）尹美香は「慰安婦合意」をどこまで知っていたか

李容洙さんは２０２０年5月7日、初の記者会見でこのように話した。

２０１５年の韓日協定の時です。10億円が日本から入ってくるが、尹美香代表だけが知っていたんです。ならば外交省にも罪があります。被害者たちにも知らせなければならないでしょう。私が知っていたら追い返したのに。代表たちにだけ話して私は知りませんでした。

尹氏が韓日慰安婦合意の一部である日本政府の10億円の支出の事実を事前に知っていたと主張したのだ。だが、尹氏は5月29日の記者会見で、次のように反論し、機会あるたびに李容洙さんの主張を否定した。

２０１５年の韓日合意内容を私が事前に知っていたにもかかわらず、これを李容洙さんを含む被害者に知らせなかったという主張がありました。しかし、何度も言ったように、これは明らかに事実ではありません。このような事実は外交省の発表を通じても確認されました。５月12日、外交省報道官は、韓日の日本軍慰安婦被害者問題の合意を検討した結果、報告書に「具体的に教えてくれなかった」「被害者の意見を収斂（しゅうれん）しなかった」という部分があるとブリーフィングしています。

（尹美香氏の記者会見、２０２０年５月29日）

尹氏が、この記者会見をするまでどのような発言をしたのか見てみよう。

今日（5月7日）午前、ハルモニ（おばあさん）と電話で話したが、ハルモニの記憶が変わっていることがわかった。韓日合意発表当日、ハルモニが早くから事務室に来て、みんなでテレビをつけてユン・ビョンセ（尹炳世）外相の発表を見て、それが終わった後、ハルモニと記者会見もした。

（尹氏のフェイスブックを引用した「ＣＢＳノーカットニュース」２０２０年５月８日入力）

尹氏は合意内容を発表当日に知ったというふうに言っている。

尹当選人は7日、フェイスブックに「（慰安婦の合意内容は）交渉の当日にわかった」と釈明した。慰安婦の合意内容を事前にまったく知らなかったという意味だ。しかし尹当選人は8日には「中央日報」の電話取材で「交渉前日に通知を受けた」と言葉を変えた。ただ尹当選人は「外交省が記者たちにエンバーゴ（報道解禁日時の設定付き）でばら撒（ま）いたのと同じ内容を一方的に通報された」とし、「当日の発表は（事前に）通報を受けた内容とも違った。少女像問題と不可逆的解決、国際社会非難自制などの内容は当日、李容洙さんと初めて聞いた」と述べた。

（「中央日報」2020年5月8日入力）

この発言に中央日報は「外交省は記者にあらかじめ知らせた内容がなかった。12月28日当日の昼食時、外交省当局者が報道機関の幹部を集めて説明したのがすべてだ。結果的に10億円などの内容は尹氏が言論人たちよりも早く知ったということになる」と反論した（「中央日報」2020年5月11日入力）。

5月10日には尹氏が所属する「共に市民党」［与党陣営が比例区用に設立した政党］のチェ・ユンギョン首席報道官が論評を通じて「外交省は関連団体と何ら事前協議もなしに（2015年）12月27日午後、韓日局長級協議ですべての事項を決定し、当日夜、尹美香・挺対協（正義連の前身）常任代表（当時）に合意内容の一部を機密維持を前提に一方的に通告した」と述べた。「中央日報」の記事とチェ首席報道官の言葉を総合すると、ひとまず尹氏が2015年12月27日の夜、外交省から何らかの説明を受けたという事実はあったようだ。

しかし、尹氏は5月11日に再び、「それはすでにマスコミに出ていました。国の責任を認める、その上で首相が謝罪する、10億円を国庫から引き出すということは、メディアにも報じられていたから国民も知っている事実でした」と述べ、外交省から事前に聞いたことがなかったかのように、聞いたことはあっても新しい内容はまったくなかったように語っている（CBS「時事ジャッキーチョン・グァニョンです」2020年5月11日入力）。

「10億円事前認知説」はこのように尹氏本人がニュアンスを異にしながら多くのことを語ったため、不必要に増幅した側面がある。筆者は、尹氏が発表前日、合意内容の一部を知っていたことを否定したがっているため、このようなことが起きたのだろうと見る。

2020年5月29日の記者会見に戻ろう。尹氏は「2015年の韓日合意内容を私が事前に知っていたにもかかわらず、これを李容洙さんを含むハルモニたちに知らせなかったという主張がありました。しかし、何度も言うようにこれは明らかに事実ではない」と述べた。李容洙さんが主張した「10億円認知説」を否定し、「事前説明説」までも包括的に否定した。本人が合意に同意したのかどうかは関係なく、合意内容の一部について前日に説明を聞いたにもかかわらず、こうした形で「明白に事実ではない」と言えるか疑わしい。「一部の内容は聞いたが、10億円に関する言及はなかった」とするならわからなくもないが。

尹氏が外交省報道官の2020年5月12日の発言を引用し、「合意検証報告書も『具体的に知らせていなかった』『被害者の意見を収斂しなかった』とした」と述べた部分も我田引水式の解釈だ。合意検討タスクフォース（TF）の報告書に「具体的に知らせなかった」「被害者の意見を汲み上げていない」という一節が含まれているのは事実だ。ところが「具体的に知らせなかった」という言葉の前には別の言葉がある。それは「外交省は交渉を進める過程で、被害者側に時々、関連内容を説明した。しかし、最終的かつ不可逆的解決の確認、国際社会の非難・批判の自制など、韓国側が取るべき措置があるということに関しては具体的に知らせなかった」ということだ。であれば、日本側の責任認定、首相の謝罪、10億円財団の設立などは、知らせたという解釈が可能だ。

「被害者の意見を収斂しなかった」という言葉も同じだ。この言葉の原文は「お金の額に関しても被害者の意見を収斂しなかった」というものだ。つまり、尹氏が引用した「被害者の意見を収斂しなかった」ということは金額に関するものであって、全般的に意見を収斂しなかったという意味ではない。

尹氏が引用した一節のすぐ前には次のような言及がある。

「外交省は局長級協議の開始決定後、全国の被害者団体、民間専門家らに会った。２０１５年だけで計15回以上被害者や関連団体と接触した」「外交省は交渉に臨み、韓日両国の政府間で合意しても被害者団体が受け入れなければ、再び原点に戻るしかないため、被害者団体を説得することが重要だという認識を持った。また外交省は交渉を進める過程で被害者側に時々、関連内容を説明した」

（「韓日日本軍慰安婦被害者問題の合意（２０１５・12・28）検討結果報告書」２０１７年12月27日）

したがって、尹氏が合意検討ＴＦの報告書に出ている「具体的に知らせなかった」と「被害者の意見を汲み上げていない」という言葉を引用し、まるで本人も外交省と何の接触もしておらず、事前に何の通知も受けていないというニュアンスを漂わせているのは事実と符合しない。

尹氏が過去、外交省幹部との接触でどのような発言をし、どのような反応を見せたのかを知る方法がまったくないわけでもない。尹氏関連の面談資料は少なくとも3種類ある。

まず、日本と慰安婦問題を議論する過程で、外交省幹部が尹挺対協代表（当時）に説明するために会った時の記録だ。何回なのかはわからない。ただし、前の合意検討TFの報告書が「2015年の1年間だけでも計15回以上、被害者及び関連団体と接触した」「交渉を進める過程において、被害者側にその都度関連内容を説明した」としているので、2015年当時、最も重要なキープレーヤーだった尹氏に説明をしなかったはずがない（「韓半島人権と統一のための弁護士会」が提起した尹氏との面談関連の情報公開訴訟で、外交省は「慰安婦合意当時、尹議員は外交省と四度の面談をした」との答弁書を提出した、という報道があった。「テレビ朝鮮」2021年1月23日）。

第二に、慰安婦合意内容を発表する1日前の2015年12月27日の面談記録だ。恐らく最も重要な資料だろう。

第三に、合意検討TFが2017年下半期に合意に関与した外交省幹部を聴聞した際、尹氏発言と反応について証言した記録が残っているはずだ。

したがって、これらの資料をすべて集めて対照すれば、尹氏が当時どのような立場だったのか、どのような発言をしたのか知ることはそれほど難しくないだろう。文書を公開したとしても、尹氏は「そんなことを言った覚えはない。外交省幹部が勝手に書いた小説だ」と否定できる。しかし、記録されている「具体的単語」の力は予想外に強い。

尹氏の主張に対して、当時の外交省幹部たちは何と言ったのだろうか。

彼らはその年の12月28日、韓日外相が交渉を妥結する前、韓国側交渉チーム所属の外交省当局者が直接、尹氏（当時、挺対協代表）に会って合意内容を事前に説明したと伝えた。ただ、日本側は交渉終盤に在韓日本大使館の前にある少女像に関する内容が入らなければ、合意には応じないと粘った。これに対して韓国政府は「関連団体と協議して適切に解決されるよう努力する」という内容を入れた。

ほぼ最後に行われた譲歩なので、挺対協側に少女像関連内容を伝えることはできなかった。しかし、その他、日本の内閣総理大臣が謝罪し、被害者のために日本が予算として10億円を拠出する、といった内容はすでに尹氏に説明していたという。

（「中央日報」2020年5月8日付）

当時の交渉内容をよく知る元高官は「2015年12月28日、韓日慰安婦合意を発表したが、その前にかなりの時間を割いて、交渉を担当した外交省局長が尹当選人に主要内容を説明した」「尹当選人の反応が悪くなく、その反応も記録として残っている」と話した。交渉に関与した別の消息筋も「担当局長が尹当選人に合意の主要内容を話したようだ」と述べた。外交省次官出身の未来韓国党［当時の最大野党が比例区用に設立した政党］のチョ・テヨン当選人も「慰安婦合意当時、外交省が尹当選人にあらかじめ説明した」と話した。

（「朝鮮日報」2020年5月11日付）

外交省の元最高位当局者は11日、「外交省担当局長が（報道発表の前に）尹美香・当選人（当時・挺対協代表）に（日本政府の拠出金）10億円など合意の骨格を説明し、当時尹当選人が『（結果が）悪くない』という反応を見せたという報告を受けた」と主張した。この最高位当局者は続けて「日本政府の責任を認め、謝罪と反省、癒やし金として日本の国庫から10億円を拠出するというのが当時（尹当選人に）説明した合意の核心内容」とし、こう語った。さらに「全体の合意文を知らせるのは難しかっただろうが、必要な範囲内で元慰安婦たちに必要な核心内容は教えてくれたものと外交省幹部だけでなく、前日に開かれた外交部諮問会議に出席した外部の関係者たちも覚えている」と話した。

この当局者は「（事前説明後）『尹代表の反応は良い感じだった』『良かった』という報告を何人かの幹部が受けたため、合意発表後、挺対協の反応を見て疑問に思った」とも述べた。

（「東亜日報」2020年5月12日付）

以上の記事や主張、発言などを総合すると、このように推論できる。

「外交省は尹美香・代表に主要合意内容を説明した。しかし、全部説明したわけではない」

外交省は尹氏に日本政府が責任の認定、謝罪、金銭的措置を取るということを説明する一方、最終的かつ不可逆的な解決の確認、国際社会での相互非難・批判の自制、少女像問題の適切な解決努力については説明しなかった可能性がある。理由は三つほどあったはずだ。

第一に、日本政府が責任を痛感すると明らかにし、日本の首相が謝罪と反省を示し、日本政府の予算10億円で財団を設立するというのが合意の「核心3項目」であり、これほどの合意を導き出したことはアピールすべきと自負しただろう。

第二に、最終的・不可逆的な解決の確認、国際社会での相互非難・批判の自制、少女像問題の適切な解決の努力は「核心ではない3項目」と考えただろう。不可逆的解決の確認は、一般の予想とは裏腹に、日本ではなく韓国側が要求したものである。合意後に出てくるかもしれない日本の「妄言」を防ぐためだった。国際社会での相互非難・批判の自制は互恵の合意だと考え、少女像問題の適切な解決の努力は少女像を移転すると約束したのではなく、関連団体と協議するとしたのだから大きな問題はないと判断したのだろう。

第三に、それでも「核心ではない3項目」が問題になることもあり得るので、あらかじめ説明するまでもないのではないかと考えたのだろう。合意検討ＴＦの報告書は、その可能性を指摘している。

２０１５年4月の第4回高位級協議で暫定合意内容が妥結した後、外交省は内部検討会議で四つの修正・削除の必要事項を整理した。ここには、非公開部分の第三国の慰霊碑や「性奴隷」表現の二つが入っており、公開及び非公開部分もある少女像への言及も含まれていた。これは、外交省が、非公開合意の内容が副作用をもたらす可能性があることを認知していた、ということを示している。

外交省の憂慮は現実となった。被害者と支援団体は、外交省の考えとはまったく違っていた。「核心ではない3項目」を「核心3項目」と見なし、「屈辱的交渉」と評価した。合意検討ＴＦも「核心ではない3項目」を「大きな瑕疵(かし)」とし、合意全体を事実上破棄する論理的な根拠を示した。つまり、合意の「核心」を何と見るかをめぐり、当時の外交当局者と支援団体の間に大きな見解の相違があったのだ。外交省の立場からすると、尻尾が胴体を揺さぶるような結果となったが、運動団体としては反対に値した。

しかし、尹美香氏が外交当局者と接触もせず、聞いた内容もないという印象を与えようとするのは正しくもなければ事実でもない。外交省が主張する「核心3項目」を伝えられた時は、進展した合意だと評価したが、外交省が「核心ではない3項目」と考えた内容を後で知って、考えが変わったと言えばいいのだ。

この論争ではもう一つ思うところがある。外交省と挺対協の力関係だ。表向きには外交省が多くの権限を握っているようだが、慰安婦問題に関しては挺対協が超上位にあり、外交省は下にあると筆者には見える。時限爆弾のようなこの問題で、国民世論は絶対的に挺対協の味方だ。そのため、外交省は日本と交渉し、その結果が挺対協を説得できるかどうか常に悩んだ。合意検討TF報告書が「外交省は交渉に臨み、韓日両国の政府間で合意しても被害者団体が受け入れなければ、再び原点に戻るしかないため、被害者団体を説得することが重要だという認識を持った」としたとおりだ。

筆者が直接経験したこともある。数年前、日本の高官たちとフォーラムを開いた時、韓国側で慰安婦の解決策を提示すると、外相経験者である日本のある重鎮国会議員はいきなり、「韓国の市民団体が受け入れるだろうか」と尋ねてきた。

このような外交省と運動団体のグラウンドが、運動団体側に有利に偏っているため、次のような現象が起こる。

第一に、外交省は日本という交渉相手がいるため、要求の水準を調節しなければならないが、挺対協は思う存分要求できる。第二に、外交省は挺対協と論議した内容や挺対協の立場を公開することはできないが、挺対協は外交省の主張や立場を公開することで外交省を苦境に追い込む恐れもある。第三に、外交省は交渉過程を挺対協に知らせなければならないという負担を抱えているが、挺対協は説明を聞いても、意見を述べる義務などない。第四に、外交省は一度言ったことに責任を負わなければならないが、挺対協は言葉を覆したり、変えたりしても、これといった問題はない。外交省の関係者が、事前に説明した時は『大丈夫』と言った尹氏が合意発表後に別の反応を見せたため、おかしいと思ったと語ったのが事実だとすれば、まさにこうしたケースと言えるだろう。一体、挺対協ではなく、どの団体に政府高官が日本との交渉内容を途中で知らせ、最後は合意内容まで伝えるというのか。この論争は守勢的な外交当局者と攻勢的な支援団体の関係を考慮しなければ真相に近づけない。尹氏は、決して無力な被害者ではない。

（2）尹美香の慰安婦解決策は変わらなかったか

2015年の合意当時、外交当局者が尹美香氏から「肯定的信号」を感知したと主張するのにはそれなりの根拠がある。慰安婦問題が長期化して、尹氏と挺対協の要求が変わったという感触を受けたためだ。尹氏は、「何も変わっていない」と否定するが、当時の外交省幹部たちの主張はそうではない。今回の問題が浮上する前に、筆者も2014年のアジア連帯会議［慰安婦問題の解決を目指し被害者や支援団体が開いた会議］の解決策と尹氏の態度変化の可能性について話を聞いたことがある。

この論争は用語の含意と過程が重要であるため、全文でないが、記事を少し長く引用せねばならない。2014年と2015年にあった尹氏の活動に関することだ。

正義連代表出身の尹美香・共に市民党当選人が2015年、韓日慰安婦合意がなされる8カ月前に、それと非常に類似した内容の解決案を提示したことが12日、確認された。合意公表直前には、実務担当の外交省当局者に「ありがとう」という趣旨のメッセージを送ったという話も浮上した。

尹当選人は2015年4月23日、慰安婦被害者であるキム・ボクトンさんを連れて日本・東京の参議院議員会館を訪ね、キムさんの演説に立ち会ったことがある。この席を主催した日本の団体「日本軍『慰安婦』問題解決全国行動」（「全国運動」）は慰安婦問題と関連し、事実の認定、覆せない明確かつ公式的な謝罪、その証としての被害者に対する賠償などを解決策として示した。特に主催側は解決案に「日本政府の法的責任認定」を明示せず「被害者に対する賠償を履行することと自体が法的責任を認めること」とし、「事実認定と責任履行を重視する」と説明した。

尹当選人も当時、挺対協代表として関連会議に参加し、文書作成を主導したという。ある外交消息筋は「当時、この発表を見て関係者たちが『尹美香氏をはじめ、慰安婦団体が現実的な解決方法として、一歩後退した』と考え、歓迎した」と伝えた。同年12月28日に締結された慰安婦合意は、日本政府の責任痛感、安倍晋三首相（当時）が首相として反省や謝罪を表明、日本の国庫から10億円を拠出することなどが主な内容で、尹当選人が解決策として提示した内容と大きく変わらない。別の消息筋は「尹当選人が実務責任者だった外交省A局長に『ありがとうございます』という趣旨の携帯メールを送ったと記憶している」とし、「そんな彼女が合意公表後、急に反対の立場を明らかにし、みんな当惑した」と明らかにした。

（「毎日経済」２０２０年5月12日入力）

「法的責任」については後に言及することにし、この記事で尹美香氏が外交省A局長から合意発表前に説明を受け、「ありがとうございます」という趣旨の携帯メールを送ったという内容は注目に値する。これが事実なら、尹氏が少なくとも合意発表前に、合意内容について（伝えられた内容に限ってのことだとしても）肯定的に評価したと解釈できる。

尹美香「共に市民党」当選人が挺対協（正義連の前身）常任代表だった2015年、韓日慰安婦交渉の妥結前に日本政府が「法的責任」を明示しなくても、実質的措置を取るならば、受け入れることができるという主旨の発言をしたことがわかった。当時、韓国側の慰安婦交渉チームはこれを、日本政府が責任を認め、公式謝罪と賠償をすれば、事実上、法的責任を認めたものと受け入れるという意味に解釈した。こうした立場により、最終合意文に「日本政府の責任痛感」と「日本政府予算投入」という文言が反映されたというのが、元外交省当局者の説明だ。（略）

尹当選人は、慰安婦合意妥結の8カ月前の2015年4月、日本・東京で開かれたシンポジウムに出席した。「国民日報」が12日に入手した当時の発言要旨を見ると、尹当選人はその1年前の2014年、アジア連帯会議で採択された「日本政府に対する提言」（以下、「提言」）に言及した。また、「これを法的責任の内容として理解できる。だから法的責任の内容を解決できる道であり、枠組み」とし、「結局、法的責任の内容が何かというのがこの提言の中に入っている」と明らかにした。

挺対協主導の国際行事であるアジア連帯会議は2014年に採択した提言で、日本政府に謝罪と賠償を求めながらも、「法的責任」という文言なしに「事実と責任を認める」とだけ明らかにし、注目を浴びた。挺対協が「日本政府が法的責任という言葉を明示的に明らかにすべきだ」という従来の立場からやや退いたという評価が出ている。尹当選人はシンポジウムで「（提言は）韓国が日本政府に要求する解決の内容」と述べた。

韓日慰安婦交渉に参加した当局者たちは、この提言を一種のガイドラインとみなして交渉に臨んだという。交渉実務に関与した外交省当局者は2016年2月、非公式ブリーフィングで「尹美香代表と数回にわたり意見交換をした」とし、「2014年アジア連帯会議をよく見るといくつかの変化が目を引く。まず、『法的責任』から『法的』が抜け、責任者処罰要求も外れた」と評価した。

（「国民日報」2020年5月13日付）

この二つの記事が共通して注目したのが、日本政府の「法的責任」問題である。支援団体がこれまで主張してきた「法的責任」という言葉に固執せず、「事実と責任の認定」と用語を変えたとすれば、これは重要な変化だ。「法的責任」という問題で頭を抱えていた外交省がこうした変化を見逃すわけがない。外交省当局者がこうした変化を「責任を認め、公式謝罪と賠償をすれば、事実上法的責任を認めたものと受け止めるという意味に解釈した」と述べたのも無理はない。そのような判断に基づいて交渉し、15年にそのような要求に近づいた合意に達したと自ら評したのだ。

和田春樹・東京大学名誉教授（82歳）は19日、尹美香・当選者人が率いた正義連（挺対協）が2014年から日本で「韓日慰安婦合意」と似たような方案を相次いで示し、両国交渉の土台となったと明らかにした。尹当選人とともに慰安婦問題の解決を促してきた和田教授は19日の電話インタビューで「正義連が主軸になって2014年6月に東京で開催したアジア連帯会議で、日本政府の法的責任を取り上げなかったまま、謝罪の表示でお金を出す案を提示した」と明らかにした。（略）和田教授は「2014年のアジア連帯会議の決議文には法的解決要求が一切なく、日本政府を説得できる転換点と見て、尹美香氏に2015年の合意文発表前まで4～5回会っ

た」と述べた。（略）

彼は慰安婦問題の解決を促すため、2015年4月の日本の国会で尹当選人らとともに、共同記者会見を開催した。この時も、尹当選人は、アジア連帯会議の決議文を基に、慰安婦合意の3項目と同様の主張をしている。彼は「尹美香氏らが明らかにした案ならば、韓日間の合意が可能だろうと判断し、当時、イ・ビョンギ（李丙琪）駐日大使と谷内正太郎・国家安全保障局長がこれを基に、慰安婦の合意文作成に着手した」とした。

和田教授は、尹当選人が合意文が出た後に反対した理由について「たくさん悩んだが、当時要求したものに100パーセント及ばず、少女像移転問題など思いもよらなかった内容が含まれていたため反対することにしたのではないか」と述べた。

（「朝鮮日報」2020年5月21日）

和田教授は正義連が2014年のアジア連帯会議を基点に「法的責任」から「法的」という言葉に固執しなくなったと話す。和田教授が2014年のアジア連帯会議に意味を与えたのは、尹美香事件が起きた後ではなく、それ以前からだった。彼は2018年10月22日、「東北アジア歴史財団」［北東アジア地域の歴史問題を扱うため設置された、韓国政府傘下の研究機関］でチョン・ジェジョン（鄭在貞）ソウル市立大学名誉教授のインタビューを受けた際も、その点を明確にした。

2014年6月、挺対協と日本の運動団体「全国行動」が対話し、第12回「慰安婦」問題解決のためのアジア連帯会議で、新たな解決策を引き出しました。大変合理的な案だったので、何かができそうでした。私はその案がいいと思ったので外務省にすぐに知らせ、雑誌にも寄稿して韓国側の人にも伝えました。2015年4月に安倍がアメリカに行くことになった時、日本のある団体が、私に会おうと接触をしてきました。同じ集会に私と尹美香さんを立たせるということでした。2人並んで出れば、インパクトが強いだろうという理由でした。それで4月に「日本軍『慰安婦』問題は解決できる」というシンポジウムを開きました。キム・ボクトンさん、ヤン・チンジャさん、尹美香さん、そして私も一緒に出ました。その時、私は尹美香さんと2日間、3回ほど一緒に食事をしながら、ざっくばらんに話し合う間柄になりました。少なくとも私はそう思いました。

（東北アジア歴史財団『日本の知識人から聞く韓日関係と歴史問題』2020年9月、未邦訳）

尹美香氏と正義連が「法的責任」に対する要求を緩和したようだという推定の根拠となった2014年の第12回アジア連帯会議の決議文で、「法的責任」という単語は「被害者に謝罪と賠償など法的責任を要求する国際社会の声に、日本政府は直ちに答える義務がある」という題目で一度だけ登場する。2014年のアジア連帯会議が現場の決議を通じて「法的責任」を求めたのではなく、一般的な国際社会の要求として言及しているのである。

決議文の翌日に公開した提言文も「覆せない明確かつ公式的な方式で謝罪すること」と「謝罪の証拠として被害者に賠償すること」を主張している。すなわち、いつも「3点セット」として付いてきた法的責任の認定、公式謝罪、被害者に対する賠償のうち「法的責任の認定」が抜けたのだ。そのため、当時の外交省当局者や和田教授は、尹氏や正義連が交渉の最大の障害である「法的責任」の明示的な言及は避けようとしているようだと判断した。

しかし、尹氏はそのような指摘を否定する。彼女は「提言文の前提として、日本政府と日本軍が慰安所を管理統制したことや慰安婦制度は国内法と国際法に違反した重大な人権侵害という事実を認めるよう要求した。そうした事実と責任を認めるということは、すなわち法的責任を認めることではなくて何なのか」と反論する。尹氏の主張も一理ある。

しかし、国際交渉では明示的に要求したものと、そんな要求をしたと解釈できるものとでは大きな違いがある。合意の成否まで左右する。その点で外交省当局者は「法的責任の認定」を「明示しないこと」が「交渉の突破口」を開くと考えたのだ。和田教授は、鄭ソウル市立大学名誉教授によるインタビューで「要するに、日本政府に対して『慰安婦』問題の基本的な『事実とその責任の認定』を要求したものです。法的責任を認めるようなものは一切なく軍慰安所で『慰安婦』として苦痛を受けた事実、人権侵害関連の事実など四つの事実関係を認めて謝罪することを要求したものです」とした。日本でこの問題について最も詳しい和田教授でさえ、２０１４年のアジア連帯会議の要求で「法的責任を認めろというのは一切なかった」と考えたのだ。

真実が何なのかは一方が否定すればわかりにくい。しかし、以上の記事や証言などから、当時の外交省幹部たちが尹氏の態度が変わったという感じを受けたのは事実だと推定できる（もしそれが誤認なら、当時の幹部たちを無能と言うべきか）。

この問題でも、尹氏は外交省よりも動きの幅が大きいことがわかる。外交省がいくら尹氏の変化を感知して交渉に出たとしても、尹氏はそのようなことがないと言えばそれだけだ。そういう意味ではなかったかと問われても、そうでなかったと言うなら、それもまたそれまでである。

（3）尹美香が合意内容を事前に知っていたら責任があるのか

この質問の答えは「ノー」だ。彼女には責任がない。尹美香氏は2020年5月29日の記者会見で「被害者たちを排除したまま一方的に密室で合意を強行した外交当局者たちが、誤った合意の責任を挺対協と私に転嫁することに深い遺憾を表します」と述べた。こんな報道もあった。

> 2015年の韓日合意は、パク・クネ（朴槿恵）大統領府と前職の外交省最高位当局者の判断と戦略による結果であり、責任も彼らにあるということは明白です。今になって「尹美香も知っていた」という証言で何を得ようとするのか、そうであれば責任を免れられると思うのか、連日マスコミに登場する匿名の元官僚に問いたいです。
>
> （「MBC」2020年5月13日入力）

> 30年にわたり苦楽をともにした尹当選人と慰安婦被害者の関係を極端に葛藤にもっていき、慰安婦運動の根幹を揺るがそうという意図、この事態を政治争点化し、2015年の韓日慰安婦合意を正当化しようとする試みまで報じられています。（略）要するに、尹美香・当選人が15年12月、韓日慰安婦合意当時、合意内容を事前に知っていながらも、被害者らに隠し、合意発表後にはお金をもらいたかった被害者たちの意思も無視したというのです。
>
> （民言連新聞モニター「メディア今日」2020年5月14日入力）

二つの記事の共通点は、元外交省高官らが2015年に誤った慰安婦合意の責任を尹美香氏と挺対協に押し付けようとする不純な意図から、尹氏に事前に説明したという点だ。だがこうした主張は「オーバー」だ。合意に対する前提が違っている。

外交省の高官らは、2015年の合意が否定されるほど誤ったものだとは考えていない。したがって、誰に責任を転嫁することもない。

尹氏は、責任を負う資格もない。尹氏が慰安婦問題に影響力が大きいのは事実だが、交渉に参加していない民間人に責任があるはずがない。責任があるとすれば、元慰安婦たちに対する説明責任があるだけだ。

組織的抵抗という予断も間違っている。一部メディアは、外交省当局者が組織的に抵抗し、2015年の合意を正当化しようとしていると見ている。しかし彼らは、李容洙さんが尹氏の「10億円事前認知説」を主張した時、1週間ほどふらりと登場して、その後、姿を消しただけだ。尹氏が事前説明を受けたことがないと言うので、記者が「本当か」と尋ね、彼らは「そうではない」と答えただけだ。

これに関連して、もう一つ論争の種がある。「なぜ匿名でインタビューを受けたのか」ということだ。あるインターネットメディアは「自分の主張が正当で根拠があるとすれば、『公開的に』実名を明らかにして責任を取る姿勢を見せるのが『元公職者』の姿勢ではないか」とした（「告発ニュースドットコム」2020年5月13日入力）。

韓国メディアは全体的に「匿名報道」をよくする。また、それに対する批判が最近高まっている。そういう意味で「匿名報道」を批判したのなら一理あるだろう。しかし、「外交省の元幹部たち、あなたたちだけは実名を公表しろ」という要求なら公平ではない。彼らが「匿名」を求めているのは自分の主張が間違っているからではなく、心理的に萎縮しているからだ。「積弊勢力」に押し込まれた彼らが、力のある権力側の主張が間違っている、と反論することは容易ではない（匿名でインタビューを受けたある当事者は、事実関係を最もよく知っている幹部を守ろうと、その幹部の名前を明らかにしなかったため、本人も匿名でインタビューを受けることになった、と明らかにした）。だから元外交省当局者たちが匿名で自分の意見を述べたことは問題視するまでもないことだ。

（4）尹美香と外交省幹部の面談内容は公開すべきか

保守性向の弁護士団体である「韓半島人権と統一のための弁護士会」（韓弁）は２０２０年5月15日、外交省に対し、２０１５年12月28日の韓日慰安婦合意前後の、尹美香氏と外交省幹部の面談記録を公開するよう情報公開を請求した。外交省は、当初の返答期限（2週間）の5月29日までに情報公開の有無を決定できず、返答期間を10日延長した。尹氏は、答弁延長決定の翌日である5月30日、正式に国会議員になった。そして外交省は6月11日、韓弁側に「公開しない」という決定を通知した。

これに先立ち、韓弁は、尹議員が慰安婦合意内容を知っていたのか、尹議員の意見が合意に反映されたかどうか国民が知る権利があるとし、外交省に、尹議員との面談と関連したすべての資料と情報を請求した。外交省は「『公共機関情報公開に関する法律』第9条1項2号に基づき、このような決定を下した」とし、「政府としては関連規定などを考慮した慎重な検討を経た」と明らかにした。

この条項は「国家安全保障・国防・統一・外交関係などに関する事項として公開される場合、国家の重大な利益を顕著に害する恐れがあると認められる情報」は公開しないことができると規定している。外交省は、会談内容が公開された場合、韓日関係に否定的な影響を及ぼす可能性を憂慮しているとされる。

また、当時非公開を前提とした面談内容が公開された場合、今後、他の市民団体との協議が困難になる恐れがある点も考慮した。

（「聯合ニュース」2020年6月11日入力）

筆者は意見を公に表明したことはないが、私的な場では合意検討TFが2015年の合意時の資料を公開したことに対して批判的な立場を表明してきた。今回、外交省が明らかにしたように、当時公開すれば、国益を害し、韓日関係にも否定的な影響を与えたと考えるためであり、特定政権の利益とは関係なく、例外を認めてはならないと思うからだ。したがって、今回の非公開決定そのものも非難する考えはない。

ただ、条件はまったく変わっていないのに、「その時は良かったが、今は駄目だ」という主張を当局者らは恥ずかしく感じるべきだ。2017年12月27日に合意検討TFが公開したのは、韓日両政府が合意した内容だったが、今回求められているのは国内でつくった資料のため、公開するとすれば、より容易である。さらに、合意検討TFは、非公開資料を批判的に分析し、国家間合意を事実上破棄することに決定的な論理を提供した。当時、発足したばかりのムン・ジェイン（文在寅）政権の外交当局は、合意検討TFの民間人委員が国家機密に接するという問題点を悟り、民間人委員たちに「秘密保持誓約書」を出させ、合意当時の記録を閲覧させるなど積極的な便宜を供与した。

特に、事実上の裏合意を含む韓日間の交渉経過が詳細に公開されたことで、国内だけでなく日本の反発も予想される。通常の外交文書は30年後に公開するのが原則だが、今回外交文書を全文そのまま公開しなかったものの、韓日間での非公開の内容と非公開交渉の経緯などを公開したことは、交渉相手である日本の反発を招く可能性を排除できないという指摘も出ている。一部の引退した外交官は、相手との信義を破った好ましくない先例を残したことで、文在寅政権の外交の動きにも制約が懸念される、との反応をみせている。

また、これに先立つ2014年、日本の安倍内閣は、慰安婦制度に日本軍や官憲が関与した事実を認めた河野談話（1993年）を検証し、韓日間の外交協議の経過を詳しく公開して、韓国の大きな反発を買ったことがある。（略）

（「聯合ニュース」2017年12月27日入力）

こうした非難を受けながら合意内容を公開してきた外交当局が、今は知らん顔で「公共機関情報公開に関する法律」第9条1項2号を盾に「慎重な検討」「韓日関係に否定的な影響を及ぼす可能性」を云々（うんぬん）して公開を拒否したことは典型的な「ネロナムブル」（「自分がするのはロマンス、他人がするのは不倫」という韓国の流行語）であり、ブラックコメディである。

これと同じ問題をめぐり、裁判所で争われたことがあり、一審と二審で結果は異なった。したがって、この問題は「正誤」の問題ではなく、「どの価値」を重視するかという選択の問題であり、筆者は非公開を支持する。

2015年末、韓国と日本の間に発表された「慰安婦合意」と関連した交渉文書を非公開にしたのは正当だという裁判所の判断が出た。

一審は国民の知る権利と国政運営の透明性確保から、文書を公開するのが正しいと判断したが、二審は文書非公開が国益の観点から、より望ましいと判断したようだ。

ソウル高等裁判所行政3部（ムン・ヨンソン部長判事）は18日、ソン・ギホ弁護士が外交省長官を相手取って起こした情報非公開処分取り消し訴訟控訴審で、一審を覆してソン弁護士の請求を棄却した。裁判部は判決理由を説明しなかったが、文書を公開する場合、韓日外交関係に深刻な影響を及ぼす恐れがあると判断したものと解釈される。

ソン弁護士は、韓日両国が慰安婦合意を発表する過程で、日本軍や官憲の強制連行の認定問題を議論した文書を公開せよと2016年に訴訟を提起した。一審を審理したソウル行政裁判所・行政6部は17年1月、ソン弁護士の請求を受け入れ、該当文書を公開するよう判決した。当該文書を非公開とすることにより保護することができる国の利益が、国民の知る権利とこれを満たして得る公益より大きくないと判断した。

（「聯合ニュース」2019年4月18日入力）

慰安婦合意関連文書を公開せよという一審判決の要旨は「文書を公開しないことで得る国益よりも、国民の知る権利を満たすため得られる公益がさらに大きい」ということだ。この論理は合意検討TFが2017年、慰安婦合意の過程でつくった秘密資料を公開した根拠でもある。

同じ政権の同じ外交省が今度は手のひらを返し、「国益が国民の知る権利という公益より大きい」と主張するのは「政権擁護」のためだろう。だが、「恥を知れ」と言ったのは、同じことが繰り返されることを防がねばならないという、純粋な希望のためだ。こうしたことを恥じる公務員がいてこそ、次に似たようなことが起こった時、「どんな場合でも公開してはならない」と言えるのではないかと思う。そんな「格好良いこと」が実際に可能になるかはわからないが。

(5) 尹美香は元慰安婦たちの1億ウォン受領に反対しなかったのか

尹美香氏は2020年5月29日の記者会見でこのように述べた。

また、当時、2015年の韓日政府間合意後、私がハルモニたちの日本政府からの慰労金の受け取りを阻止したという主張もありました。これもまた、正義連が数回にわたり忠実に説明したように、すべてのハルモニたちに受領の意思を確認し、完全に各自の意思に従って受領するかどうかを決定するようにしました。当時、私はハルモニたちが慰労金を受け取るからといって、そのハルモニたちを2015年の韓日合意に同調したと罵倒したりせず、むしろこの問題の根本的な責任は両国政府にあることを明確にしました。

正義連も同年5月11日の記者会見でこのように述べた。

正義連は、慰安婦被害者に2015年の韓日慰安婦合意で支給された日本政府の支援金を受領しないと働きかけたという問題提起について「事実無根」とし、「和解・癒やし財団の基金を受け取るかどうかは全面的にハルモニたちが決めるようにした」と答えた。イ・サンヒ理事は（略）続けて「もしハルモニたちが様々な事情から、基金を受け取るというのなら、受領は受領であり、その後に我々が問題を提起できるという程度の説明をした」と付け加えた。

（「中央日報」2020年5月11日入力）

筆者はこれを言葉通りには信じない。元慰安婦たちの「1億ウォン受領」は、言葉が空気を決めたのではなく、空気が行動を決めた問題だ。つまり、尹氏が、1億ウォンを受け取るかどうかは、元慰安婦たちの選択肢だと「言った」からといって、元慰安婦たちが1億ウォンを「気楽に受け取った」と主張することはできないということだ。尹氏と挺対協は、1億ウォンの受領を快く思っていない状況だった。1億ウォンを受け取っていない被害者にだけ国民の寄付を集めて1億ウォンを与えたのは、それを象徴している。大々的にこういった募金運動を繰り広げながら、どのようにして元慰安婦たちが自ら受領するかを決めたと言えるのか。先の記事で正義連が「受領は受領であり、その後に我々が問題を提起できるという程度の説明をした」と述べたが、「今後の我々の問題提起」を元慰安婦たちはどう受けとめたか気になる。

日本が、「女性のためのアジア平和国民基金」（アジア女性基金、1995〜2007年）をつくって1997年、元慰安婦たちに慰労金を支給するとした時、挺対協は猛反対した。挺対協はその時も、国民から義援金を集め、政府予算と合わせ、156人に対し、アジア女性基金の慰労金（500万円）に当たる4412万5千ウォンを支給した。

挺対協は、アジア女性基金の慰労金を受け取ろうとする女性らと対立した。元慰安婦のソク・ポクスンさんが「挺対協が汚い金をもらったら『××だ』云々した」と語った証言も、当時の雰囲気をよく表している。尹貞玉・挺対協代表（当時）が「お金をもらったら公娼になる」と言ったのを、そう表現したのだろう。やはり元慰安婦のシム・ミジャさん、パク・ポクスンさんは、このお金をもらって挺対協とぎくしゃくした関係になった。

アジア女性基金が慰労金を渡そうとした当時、そんな雰囲気のため、政府が認定した生存する元慰安婦の女性207人のうち7人だけが受け取ったという。しかし、7人でも多いと思ったのが、当時の挺対協だった。

> 最初に7人のアジア女性基金の受領を知ると活動家たちは直ちに基金側の「工作」を非難すると同時に基金を受領したハルモニに対して遺憾を表した。「この極少数のハルモニたちの行動は、他の多くのハルモニをより屈辱的にさせる」と評価し、さらに劣悪な状況にあるフィリピン元慰安婦たちと比較しながら「恥ずかしくて顔向けできなくならないように」、なびかないようにと訴えた。基金を受け取ったり、あるいは受け取りを望んだりする被害者は、全面的な拒否を表明した挺対協とは意見を異にし、その後、両者の対立は尖鋭化した。
>
> （キム・チョンラン、博士学位論文「日本軍『慰安婦』運動の展開と問題認識に対する研究：挺対協の活動を中心に」2004年。「月刊朝鮮」2020年6月号から再引用）

ところが2014年、新たな事実が明らかになる。アジア女性基金を受け取った被害者は、7人ではなく61人だったのだ（61人のうち1人は配達事故でお金をもらえなかったと推定）。この数字は「河野談話」

の検証報告書にも含まれており、アジア女性基金の事務局長だった和田春樹・東京大学名誉教授も明らかにしている。この事実は何を意味するのか。被害者と活動家の利益が必ずしも一致しないことを克明に示している。

こうした構造は、和解・癒やし財団がお金を支給した2016、17年も変わらなかった。だが、挺対協がアジア女性基金の時、おおっぴらにしかも強い勢いで反対したことが、後に批判を受けたため、今回は無理なやり方をしてはいけないという「学習効果」を得たようだ。

共に市民党のチェ・ユンギョン首席報道官は2020年5月11日、論評を通じて「挺対協は、密室で推進された慰安婦合意に公式謝罪、法的賠償ではなく、慰安婦問題に対する国際社会での言及禁止など、毒素条項［自分たちの不利になりかねない部分］が盛り込まれていると元慰安婦たちに説明した。この過程で慰労金の受け取り意思を最大限尊重した」と述べた。

「毒素条項」を詳しく説明し、受領意思を最大限尊重した、というのは二律背反的だ。

はっきり言って当時は元慰安婦たちが自由にお金をもらう雰囲気ではなかった。挺対協は「支給を受ける被害者数を前面に出し、不当な合意の履行を強行する」と朴槿恵政権を批判した。この論理では、お金を受け取った元慰安婦は不当な合意履行の不当な協力者となる。

本格的に現金支援を開始した和解・癒やし財団は、生存被害者全体の同意を得ることができないまま、事業の趣旨を受け入れた一部の被害者を中心に事業の第一歩を踏み出した。「慰安婦」被害者団体は直ちに反発している。挺対協は声明を発表し、「不当な合意履行を最後まで強行する政府は被害者を二分させている」と批判した。被害当事者のキム・ボクトンさんは記者会見を開き、「金はもちろん財団と面談するつもりもない。政府がどんな行動をしても、我々は日本と闘って日本の謝罪と法的賠償を受けることを望む」と（略）政府を一喝した。

被害者10人が暮らす「ナヌムの家」のアン・シングォン（安信権）所長も「ハンギョレ新聞」の電話取材に対し、「財団は（10億円）配分事業を中断すべきだ。日本が送ってきた10億円が賠償金でもないのに、被害者にこのお金が配分される瞬間、日本は慰安婦問題に対する責任が終わったと考えるだろう」とし（略）「記者会見と抗議集会を開いて我々の意見を強く述べる」と明らかにした。

（「ハンギョレ新聞」2016年10月14日入力）

元慰安婦たちに「選択の自由」を与えたと言いながらも、運動団体は金を受け取らないよう静かに、しかし力強い反対運動を展開した。

尹美香氏が挺対協代表の時、日本が出した10億円から1億ウォンをもらうという慰安婦被害者に対し、受け取らないよう働きかけたという証言も出た。

「中央日報」が入手した親筆書簡で、慰安婦被害者Aさんは「（政府が）日本のお金10億円をもらって、挺身隊のハルモニ（元慰安婦）らに1億ウォンずつ渡そうとした時、尹美香が電話してきて『ハルモニ、日本のお金を受け取らないでください。挺対協のお金ができたら、私たちがあげますから』と言って、絶対に受け取れないようにした」と主張した。「でも私は悔しくても受け取らなければならなかった」とも話した。

チェ・ヨンサン「行こう！　平和人権党」代表が伝えた手紙は計2枚で、Aさんが3月、ムン・ヒサン（文喜相）国会議長に書いたものだ。手紙はまだ実際には伝達されていない。（略）Aさんの主張通りなら、慰安婦合意が被害者中心主義に反するとして批判してきた尹当選人が、むしろ一部の被害者の自発的意思と選択権を無視したことになる。

（「中央日報」２０２０年5月11日入力）

Aさんの話は作り話ではない。「挺対協のお金ができたら、私たちがあげますから」と述べたという尹美香氏はその約束を後に実践した。２０１７年下半期に百万市民募金運動を展開して募金を集め、8人の元慰安婦に一人当たり1億ウォンを「女性人権賞金」として渡した。

日帝強制徴用・慰安婦被害者と遺族らの団体である太平洋戦争犠牲者遺族会は1日に開いた記者会見で（略）「この30年間、慰安婦問題を悪用した尹美香は、議員職を辞任して正義連を解体せよ」と主張した。遺族会は「挺対協（正義連の前身）と尹美香は数十年間、日本軍慰安婦のハルモニたちのための被害者中心の団体ではなく、権力団体として大きくなってきた」と批判した。

特に、ヤン・スニム（梁順任）遺族会会長（76歳）は（略）「慰安婦のハルモニたちは、生前、挺対協と尹美香を怖がっていた」「政府はこれ以上、この団体に支援金を送ってはならない」と付け加えた。梁会長はこの日の記者会見前、「挺対協がこれまでどのように行動したのか、李容洙さんの言葉がすべて正しい」とし、「尹美香がうそさえつかなかったら見守るつもりだったが、うそをついたので記者会見をすることにした」と述べた。

（「聯合ニュース」２０２０年6月1日入力）

他の主張はそうだとしても「慰安婦のハルモニたちは、生前、挺対協と尹美香を怖がっていた」というのは本当に意外だ。

正義連（当時・挺対協）出身の尹美香・共に市民党当選人が2015年の韓日慰安婦合意前に「チャンネルを一元化しよう。被害者のハルモニたちには私たちが説明する」と外交省と元慰安婦たちの直接の接触を阻んだ後、当選人本人だけが説明を聞いたという証言が出てきた。（略）

当時、外交当局者らは、このような尹当選人の方針により、挺対協やナヌムの家所属の元慰安婦14人とは、直接会って合意内容を説明できなかったと伝えられる。（略）

一方、尹当選人は、交渉実務者だったイ・サンドク（李相徳）外交省東北アジア局長（当時）の実質的カウンターパートになり、少なくとも11回以上の合意内容の説明を聞いたという。10億円の拠出、総理の謝罪、日本政府の責任明示などの合意に対する核心内容は、尹当選人にすべて説明したというのが彼らの共通の証言だった。

（「毎日経済」2020年5月11日入力）

「元慰安婦たちに対する直接接触は許容できないので、意見の伝達は私たちを通じてしてほしい」という言葉の意味は何か。尹美香氏や挺対協にその権限があるのかも疑問だ。このような要求は、運動団体の利益を、元慰安婦たちの利益に装った危険性をうかがわせる。

尹氏と正義連は元慰安婦らの選択を尊重したと主張するが、彼女たちを支持するグループは「尹代表が、金を受け取らないでほしいと説得してもかまわない」とまで話している。あまりにも露骨な支持表現だ。

もちろん、慰安婦被害者は個々に事情や意思がすべて違うので、ある方は日本の慰労金を受けられるし、李容洙さんら他の方々のように最後まで受領を拒否することもできます。自然なことです。Aさんが手紙で明らかにしたように、尹当選人が「ハルモニ、日本のお金を受け取らないでください。挺対協のお金ができたら、私たちがあげます」と被害者に言ったというなら、それも異常ではない。

被害者を代弁する団体と尹当選人の立場から、被害者の本質的な合意反対の意志に従って、被害者にできるだけ日本の金を受け取らないよう「説得」するのも当然のことです。「中央日報」はこのように当然の「説得過程」を「懐柔とそそのかし」と表現し、「裏切り者の烙印(らくいん)」、「尹美香が受け取らせなかった」、「被害者の意思を尊重しなかった尹美香」などの誇張した見出しをつけたのです。「烙印」は「中央日報」が尹当選人と慰安婦運動自体に押していると見なせます。

(民言連新聞モニター「メディア今日」2020年5月14日入力)

民言連〔民主言論市民連合〕新聞モニターのこの主張は、まったく理屈になっていない。「被害者中心主義」が「団体中心主義」に変質したことを批判するどころか、むしろ肩を持っている。

前述した「被害者中心主義」には、①被害者は単一集団ではないので、被害者個人ごとに異なる要求と優先順位を持ち得る、②被害者のために働く専門家は、何が被害者のためなのかを決めてはならない、③実現不可能なことについて被害者の期待を高めてはならない、④被害者(または親や保護者)は、自分に必要な支援方式を決定する権利があり、事前に自由な状況において、あらゆる可能な選択肢に関する情報を受け取るべきだ、といったことが含まれる。

したがって、「元慰安婦たちを代弁する挺対協と正義連が、大多数の元慰安婦たちが日本が支払うお金に反対しているため、お金をもらおうとする一部の元慰安婦たちにお金を受け取らないよう説得するのも当然だ」という主張は無知の致すところであり明白な越権だ。挺対協や正義連はその権限を持たない。仮に「代弁権」を認めるとしても、「代弁」しなければならないのであって「自己主張」をしてはならない。代弁も元慰安婦それぞれの要求を代弁すべきなのであって、支援団体の運動方向に合う元慰安婦だけを代弁してはならない。

「被害者中心主義」の四つ目の項目に、「被害者（または親や保護者）は、自分に必要な支援方式を決定する権利があり、事前に自由な状況において、あらゆる可能な選択肢に関する情報を受け取るべきだ」というものがある。しかし、挺対協が管理するソウルの麻浦憩いの場や大韓仏教曹渓宗傘下の社会福祉法人が管理する京畿道(キョンギド)広州のナヌムの家に居住する女性たちは、その権利を享受できなかった。

2015年12月28日の韓日合意直後である16年1月から、和解・癒やし財団が発足する16年7月以前まで、外交省と財団設立準備委員会は生存者の女性たちに平均3回ずつ会って合意内容を説明し、財団設立後にも平均2回ずつ会って1億ウォンを受け取るという意思を再確認し、請求書の作成などを手伝ってきた。ところが、麻浦憩いの場の3人とナヌムの家の10人の計13人の元慰安婦は、財団設立後、一切会うことができなかった。麻浦憩いの場とナヌムの家が面談を拒んだためだ。

和解・癒やし財団は2016年10月、挺対協の代表だった尹美香氏と、ナヌムの家の安信権所長宛てに公文書を送った。麻浦憩いの場とナヌムの家に住む元慰安婦たちに合意内容を説明するという内容だった。ナヌムの家側は3日後、このような返信を送ってきた。

ナヌムの家の日本軍「慰安婦」被害者の方々は2015年12月28日、韓日合意案内容について反対しており、財団法人和解・癒やし財団の設立についても反対しています。そのため、ナヌムの家の被害者の方々は、訪問されることを願っていません。したがって当機関でも被害者の方々の意見を汲みとり、ご協力することができませんことをご了承ください。

これは事実だろうか。2015年末、合意当時に生存していた46人と新たに慰安婦として認められた1人（2016年12月20日新たに登録）、計47人の生存女性のうち35人が1億ウォンの受領の意思を明らかにし、実際に受領した。1億ウォンを受け取った35人のうち29人は自宅に、6人は施設に居住していたが、施設居住6人は他ならぬナヌムの家に住んでいる人たちだった。だから「被害者の方々の意見を汲みとって協力することはできない」というナヌムの家側の返信は、元慰安婦たちの意見をまともに汲みあげたものではない。

返信通り被害者らが合意に反対していたなら、1億ウォンを受け取った被害者が6人も出てくるはずがない（6人のうち2人は直接、和解・癒やし財団を訪れ、4人は家族を通じて連絡してきた）。もし、合意には反対するが、受領意思はある元慰安婦がいたと主張したければ、受領意思のある元慰安婦にも説明する機会を与えなければならない。

ナヌムの家にいる元慰安婦が知人らと突然財団を訪れて、1億ウォン受領の意思を明らかにした時の書き起こしを見れば、次のような内容が書かれている。

ナヌムの家にいるハルモニたち、知らないよ。それを（合意内容を）……ええ、そうだ、私が行ったらこう言ったんだよ、日本から謝罪もしない金を、それもらってどうするのかって。

（２０１7年12月14日に録音）

李容洙さんは２０２０年5月7日の記者会見でこのように話した。

私はナヌムの家にもよく行きました。そこに、ユン○○という私と同い年のハルモニがいて、朝に私が食事に入ったら、「ちょっとこっち来て」と言います。10億円入ってきて、しばらく経った時です。私に「自分はがんが2カ所ある。肺がんと子宮がん。私は10億円から1億ウォンもらわないといけない。息子にやらないと」と言って泣きました。「そうだね、じゃあ使え」って言ったら、（息子にやるから）自分は使えないって。その時もナヌムの家の所長はこの話をしてくれませんでした。

（李容洙さんの記者会見、２０２０年5月7日）

ナヌムの家は合意内容をきちんと説明もせずに被害者が反対すると言い、合意内容を知ってお金をもらおうとする被害者には「受け取るな」と促したようだ。ナヌムの家も結局は「被害者中心主義」ではなく「施設中心主義」だったのだ。

挺対協は和解・癒やし財団の公文に返事すらしなかった。挺対協が被害者の選択を尊重したのなら、説明の機会を別に設けることはできないまでも、財団が行って説明するということまで阻止する権限はない。

（6）3枚の領収書は「徹底的に検証を受けてきた」証拠になるか

李容洙さんが、挺対協と正義連が受け取った金をどこに使ったのかを問題視すると、尹美香氏と正義連は「受け取った金は透明性を持って使い、内部で徹底的に検証を受けてきた」と主張した。さらに李容洙さんが記者会見をした翌日の２０２０年５月８日、李容洙さんの母印が押された領収証３枚を公開した。

検察は同年9月14日、捜査結果を発表し、会計については正義連に軍配を上げた。補助金や寄付金の収入・支出の内訳を国税庁ホームタックスに虚偽で申告したり、漏らしたりする方法で（居酒屋の過剰支出、２０１６～20年国庫補助金の8億2千万ウォン漏れなど）流用したのではないかという疑惑に対し、「公示漏れなどずさんなものが相当あったが、確認の結果、疑惑が提起された部分については正常な会計処理ができており、支出にも特に問題は見つかっていない」とした。また、「国税庁ホームタックスの虚偽公示や漏れに対する現行法上処罰規定はない」と付け加えた。

ところで、一つ気になることがある。尹美香氏や正義連が主張する「徹底した内部検証」とは一体どんな検証なのか。これを担当した弁護士や公認会計士は誰だったのかを知りたい。尹氏と正義連の会計疑惑が矢継ぎ早に出ているにもかかわらず、「問題ない」とした弁護士と公認会計士は一度も公開の場で報道に反論したことがない。自分たちの名誉が連日損なわれているのにだ。

内部検証をしているという主張もそうだが、筆者は正義連が提示した3枚の領収証にさらに大きな違和感がある。李容洙さんは、挺対協と正義連が受け取った金の執行過程全体について疑問を提起した。これに対し、尹氏と正義連はすぐに「元慰安婦の母印が押された領収証を持っている」と反論した。この言葉を聞くと、李容洙さんがうそをついたかのように思わせる。

李容洙さんから受け取ったと正義連が提示した3枚の領収証の各金額は、100万ウォン（1992年7月15日）、250万ウォン（1993年7月26日）、1億ウォン（2017年11月22日）だ。100万ウォンは生活支援金の名目で、250万ウォンは生活基金の募金額から、そして1億ウォンは和解・癒やし財団が支給する1億ウォンを受け取っていない対価として渡した金額だ。

これらの資金は、どのように調達したのだろうか。

（略）1992年に「挺身隊ハルモニ生活基金募金国民運動本部」を設立して募金活動を展開し、当時の被害者62人に250万ウォンずつを支給する一方、（略）金学順さんらの被害者の反対にもかかわらず、1995年に日本政府が、公式賠償ではなく官民協力基金である「アジア女性基金」を通じて問題を解決しようと試みた時も（略）被害者156人に政府支援と市民募金から計4412万5千ウォンを渡しました。

2015年の韓日両政府間の日本軍「慰安婦」合意（いわゆる2015年の慰安婦合意）が発表された後（略）李容洙さんをはじめ、被害者8人に対し、17年下半期に百万市民募金を行ってつくった基金で、一人当たり1億ウォンを女性人権賞金として渡したことがあります。

（李容洙さんの記者会見に対する正義連の立場表明、2020年5月8日）

立場表明文によると、アジア女性基金問題が浮上した際も、156人の女性に4412万5千ウォンずつ支払ったが、これに対する領収証はないようだ。前述したお金の共通点は、すべて元慰安婦たちに渡すために募金したということだ。だから元慰安婦にあげなければならないお金だ。李容洙さんが問題にした「会計の透明性」とは、使い道を決めた一度限りの募金のことではない。「水曜集会で集めた寄付金は元慰安婦たちに使わず、どこに使うのかわからない」と指摘したのだ。にもかかわらず、正義連は直ちにこれらの領収証を公開することで、李容洙さんはお金をすべて受け取ったのにもらっていないと主張している、と反論した。これは「争点離脱」によって問題を糊塗したものであり、不当に李容洙さんを非難したものだ。こうした態度は「被害者中心主義」ではなく、団体に迷惑をかける被害者をすぐに批判の対象として再定義する「団体中心主義」であることを表している。

(7) 挺対協が元慰安婦たちに生活費を与える団体でないのなら

李容洙さんの記者会見で最も大きな争点は、尹美香氏と挺対協が、寄付されたお金を元慰安婦たちにまともに使わなかったという主張だ。「30年間だまされてきた。だまされるだけだまされた」という言葉は、国民に大きな衝撃を与えた。問題が起きてまもなく、元慰安婦らに使った金は、寄付金収入の20パーセント足らずだという数字が出てきた。

日本軍慰安婦被害者の李容洙さん(92歳)が寄付金の使用に対する問題を提起して論議が広がる中、正義連が最近、4年間49億1606万ウォンを寄付金収入で募金したことがわかった。寄付金収入の約18・7パーセントの9億2014万ウォンが、被害者への現金支援金として使われた。

正義連が国税庁ホームタックスに公示した2016～19年の「年間寄付金募金額及び活用実績明細書」によると、寄付金収益は2016年に12億8806万ウォン、17年に15億7554万ウォン、18年に12億2696万ウォン、19年に8億2550万ウォンだった。昨年末現在で残っている累積寄付金は計22億5841万ウォンだ。慰安婦被害者に現金支援をする「被害者支援事業費」は2016年30人に2770万ウォン、17年45人に8億6990万ウォン、18年27人に2321万ウォン、19年23人に2433万ウォンなどだ。

（「東亜日報」2020年5月9日付）

これに対し、正義連は「正義連は運動団体であって、被害者の生活だけを助ける人道的支援団体ではない」と反論している。

正義連（旧・挺対協）が、最近起こった「後援金をめぐる議論」について11日、「正義連は、日本軍『慰安婦』被害者たちの生活安定だけを目的とする人道的支援団体ではない」と明らかにした。正義連はこの日午前10時30分に記者会見を開き、2017年から3年間にわたり目的指定寄付金を除く一般寄付収入22億1900万ウォンのうち41パーセントに当たる9億1100万ウォンを「被害者支援事業費」として執行したと説明した。残りの59パーセントに当たる金額は水曜集会・記念碑事業・ナビ基金・奨学事業などに使われたという。（略）

正義連は、被害者支援事業費の項目は、後援金をハルモニたちに単純に現金で渡す事業ではなく、ハルモニたちの人権と名誉回復のための活動に使われると説明した。これには健康維持・病気治療支援、人権と名誉回復活動支援、定期訪問、外出同行など情緒安定支援、不定期生活物品支援、憩いの場運営などが含まれるという。

（「中央日報」２０２０年5月11日入力）

元慰安婦たちに使ったお金は、報道時点で見れば2日間のうちに18パーセント台から41パーセントへ増えた。元慰安婦に使ったお金が少なすぎるという批判が強まると、「健康維持・病気治療支援、人権・名誉回復活動支援、定期訪問、外出同行など情緒安定支援、不定期生活物品支援、憩いの場運営」の費用もすべて元慰安婦に使った金として計算される結果になった。そうして出てきた平均41パーセントという数値でさえも、和解・癒やし財団からもらえる1億ウォンを受け取らない8人の元慰安婦に対し、寄付金を集めて1億ウォンずつを支給した２０１７年の68パーセントを除けば18年は4パーセント、19年は6パーセントにすぎない。

正義連の定款を見ると、前文や事業目的などで「日本軍性奴隷制の生存者」、つまり「生きている慰安婦のハルモニ」に一度だけ言及している。このため「正義連は元慰安婦に生活費を与える団体ではない」という主張は表面的には正しいかもしれない。

検察も「正義連が２０１７〜19年に受け取った寄付金収入約22億１９００万ウォンのうち、被害者の直接支援事業などに使用した約9億１１００万ウォンを除いた残りの約13億８００万ウォンは、流用した業務上横領ではないか」という告発に対し、「正義連寄付金募金事業は、日本軍慰安婦被害者たちに対する直接支援事業だけでなく、記念碑事業、教育・海外広報、奨学事業など内容が多様で、被害者の直接支援事業以外の事業にも使用できる」として不起訴処分にした。

しかし、内容を詳しく見ると事情は変わる。正義連は2020年5月11日、記者会見で配布した資料を通じて、財団の事業を12件と明らかにした。この時「被害者支援」を真っ先に打ち出した。元慰安婦たちに使うお金が少ないという批判を意識したようだ。その他、水曜集会、記念碑、国内連帯、南北連帯、国際連帯、ナビ基金、研究調査支援、教育、奨学、広報、募金を挙げた。これらの事業はすべて資金を必要とする。

その資金はどこから出てくるのか。非営利法人の財政は寄付金（募金含む）、政府補助金、企業後援金、事業収益金、資産収益金などだ。2019年の正義連は運営の成果として、指定寄付収入、定期後援会費、一時後援収入、キャンペーン収入、行事協賛などを事業収益金として計上した。このうち正義連が自主的に稼いだお金はキャンペーン収入ぐらいで（2400万ウォン。もちろんキャンペーンも元慰安婦関連）、8億ウォンを寄付、後援、補助金で受けた。正義連の資産は普通預金（4億6千万ウォン）と定期預金（約18億3千万ウォン）で、資産収益金はここから出る利子約4千万ウォンだ。商品、資料、行事の売り上げがあることはあるが、全部合わせて300万ウォンを少し超える水準である。したがって正義連が毎年得る収益も、保有している預金資産も、大半は寄付金、政府補助金、企業後援金でつくったとみることができる。

ところで寄付金、政府補助金、企業からの後援金を得る時、誰を前面に出すのか。言うまでもなく、元慰安婦たちだ。一般国民、政府、企業は元慰安婦のために寄付もし、補助金も出し、後援金も出す。正義連は、そうして得たお金を、元慰安婦に直接支援するのではなく、当初目的とした事業に合わせて使っている、と主張する。だが資金を調達した経緯を考えると、このように軽く「正義連はハルモニに生活費を与える団体ではない」とは言えない。尹美香氏は5月29日、記者会見の立場表明でこのように明らかにした。

挺対協で活動しながら、私の個人名義の四つの口座で募金が行われた事業は計9件です。（略）特別な場合なので、今見たら、私の個人名の口座を使ったのは間違った判断でした。（略）
最初の募金は2012年から行われてきた戦時性暴力被害者支援のための「ナビ基金」でした。その他にもキル・ウォンオクさんとキム・ボクトンさんの欧米キャンペーンのための募金、ベトナム・ビンディン省浄水槽支援のための募金、ベトナム・ビンホア虐殺50周年慰霊祭支援のための募金、アン・ジョムスンさんとキム・ボクトンさんの葬式費用の募金などがありました。（略）
しかし、私の個人口座を通じて募金したからといって、口座に入ってきたお金を個人的に使ったわけではありません。最近の問題提起以降、募金口座として利用された四つの口座の取引内訳を一つひとつ再確認しました。その結果、口座の内訳で、9件の募金を通じて約2億8千万ウォンが集まり、募金の目的に合わせて使われた金額は約2億3千万ウォン、残りの約5千万ウォンは挺対協の事業に使われたことが確認されました。

（尹美香氏の記者会見での立場表明、2020年5月29日）

韓国で、誰かが亡くなった、誰かがアメリカに行く、誰かが欧州に行くといって募金するのに、団体代表の個人口座に何の疑いもなく送金するケースがどこにあるのか。挺対協以外にそんなことがあるだろうか。ソウルの麻浦に宗教団体が15億ウォンをかけて準備した立派な憩いの場があるにもかかわらず、別の大企業が10億ウォンを出して京畿道安城に「第二の憩いの場」をつくるようなことがどこにあるのか。挺対協の他にありえるだろうか。安城憩いの場の支援を受ける際、8人の元慰安婦に対して健康管理、心理治療、毎週の入浴などのプログラムを実施するという企画書を提出したが、一つも守らず、憩いの場を「挺対協のミーティング場所」程度に活用し、運営評価で最も低い等級を受けたとしても、そんな「黒歴史」がその後、他の支援を得るのに影響を及ぼさないなどというケースがどこにあるのか。挺対協の他にあり得るだろうか。それほどまでに我々の社会で「元慰安婦」が与える象徴性は大きいということだ。

個人名の募金について、検察は尹氏の主張とは異なる捜査結果を発表した。尹氏は「私的な用途で使ったことはない」と主張したが、検察は「2012年3月から2020年5月まで、五つの個人口座を利用して慰安婦被害者海外旅行経費、香典、ナビ基金などの名目で3億3千万ウォン余りを募金し、そのうち5755万ウォンを個人用途で使用した」業務上横領罪で起訴した。

起訴内容を見た後、尹氏が2020年5月29日に出した立場表明文を読み直してみた。横領の部分はかなり謙虚に書いたことがわかる。「安易に考え」「いい加減な部分があり」「自分が恥ずかしいと思う」と述べている。尹氏本人もこの部分が「アキレス腱」になると考えていたのではないだろうか。募金した資金を個人的に使ったことが明らかになれば法的にも問題だが、正義連が「元慰安婦の生活支援団体」ではなく「尹美香の生活支援団体」だ、という批判を受けることは明らかだからだ。

ナヌムの家も似たような疑惑を受けた。官民合同調査団が調査し、ナヌムの家法人が2015年から19年までの5年間、計88億8千万ウォンの後援金を受け取ったにもかかわらず、元慰安婦らの生活施設に送った金額は2・3パーセントの2億ウォンにすぎないと発表した。すると法人は、国家と地方自治体が十分に支援しているため、元慰安婦たちの生活施設に後援金を送る必要性はさほどなかった、という立場を表明した。合同調査団はその主張に再び反論した。合同調査団の指摘は、尹氏と正義連にもそのまま適用できる。

もし、ナヌムの家の法人や施設が市民に対し、ナヌムの家が国と地方自治体の支援だけで運営されているという事実を明らかにしたなら、後援金は「元慰安婦たちの生活、福祉、証言活動」のために使うのではなく、未来の療養病院、国際平和人権センターの建築のために備蓄しているると明らかにしたなら、後援者が依然として後援金を同じように出しているのか問わざるを得ません。子どもたちの貯金箱から企業の後援金に至るまで、市民が出した後援金は、元慰安婦たちがより快適な空間で、衣食住及び治療、福祉が保障された良質のサービスを受けながら生活することを期待して出したものです。

（ナヌムの家官民合同調査団の調査結果発表、2020年8月11日）

寄付金をどの程度元慰安婦に使うかという問題は、もともと法で問うべき事案ではない。正義連が元慰安婦たちに少ししかお金を使っていないという非難に耐えることができないなら、そしてそれが事実でないと考えるなら、正義連は運動団体として残り、支援団体は別途につくることを勧める。そうすれば、様々な問題や非難、誤解を避けることができる。支援団体を別に設置し、被害者の生活支援にあたる一方、正義連は運動団体として残る場合、「生きている元慰安婦」を前面に立てることができず、「亡くなった元慰安婦」を「記憶」するために寄付金、政府補助金、企業からの後援金を得るために、必死に走り回らなければならない。

もし現体制をそのまま維持したければ、早くから被害者の意思を予算と事業などに反映するシステムを整えるべきだった。しかし、どこにもそのような形跡がない。「被害者中心主義」をどのように適用したのかまったくわからないのだ。だからこそ、「だまして利用して。芸は熊がやって、何人かがそのもらったお金を自分のものにしました。私は30年間、芸をやりました。そのお金は何人かが受け取りました。こんなことも知らずに何を許してほしいのか」（李容洙さん、2020年5月25日記者会見、「大邱（テグ）新聞」からの引用）といった厳しい言葉が出てくるのである。

（8）挺対協と反目した元慰安婦たち……誰のために存在するのか

検察は2020年9月14日、尹美香氏を起訴し、2017年11月に重度認知症にかかったキル・ウォンオクさんの心身障害を利用し、7920万ウォンを正義記憶財団（現・正義連）に寄付、または贈与させたことは準詐欺に当たると判断した。ところが、この事案は検察が認知したものではなく、キルさんの養子夫妻が主張し、市民団体が捜査を依頼したことで明るみに出たものだ。

慰安婦被害者キル・ウォンオクさん（92歳）は正義連が運営するソウル・麻浦の憩いの家に滞在し、政府から月約350万ウォンずつもらっていたが、毎月この金が他の口座に流れたという供述がキルさんの嫁のチョさんから出た。チョさんが今月1日、麻浦憩いの場の所長、ソン・ヨンミさん（60歳）にこの問題についての釈明を求めると、ソンさんは釈明の代わりにチョさんの前にひざまずいたと話した。チョさんは3日、再びソンさんに説明を求める携帯電話のメールを送ったという。それから3日後、ソンさんは自宅で死亡した状態で発見された。（略）チョさんは「（そのお金を誰かが口座から）全部下ろしていた」と述べた。チョさんは「2千万ウォンも下ろされ、400万ウォンも下ろされ、500万ウォンも下ろされていた」とし、「通帳を見たら胸が痛かった。本当に慰安婦のハルモニに物乞いさせたんだなと思った」と話した。

（「朝鮮日報」2020年6月17日入力）

この疑惑が初めて浮上した時、正義連側は全面否定したが、検察は事実と見た。この容疑については、検察と尹美香氏・正義連、キルさんの遺族と尹美香氏・正義連の間で激しい攻防が繰り広げられている（2020年12月には、正義連に寄付金を返してもらいたいと話すキルさんの映像が公開されたこともある）。

民主党の尹美香議員や正義連が、検察が適用した容疑の中でとりわけ「準詐欺」容疑に強く反発している。しかし、認知症の状態で約7900万ウォンを正義連に寄付したキル・ウォンオクさん（92歳）の家族は15日、「尹議員が繰り返す、自発的寄付の主張は納得できない」と一蹴（いっしゅう）した。このような状況で、尹議員と正義連が準詐欺容疑を強く否定するのは、裁判所で最終的に認められた場合、自分たちの正当性と道徳性が致命的なダメージを受けると判断したためだろう。（略）

キルさんが2017年11月22日に受けた女性人権賞の賞金1億ウォンは、日本政府の慰安婦の合意金の代わりに国民募金で集められた金額だ。しかし、キルさんの通帳に、当日午前10時52分に入金された賞金は、約1時間後の11時56分に500万ウォン、5千万ウォン、2千万ウォンの順で引き出された。当時、キルさんの通帳を管理していた正義連は「1千万ウォンを正義連に寄付し、1千万ウォンは養子に支給された」とだけ説明した。

（略）これに対し、キルさんの家族は尹議員が「自発的寄付」を主張し続けるのはとんでもないという立場を示した。キルさんの養子の妻チョさんは「寄付金を募金し、高齢者に支給し、その金を再び正義連に寄付する計画だった。実におかしな寄付だ」とし、「正当な寄付なら家族にも問い合わせるべきだった」と述べた。

（「中央日報」2020年9月16日付）

挺対協と最も不仲だった被害者は、挺対協を「私たちを物乞いとして腹を肥やしてきた悪党」と言い放ったシム・ミジャさんだろう。シムさんは挺対協を相手取って訴訟も起こし、別途の団体を構成した。

2004年1月、シム・ミジャさんら元慰安婦33人は「慰安婦を二度泣かせた挺対協、門を閉じよ」というタイトルの批判の声明を発表した。彼女たちが自分でつくった別途の慰安婦の集まりである「世界平和ムクゲ会」名義の声明だった。彼女らは「（挺対協が）元慰安婦のハルモニ（おばあさん）たちの大きな支え役を担っているかのようにしているが、これはすべて虚構だ」として、「実際は慰安婦のハルモニたちを売って自分たちの利益だけ満たす集団」だと主張した。

33人の元慰安婦たちは、二つの問題を提起した。挺対協が「慰安婦被害者たちの人権回復」とは正反対の道を歩んできたことと、慰安婦問題を口実に自分たちの富貴栄華を享受しているという点である。元慰安婦たちは「（挺対協は）慰安婦のハルモニたちを二度泣かせた人々」「いつ死ぬかわからない慰安婦のハルモニたちを歴史の舞台に物乞いとして売って、腹を肥やしてき

た悪党」という表現まで使った。（略）

また、「慰安婦のハルモニたちのためだと、全国各地に広げて集めてきた寄付金や募金額が全部でいくらか。その大金をどこに使ったのか」と問い、「国民は寄付金が私たちに使われたと思っているが、私たちは集めた寄付金や募金をもらったことはない」と強調した。また、「今すぐに国民が出してくれた金をすべて吐き出すことを求める」と述べた。

ムクゲ会会長だったシム・ミジャさんは2004年11月、日本の最高裁判所で初めて「日本軍慰安婦」であることを認められた被害者だ。08年に死去した。尹当選人は04年当時、挺対協事務総長を務め、翌年2月から常任代表を務めた。

（「中央日報」2020年5月17日入力）

野党「国民の力」のクァク・サンド議員は2020年6月5日、自身のフェイスブックを通じて「南山記憶の場の慰安婦被害者のハルモニ247人の名簿に、ソク・ボクスンさん、シム・ミジャさん、パク・ボクスンさん、ウ・カミョンさん、ユン・スンイムさん、ハ・スンイムさん、ユ・ギュナムさん、ウ・ヨンジェさんの8人の名前が抜けている」と主張した。2020年6月12日、正義連は記憶の場に刻んだリストと関連した立場表明で、「当時、挺対協は『象徴的な慰安婦』の名簿だけを提供したにすぎず、該当事業に関与しておらず、事業費も受け取った事実がない」と釈明した。「象徴的な慰安婦の名簿」とは何か。挺対協の活動に反対した元慰安婦は「象徴的な慰安婦」ではないという意味なのか。

こんな釈明もあった。

最近、シムさんの名前が、挺対協が中心となってつくったソウル「南山記憶の場」の被害者名簿にないという事実も確認された。正義連は「記憶の場の被害者名簿は公式記録物ではなく芸術造形物だ。名簿には、主に運動した数人を除いては仮名が多い」とし、「名簿に記録されたがらない人もいたためで、そこに誰々がいないと指摘するような問題ではない」と述べた。

（「京郷新聞」２０２０年5月20日入力）

一体何の話なのかわからない。シムさんの名前を公式記録物には入れて、芸術造形物には入れなくてもいいと誰が決められるだろうか。名簿に記録されたがらない人もいたというが、シムさんがそのような要求をしたというのか。その逆だ。入れてくれと言ったのに抜いたということだ。

正義連の関係者はこれに先立ち、「名簿から除外されたという議論についてはいろいろと事情がある。元慰安婦たちのそれぞれの事情については言及しない」と述べ、シムさん個人の事情で名簿から外されたかのように釈明した。シムさん側の関係者は20日、「当時の内容証明まで送り、シムさんが名簿から抜けていたことについて抗議した」とし、「当初、シムさんと一緒に活動していた正義連が、（シムさんが）自分たちを批判し出すと突然立場を変えた」と主張した。

この関係者は「シムさんを名簿に入れるよう、正義連側に内容証明まで送った」とし、「当時、正義連は答弁書を通じ、『歴史研究家たちがシム・ミジャさんの証言は信憑性に欠けると指摘したので南山の記念碑から抜いた』と答弁した。シムさんは、日本の最高裁判所から初めて『日本軍慰安婦』であることを認められた被害者だ。国家からの支援金も受けて亡くなった方なのに、正義連が勝手に名簿から外し、シムさんを偽の被害者にした」と批判した。

（「韓国経済」２０２０年５月20日入力）

むしろ同意もしなかったのに、名前を刻んで問題になったこともある。尹美香氏が、和解・癒やし財団が支給する１億ウォンを受け取らないよう求めたことを明らかにしたＡさんのケースだ。

Ａさんの主張は、尹氏をはじめ被害者支援団体がすべての被害者の意思と選択権を尊重したのか、という根本的な疑問に直結する。実はハルモニは以前にも似たようなことを経験した。２０１６年８月に造成された「南山記憶の場」には、慰安婦被害者２４７人の名前が刻まれているが、ただ一つだけが消えている。Ａさんがその年の冬、未明に金づちやノミを持っていって、自ら自分の名前を消した。

「おかあさんの名前がそこにある、と我が子から連絡が来ました。他の人たちに知られるんじゃないかとビクビクしているんだよ。あたしが朝早く行ってみたら、端っこにあたしの名前があったんだ。あたしが削り取っちゃった。で、振り向いたらパトカー５台が来てたよ。南山の下の交番にいて、12時すぎ区役所から人が来て家まで送ってくれた」（略）

登録の意思を尋ねられなかったのかという質問に、ハルモニは「私はそんなのがあるのも知りませんでした。承諾したこともない」と語った。

（「中央日報」２０２０年５月13日入力）

このようなことは挺対協と対立したために起こったが、挺対協（現・正義連）はそれを認められないため、つじつまが合わなくなる。こうした場合はいっそ「ノーコメント」という方が正直だ。挺対協と正義連が被害者を差別待遇することに対して、李容洙さんは次のように批判した。

――それではどのような問題を提起したかったのか。

「どうして慰安婦問題を勝手に売り飛ばすのか。これは名誉毀損にもなり、利用したことにもなる。被害者のためにデモを始めたが、被害者のために何もしていない。私利私欲を満たしたとしか考えられない。そしてなぜそこ（市民団体が運営する慰安婦被害者居住施設）で世話をするハルモニだけが被害者なのか？　全国のハルモニを助けるものなのに、どうしてそこにいるハルモニだけが被害者だと言うのか。これ一つだけでも（問題は）十分だ」

（李容洙さんのインタビュー「月刊中央」２０２０年６月号）

筆者は元慰安婦を裂いた頂点は２０１８年１月４日、文在寅大統領が和解・癒やし財団の資金を受けていない元慰安婦８人だけを大統領府に招待した行事だと思う。

文在寅大統領は、本日の昼、大統領府本館の忠武室に慰安婦被害者のハルモニ８人を招き、先週出た、（２０１５年12月28日の）合意が元慰安婦たちを排除したまま行われたという調査結果について、慰めの言葉を伝え、今後政府の立場を決めるにあたり、被害当事者であるハルモニたちの意見を傾聴するため、昼食を用意しました。（略）

一方、これに先立ち、「ナヌムの家」を出発したハルモニたちには、秘書室が提供した儀典車両を利用し、青瓦台まで警察のエスコートの下、国賓移動時のように最高の礼遇をいたしており、警護処は交通の利便性だけでなく、健康上の問題に備えて救急車まで移動中に配車し、昼食会の後、ナヌムの家に戻る際にも同じ方法でお送りしました。

本日の昼食会には慰安婦被害者9人（8人の誤り＝筆者）の他にも挺対協の尹美香・共同代表、正義記憶財団のチ・ウンヒ理事長、「ナヌムの家」の安信権所長、カン・ギョンファ（康京和）外交省長官、チョン・ヒョンベク（鄭鉉栢）女性家族省長官、ナム・インスン国会女性家族委員長などが参加しました。

（大統領府ホームページ、2018年1月4日）

ナヌムの家に住んでいる元慰安婦の中には1億ウォンをもらった人も、受け取っていない人もいる。金を受け取っていない元慰安婦だけが「国賓級」として青瓦台に招待されているのを見て、金を受け取った元慰安婦たちはどんなことを考えたのだろうか。挺対協は1997年、元慰安婦7人（後に61人と判明）がアジア女性基金を受け取った際、「ごく少数のハルモニの行動は、他の多くのハルモニたちをさらに屈辱的にしている」とし、金を受け取った少数を非難し、受け取らなかった多数を擁護した。しかし、和解・癒やし財団から支給された金を47人のうち35人が受け取ると、今度は多数を無視して少数を擁護した。今回の尹美香事件は会計不正や横領疑惑が本質ではなく、「挺対協と正義連は一体誰のために存在するのか」という本質的な質問をしていると筆者は思う。

（9）慰安婦運動は30年間、つらいだけだったか

慰安婦運動を普遍的な人権問題であり、世界的な問題とした挺対協と正義連の功労を、否定する人はいない。尹美香事件の最中にも、その功労を問題視したメディアはない。しかし、険しく、困難な時期を挺対協と正義連が乗り越えてきたのだから、問題があっても少し大目に見てやるべきではないか、というのは別の問題だ。

韓国の挺対協は1990年以来、「慰安婦」問題の解決に向けた運動を主導している。「慰安婦」運動は、挺対協の独創的かつ迅速な動きで、その連帯の範囲が国内外に広がり、国際的に広く知られるなど可視的な成果をもたらした。挺対協の活動は一般市民に「慰安婦」被害に対する意識を再び考えさせたし、何よりも生存者たちに自ら存在を明らかにさせた。消極的で冷笑的だった韓国政府と日本政府を変化させ、アジア女性らに日本軍「慰安婦」の存在を認識させることで、各国内での問題提起を触発した。

（キム・チョンラン、博士学位論文「日本軍『慰安婦』運動の展開と問題認識に対する研究：挺対協の活動を中心に」２００４年。「月刊朝鮮」２０２０年６月号から再引用）

キム博士の論文は挺対協に対する「称賛」よりも、問題点に対する「批判」に比重を置く。しかし、草創期の挺対協の活動に対しては、非常に肯定的に評価され、その評価は正当である。

正義連もまた自らそのように考えている。

1990年11月16日、37の女性団体の力で挺対協が結成されて以降、日本軍性奴隷制問題の真実を究明し、被害者の名誉と人権回復に向けて努力してきた正義連はこれまで、加害国、日本政府の犯罪の否定と歴史歪曲、これに同調する国内外の極右・歴史修正主義者たちの妨害と攻撃で、ただの1日も楽な日がありませんでした。

被害者が一人でも生存しているうちに問題を解決しようと加害国の日本政府に責任の履行と真実の究明を求める運動を進め、同時に被害者の名誉と人権を保護するため、歴史的かつ反人権的な集団に立ち向かい、苦しい闘いの時間を過ごさなければなりませんでした。

（正義連立場表明、2020年5月12日）

しかし、あまりにも過去の栄光にばかりすがることに慣れきってしまったのではないか。2020年5月11日、正義連の記者会見場では、こんな発言が出た。

イ・ナヨン（李娜栄）正義連理事長は「慰安婦問題の解決に、いつも足かせになっていた妨害勢力とともに同調してこの問題を軽視し、甚だしくは活動家を分裂させている」と述べ、「傷を負わせた皆さんに反省を求める」と語った。彼女は「誰も問題を提起しなかった時、勇敢で献身的な何人かの研究家がこの運動をつくってきた」とし、「そのころ皆さんは何かしたのか。本の1冊でも読んだだろうか」と声を強めた。

（「韓国経済」2020年5月11日入力）

疑惑を解明するための記者会見で言うべきことではない。メディアを妨害同調勢力と見なし、言論の対極点に勇敢で献身的な研究者を置く、その堂々とした態度には驚かされる。

李理事長に聞きたい。「誰も問題を提起しなかった時、勇敢で献身的な何人かの研究家たちがこの運動をつくってきた」としたが、3日前の2020年5月8日の立場表明では「このようなすべての活動は、誰も被害者たちの声に耳を傾けなかった時、勇気ある証言を皮切りに問題解決運動の中心に立っていた金学順さん、李容洙さんをはじめとする日本軍『慰安婦』被害当事者がいたからこそ可能だったことをよくわかっている」としていた。3日で元慰安婦たちの貢献はなくなった。手違いなのか、本音なのか。運動家たちが無意識に元慰安婦たちの上に存在し、「力なくかわいそうな」元慰安婦を代弁してやるのだと考えているのではないかと聞きたい。

「そのころ皆さんは何かしたのか。本の1冊でも読んだだろうか」という叱咤もそうだ。李理事長よりも優れた碩学や知識人、専門家も、記者をそのように責め立てることはない。ジャーナリストの役割は碩学、知識人、専門家と同レベルの知識を習得することではない。彼ら彼女らの研究成果や発言、主張などを短時間でよく理解し、わかりやすい言語で、読者や視聴者に伝えることである。

「そのころ皆さんは何かしたのか」という質問に答えると、現場にいた記者たちは恐らく挺対協が結成されたばかりの「そのころ」には小学校や中学校に通っていたか、生まれてもいない記者が多かっただろう。だから慰安婦関連の本を1冊読むこともできなかったはずだ。それでも記者会見場に出席した記者たちは、李理事長の主張を伝える、別の意味の「プロ」として記者会見場に臨んでいる。記者たちは、李理事長が稲を1苗、サンチュを1株、豚を1匹育ててみたことはなくても、「なぜ、ご飯にサムギョプサルをのせて、サンチュで包んで食べるのか」などと怒鳴りつけることはない。

市民団体の中で挺対協と正義連だけが苦労したのではない。環境、教育、消費者、福祉、政治参加、障害者、女性、労働、地方自治、社会的企業など、今は根を下ろした市民運動も最初はすべて大変だった。そのような団体に比べて、挺対協と正義連はむしろずっとマシな条件だった。元慰安婦を運動の中心に掲げ、団体の目的を鮮明にし、反日、女性、人権、歴史、平和、国際など、他の価値とも連携しやすく、幅がより一層拡大された。支援と支持も急増した。

日帝強占期の被害者グループは、慰安婦、徴用、徴兵、軍属である。その中で国民的関心を浴びながら地道に補償と支援を受けたグループは慰安婦とその支援団体しかない。強制徴用問題も2018年10月30日、大法院（最高裁判所）の判決で関心が出始めたが、補償まではほど遠い。それに比べ、父や兄、弟らがどこの戦場でどのように死んだのかも知れず、遺骨収容すらできなかった強制徴兵の遺族たちは、ノ・ムヒョン（盧武鉉）大統領時代に2千万ウォンを受け取ったのがすべてだ。被害者の遺族たちは、慰安婦に比べ、国家の関心と待遇があまりにもひどいとして常に不満を抱いている。

1990年に発足した挺対協（現・正義連）は30年活動するなか、草創期の10年は苦労をしたが、2000年12月に東京で開かれた「2000年日本軍性奴隷戦犯女性国際法廷」からは安定期に転じており、2011年の憲法裁判所の「慰安婦問題の解決不作為の違憲決定」と、千回を超えた水曜集会や少女像の設置などで強力な市民団体としての位置を定めた。憲法裁の「慰安婦問題の解決不作為の違憲決定」は、憲法裁が30年間のうちに出した3万3千件余りの決定の中で、国民が選んだ「最も重要な決定」の1位となった（2018年8月）。朴槿恵前大統領の弾劾審判が2位である。水曜集会と少女像はもう誰にも触れられない「聖域」となり、挺対協と正義連も「金城鉄壁」となった。根強い反日感情を背景に、挺対協と正義連を支持する雰囲気も堅固だ。挺対協と正義連は、苦労だけして補償を受けることができなかった団体ではない。それが、過去の一時期大変だったからといって、検証と批判の煩わしさを避けようとしてはならない理由である。

(10) 尹美香事件の報道は慰安婦運動の大義を否定するものか

2020年9月14日、検察の起訴について、尹美香氏は「今日の検察の捜査結果の発表が、日本軍『慰安婦』問題解決運動の30年の歴史と大義を崩すことはできない」と主張した。正義連もそのような見方だ。挺対協の事件を報道した記事の中にも、今回の事件を「親日派」や「土着倭寇」の反動であり、慰安婦運動の「大義」を否定することだと批判しているものが多い。「尹美香事件」の初期に「親日派フレーム」は強力な武器だった。一連の報道が慰安婦運動の大義を否定したこともない。団体の内部に不正疑惑があるから究明せよ、ということだけだ。一部の過激なグループが慰安婦運動自体を否定したり、正義連を解体せよと主張したりしたが、保守メディアもそのような主張には大きな意味を置かなかった。尹美香氏に国会議員当選人を辞退しろと言っても、正義連を解体しろと言ったことはない。

2020年5月7日、李容洙さんが記者会見をしてから5日後、尹氏はこのように述べた。事件初期にどんなことを考えていたのかをうかがわせる中身だ。

尹美香・共に市民党当選人は12日、「親日勢力の不当な攻撃がさらに強くなればなるほど、私、尹美香の平和人権に向けた決意も山ほど高まるだろう」と述べた。尹当選人は同日、フェイスブックで「正義連と私に対する攻撃は、第21代国会でさらに力強く展開される慰安婦問題の真相究明と謝罪と賠償要求に、また平和人権運動に、冷水を浴びせようという保守マスコミと（保守系野党の）未来統合党がつくった謀略劇以上でも以下でもない」と明らかにした。

尹当選人は自分に疑惑を提起する野党とマスコミを批判した。彼女は「屈辱的な韓日慰安婦交渉を締結して一言も謝罪すらしなかった未来統合党、日帝におもねった奴隷根性を捨てなかった親日マスコミ、『慰安婦は売春』という見方を少しも変えようとしていない親日学者に立ち向かう」と述べた。

（「朝鮮日報」２０２０年5月12日入力）

正義連も明らかにそのような見方を示した。

正義連は現状について、被害者の証言をあら探しして日本軍性奴隷制の歴史的真実を否定する国内外の勢力と、すでに真実が明らかになった屈辱的な「２０１５年慰安婦合意」の主役である積弊勢力が、30年間の運動の悔恨がこもった被害者の「言葉」を意図的に悪用し、「真実の攻防」により事態の本質を糊塗して、正義連と日本軍「慰安婦」被害者の30年間の運動を無力化して政治的目的で悪用する、人権運動全体に対する弾圧と規定します。

（正義連立場表明、２０２０年5月12日）

一部の新聞も、正義連の詳しい説明を前提にしつつ、似たような見方を示した。

提起されている疑惑について、正義連と尹当選人は詳しく説明して真偽を明らかにし、正義連の運営過程に不十分な点があれば改善する契機としなければならない。しかし、李容洙さんの発言を口実にして、「慰安婦人権運動」を揺さぶる政略的意図は断固排撃しなければならない。野党と一部の保守メディアは、尹当選人を攻撃し、朴槿恵政府の時の韓日慰安婦合意を正当化することに利用しようとしている。

（社説「『尹美香騒動』を口実に『慰安婦人権運動』を揺さぶるな」、「ハンギョレ新聞」2020年5月12日付）

正義連の釈明により、提起された疑問が解消されたとは言い難い。正義連は李容洙さんが提起した疑問を解くことに、さらに努力しなければならない。正義連で「被害者中心主義」の原則に反する行為があったかどうかも点検すべきだ。この団体を長く率いてきた共に市民党比例代表当選人の尹美香・前理事長が直接乗り出さなければならない。しかし、本質から外れた問題提起は望ましくない。何より韓国社会の「慰安婦運動」の大義が損なわれてはならない。今回の騒動が早く終わり、日本軍慰安婦問題の解決に目を向けない日本政府の謝罪と反省を求める運動が継続されなければならない。「慰安婦運動」が今回の対立を乗り越えて、より堅固になることを市民たちは願っている。

（社説「正義連葛藤、慰安婦運動が損なわれぬように」、「京郷新聞」2020年5月12日付）

2020年5月12日、正義連問題で複数の新聞が同時に社説を書いた。「東亜日報」「朝鮮日報」「中央日報」「国民日報」「世界日報」が徹底した疑惑の究明を促したのに比べて、「ハンギョレ新聞」「京郷新聞」「韓国日報」などは慰安婦運動の大義を損なってはならないと主張して対照的だった。しかし、「ハンギョレ新聞」や「京郷新聞」も時が経つにつれ、尹美香氏の釈明や真実究明を求める社説をたびたび掲載するようになり、社会の雰囲気により、新聞の論調も変わったことを示している。「大義を損なってはならない」との主張の頂点は、文在寅大統領が2020年6月8日の首席補佐官会議でした発言である。文大統領は「混乱しており、慎重な姿勢ではあるが、慰安婦運動の大義は堅固に守られなければならない」「一部にある、慰安婦運動自体を否定して運動の大義を傷つけようとする試みは正しくない。被害者の尊厳と名誉を損なう行為だ」と強調した。

尹氏や正義連からすると、今回の事態を望んでいないのは間違いない。だが原因を提供したのは親日勢力や保守メディアではない。これまで運動団体内に積もりつもってきた「内部積弊」が明るみに出たのが事態の発端だ。

初めに問題を提起したのがメディアや保守野党ではなく、日本軍慰安婦の被害者のハルモニ自身でした。これは親日か反日かという政治的理念の問題ではありません。国民の税金と寄付金により運営される非営利社会団体の会計の透明性に関する問題です。この団体が今までどんな仕事をしてきたにせよ、どんな性向であれ、それは核心ではありません。会計の不正なのか、単純な誤りなのか、それを明らかにすればいいのに、なぜここに親日・反日フレームを掲げるのか、理由がわかりません。どんな団体であれ、会計問題が透明にならなければならないのは当然ではないですか？

（あるフェイスブック利用者のコメント「ソウルエコノミストニュース」２０２０年5月16日入力。「オ・プンヨンコラム」から再引用）

⑾ 言論報道は罪なのか、特に保守言論だけが問題だったのか

尹美香事件の報道について、彼女を援護するグループは「報道しすぎ」であり、「特に保守メディアが問題だった」と指摘する。まず、報道が多すぎるという指摘を見てみよう。一人の教授が、ある日刊紙にこのようなコラムを書いた（２０２０年6月10日付）。

日本軍「慰安婦」問題の解決に向けて努力してきた活動家たちにとって、２０２０年の大韓民国を覆う浅薄な狂気は、自分をまるごと献上すべき人生の問題、存在の問題だ。（略）

先月7日と25日の二度の記者会見を通じて、李容洙さんは何を問うたのか。一見、とぎれとぎれで、時には事実と衝突することもある発言、そんな中で口に合うような一つ、二つの言葉を選んで、魔女狩りの道具とするのは、没歴史的な醜態である。記者会見の趣旨は少なくとも過去30年間の「李容洙の生活と言語」の中で理解しなければならない。結局読み取れるのはもどかしさと寂しさだ。「30年も叫び続けたのに、なぜまだ解決できないのか」というもどかしさ、「その長い歳月の間、あなたたちは何をしていたのか」という寂しさ。そのもどかしさと寂しさの根本原因は「加害者の責任不在」だ。そしてその加害者は日本である。

それなのにメディアは「李容秀対尹美香」「ハルモニ対市民団体」という対立構図に没頭している。断言できるが、かつて日本軍「慰安婦」問題について大韓民国のメディアがこれほど一生懸命、持続的に報道したことはない。ところが今になって、急にこしらえた構図が「被害者対30年同伴者市民たち」である。一体、大韓民国のメディアはどこを見ているのか。

「断言できるが、かつて日本軍『慰安婦』問題について大韓民国のメディアがこれほど一生懸命、持続的に報道したことはない」との指摘は正しい。その理由は、これまた断言できるが、「被害当事者」が尹美香氏と正義連をこれほど強く公に問題視したことが初めてであり、尹氏と正義連に簡単にみすごすことができない疑惑があることが初めてわかったため、これほどまで熱心に報道してきたのだ。「日本軍『慰安婦』問題の解決に向けて努力してきた活動家たちにとって、2020年の大韓民国を覆う浅薄な狂気は、自分をまるごと献上すべき人生の問題、存在の問題だ（略）」と述べている。ジャーナリズムの第一線で一日一日を熾烈（しれつ）に生きる記者たちにも、尹氏と正義連に対する報道は人生の問題、存在の問題だ。もし、そのような言論本来の役割を「浅薄な狂気」と言うのなら、いくらでも受け入れる。

「（李容洙さんの記者会見で）結局読み取れるのはもどかしさと寂しさ」だとし、「そのもどかしさと寂しさの根本原因は『加害者の責任不在』」であり、「その加害者は日本」だという「三段論法」は輝かしい。「浅薄な記者」は決してそんな論法を編み出せない。記者が「日本の責任」にまでたどり着こうとするには、必ず「李容洙さんが尹美香と挺対協に30年間だまされてきた」という主張の真偽を究明する段階を経なければならない。

チェ・ボンテ（崔鳳泰）弁護士も李容洙さんの記者会見の背景を「2015年12月の韓日慰安婦合意以後、この政権が慰安婦請求権問題について何もしないので、積極的に解決せよという趣旨だった」と語った（「東亜日報」2020年5月13日付）。しかし、李容洙さんは「崔鳳泰（弁護士）には5月7日の記者会見以降、会ったこともない。その人間がメディアとのインタビューで、私が政府の無責任な態度のために記者会見をしたと話しているが、それはその人の意見にすぎない」と述べている（「月刊中央」2020年6月号）。また、「単に政府の無責任な態度のために記者会見をしたのではなく、挺対協と尹当選人に対してずいぶん前から問題意識を持っていた」とも述べた（「文化日報」2020年5月14日付）。だから李容洙さんの「鬱憤（うっぷん）」が尹美香氏や挺対協（現・正義連）ではなく、日本と韓国政府に向けられたものだというのは明白かつ意図的な歪曲だ。この問題の専門家とされる大韓民国の学者は、一体どこを見ているのか。

もし、韓国メディアが特定事件について、過度に多くの報道をする傾向があるという一般論的な問題提起であれば受け入れる。ただ、それが問題だとしても、韓国メディアはこれまでそのような方法で、事件ごとに歴史を変えてきた。朴槿恵大統領弾劾報道は、挺対協の事件よりも事案が大きいが、構造は似ている。当時は保守陣営から、あまりにもつまらない報道だ、という不満が多かった。また、歪曲や誇張、誤報、それに検証のない転載などの問題も少なくなく、反論権も保障されていなかった。それでも保守陣営も進歩陣営もこれを問題視しなかった。事後に自社報道を厳しく検証したメディアもなかった。だが、今回は尹美香事件報道の量が少ない、多いと問いただすのは、陣営論理から出た身内庇護にすぎない。

むしろメディアはこれまで、挺対協と正義連に対する取材を冷徹かつ、きめ細かくやってこなかった点を自省すべきだ。韓日慰安婦合意に向けた局長級協議と2015年12月28日合意、文在寅政府の合意無効化の過程をすべて取材したというユ・ジへ「中央日報」国際外交安保エディターは「『正義連聖域化』に対する反省文」という文で、こんな告白をした。

考えてみれば、これが一番大きな間違いだったようだ。挺対協が「すべての被害者」を代弁すると信じたのだ。もちろん、この信頼は、挺対協が慰安婦被害者の人権運動で果たした業績を踏まえたものだった。（略）だからといって挺対協の声はすべての被害者の声だというわけではないのに、私はこれを同一視する過ちを犯した。（略）私も尹美香事件後、彼女らを直接取材し、彼女らが望む正義はそれぞれ異なり、彼女らは自分の声を出す機会すら十分に得ることができなかったことに気づいた。「挺対協が怖い」という被害者の言葉を聞いた時は本当に頭のてっぺんまで腹が立った。何かおかしかったが、やり過ごし、かなりおかしかったが、記事は書かなかった私が、このような状況をつくったのかもしれない。

（「企画：『慰安婦運動』という『聖域』報道をすること」、「寛勲ジャーナル」2020年秋号）

事案によって、時期によって、誰が政権を取ったかによって評価基準や立場が変わるケースを挙げればきりがない。それゆえ筆者は各メディアが独自の判断によって報道したことを、事後に他陣営が全知全能で間違いのない態度で責めるように批判することに懐疑的だ。それは次のような場合だ。

現在、正義連に向けた一部の悪意的な歪曲報道は、人権・平和・女性団体に対する弾圧であり、また市民社会全般に対する弾圧であり、日本軍「慰安婦」問題に対する終結の試みです。我々は反民族・反人権・守旧・積弊勢力と一部の売国メディアに警告します。ここで30年余り続いてきたハルモニたちと活動家たちの真正な献身と固い連帯を毀損しようとしないでください。全世界が注目するこの場所、雨が降っても雪が降っても29年間守られてきた水曜デモ、平和と人間の尊厳を願うハルモニたちの教え、そして私たちの歴史を守るために、正義連はより大きく連帯して行動していきます。

（正義連立場表明、2020年5月13日）

正義連が運営する日本軍「慰安婦」被害者の施設である「麻浦憩いの場」（平和の我が家）のソン・ヨンミ所長の死を機に、正義連事件に対するメディアの過度な取材と報道が議論になっている。特に、朝中東（朝鮮日報、中央日報、東亜日報）など保守言論は、慰安婦被害当事者であり、人権活動家の李容洙さんが先月7日、正義連を公開批判した記者会見を開いた後、関連ニュースを流し、慰安婦運動団体と尹美香・共に民主党議員に対して、総攻勢をしかけてきた。正義連の寄付金の流用と尹議員の個人着服疑惑などを提起する記事が相次いでいるが、実体的な真実究明よりは慰安婦運動の卑下と人身攻撃など悪意的攻勢と歪曲・誇張がひどいという批判が示されている。

（「ハンギョレ新聞」2020年6月9日入力）

このように陣営論理に基づいた外部の批判は最近ほとんど効果がない。それよりも報道機関内部の自浄と検証機能、蓄積された経験から生まれる自省、読者と視聴者の判断などが、はるかに効果的だ。保守メディアへの攻撃と左派の挺対協・正義連の支持を当然と考える雰囲気のため、堂々と次のようなメディア批評が出てくる。

> 李容洙先生が記者会見や声明で明らかにしたように、主張の核心は「正義連会計不正疑惑」ではありません。
> 「①韓日の国民間の健全な関係構築のため、学生間の交流と共同行動などを広げる教育事業に集中すべきである、②闘争過程で誤りがあったならば克服し、市民社会団体の透明性を高めねばならない、③2015年の拙速合意に関する市民社会の意見収集の過程や政府関係者の対話内容などを公開すべきだ」ということなどが要旨です。日本軍「慰安婦」問題解決の方向性と市民社会団体の運動の方法に対する問題提起が主な内容であり、決して30年の歴史の「慰安婦」運動が間違っているという疑惑の提起はありません。
> （民言連新聞モニター「メディア今日」2020年8月18日入力）

李容洙さんの記者会見の内容の一部を要約し、それを「主張の核心」と断定し、「核心」から外れた取材をしてはならないという論理だ。これは何という奇怪な論理なのか。メディアは常に誰かの問題発言や小さな端緒を根拠にそれ以上を取材するために努力してきたし、それがメディアの本領でもある。なぜ今回だけ、李容洙さんの言葉を外れた取材をしてはいけないというのか（元慰安婦の発言の意味をちゃんと把握したわけでもないのに）。

百歩譲って、李容洙さんの言葉を尊重すべきだという民言連新聞モニターの主張を受け入れるとしても、聞きたいことがある。民言連新聞モニターが元慰安婦の「核心要求」と提示したものを見てみよう。「①韓日の国民間の健全な関係構築のため、学生間の交流と共同行動などを広げる教育事業に集中すべき」というのはどういうことか。これは水曜集会を中止せよということだった。ならば、民言連は水曜集会を中止せよという記事を書くよう、メディアに促すべきではないか。しかし、しなかった。「②闘争過程で誤りがあったならば克服し、市民社会団体の透明性を高めねばならない」とはどういう意味か。尹美香議員と正義連に対するメディアの追跡報道が、まさにこの要求に応えるのではないか。なのになぜ批判するのか。「③2015年の拙速合意に関する市民社会の意見収集の過程や政府関係者の対話内容などを公開すべきだ」というのはどうなったか。外交省は公開を拒否した。であれば、そんな外交省を批判し、また、外交省を批判しないメディアを批判しなければならないのではないか。だが、しなかった。

民言連新聞モニターの主張は一見、論理的なようだが、尹美香氏と正義連を擁護しなければならないという「強迫」のため矛盾が生じている。理念に左右される「タブー」で囲った批評は批評ではない。一方的な中傷と肩入れにすぎない。尹議員をかばうために「外部」、つまりメディアや検察を攻撃する心理的な仕組みについて、研究者のチン・ジュンクォンはこう分析した。

彼女たちは相変わらず、自分を理想的な自我と誤認する。自分を若いころの姿と誤認した彼女らは、鏡に現在の自分の姿を見つけることができない。過ちが明らかになっても最後までシラを切るのは、この「誤認」のためだ。理想的な自我はその定義上、過ちを犯すことができない。過ちがあるとするなら、メディアが過ちであり、検察が過ちであり、裁判所が過ちである。相変わらず、正義面した彼女たちは単に、これらの機関を「改革」する歴史的使命を持っているだけだ。

彼女たちがメディアや検察を責めることは、自分を理想的な自我と同一視する攻撃的なやり方だと言える。自分たちの想像界を維持しようとする彼女たちの努力は凄絶(せいぜつ)であり、過去と現在と未来を網羅する。現在の不祥事はうそだと言い切り、未来の不祥事は陰謀論でごまかし、過去の不祥事は再捜査で覆す。このようにすべての時間軸にわたる隠蔽で、彼女たちは実在界を遮断し、自分たちの想像界を管理していく。

(「チン・ジュンクォンのトゥルース・オデッセイ:民主党が尹美香を追い出せない理由」、「韓国日報」2020年6月4日入力)

尹美香事件は保守メディアがリードしたのか。そうだ。しかし、はっきり言えるのは「京郷新聞」と「ハンギョレ新聞」の役割もかなり大きかったということだ。両紙の報道姿勢は2020年5月16日、安城憩いの場の「高値購入、安値売却疑惑」を境に大きく変わる。5月16日以前は、尹美香氏と正義連をかばおうとする意図が明らかだった。記者同士で使う表現で言うなら「垢を落としてやる」記事が多かった。均衡や反論といった論理を前面に押し出し、尹美香氏と正義連の弁明や釈明を忠実に報道したという意味だ。

5月8日から12日までの日曜日を除き、「朝鮮日報」は22件、「中央日報」も12件も報道を出し、他社の2〜3倍の報道量となりました。「朝鮮日報」は22件中19件、「中央日報」は12件中10件で疑惑を提起、あるいは拡大している報道で、関連記事全体の大部分であることを示しています。

「東亜日報」の場合、総報道量は7件と多くありませんが、その大半の6件が疑惑提起または拡大に当たります。一方、「京郷新聞」や「韓国日報」は反論または疑惑究明の報道量に正確なバランスをとり、「ハンギョレ新聞」は7件の関連報道すべてを反論と疑惑究明に充ててきました。

（民言連新聞モニター「メディア今日」2020年5月14日入力）

「『京郷新聞』が反論または疑惑究明の報道量に正確なバランスをとった」だの、「『ハンギョレ新聞』は7件の関連報道すべてを反論と疑惑究明に充てた」だのという言葉は「称賛」にはならない。このような「称賛」には二つの問題がある。第一に、いかなるマスコミもすべての事案において、均衡と反論の原則を徹底的に守ることはできない（やらない）。そうするのは、ひたすら庇護したい場合だけだ。第二に、反対陣営の過ちをこうしたやり方で報道すれば、間違いなく「巧妙な庇護」や「奇計的バランス」だと批判する。したがって、この原則は鉄則ではない。現実には都合の良い時にだけ利用することが多い。

「京郷新聞」と「ハンギョレ新聞」のいわゆる「均衡報道」は数日間続く。5月16日以前、両紙には次のような見出しの記事が出た。

「尹美香・当選人インタビュー：『30年間の運動道徳性を破壊しようとして残念だ』」

（「京郷新聞」2020年5月13日付）

「正義連の釈明にもかかわらず会計ミス……国税庁『故意性はない』と判断」

（「ハンギョレ新聞」2020年5月13日付）

「尹美香の個人口座に弔意金……会計士『透明な執行の場合は問題なし』」
（「ハンギョレ新聞」２０２０年5月15日付）

「寄付金騒動で正義連への後援が増加」
（「ハンギョレ新聞」２０２０年5月15日付）

「民主党『尹美香・正義連に向けた不当な攻撃を止めろ』初の公開支持」
（「京郷新聞」２０２０年5月15日付）

誰が見ても尹美香氏と正義連をかばっている。批判で生きているメディアが新聞の見出しをこのように好意的に設定できるのは、新聞社全体が一丸となって「細心の配慮」をしなければ不可能だ。そんな両紙は、5月16日の「安城憩いの場」購入問題の後、見出しが変わり、保守メディアと似たような感じになっていく。

この他にも「京郷新聞」と「ハンギョレ新聞」は尹美香事件を報道し、二つの成果を収めた。一つは両紙企画記事とシリーズ物で優秀な記事を多く掲載したことだ。特に「京郷新聞」の「『慰安婦』運動を再び書く」という4回分の記事と「慰安婦運動を再び書く─専門家寄稿」という専門家7人の文章は、挺対協の事件から生まれた多くの企画記事と論評の中で最も注目に値する。特に筆者は「慰安婦運動を再び書く」のうち「①『被害者イメージ』に即していない声は埋められなければならなかった」（２０２０年6月11日入力）、「②民族主義の観点の外の『慰安婦研究』には背を向けた運動……批判・省察が消える」（２０２０年6月14日入力）、「③最初の証言から30年……政府、韓日関係と市民団体の間でバランスを取れず」（２０２０年6月16日入力）の3記事を高く評価する。これらの記事は学術的でも、哲学的なものでもないが、これまで明るみに出た問題の核心を正確に把握し、簡単かつ明確に伝えたからだ。正義連と尹氏に友好的な「京郷新聞」に掲載されたという点で、記事の真正性も感じることができる。専門家7人の寄稿も多様な見方を按配(あんばい)してバランスを取った。

「ハンギョレ新聞」も2020年5月27日から6月10日まで「『慰安婦運動を語る』専門家リレー寄稿」というシリーズを通じて、外部筆者の文章を10回にわたって掲載した。良い企画だったが、尹氏と正義連の肩を持ち、運動の大義を強調したコラムが半分ほどで、企画意図を十分に生かせなかったという残念な思いがある。

第二に、両紙は、ナヌムの家の報道でも頭角を現している。ナヌムの家の問題も、尹美香事件がなければ大きな波紋を呼んだはずだが、尹美香事件に隠れ、相対的にずさんに扱われたのは事実だ。しかし、「京郷新聞」は「京畿道、広州の『ナヌムの家』後援金使用内訳などの特別点検」（2020年5月8日入力）などをはじめ、官民合同調査団が調査結果を発表するまで、ナヌムの家の記事を多く掲載した。「ハンギョレ新聞」も「正義連に続いてナヌムの家？……ホテル式療養院推進疑惑」（2020年5月19日入力）など多くの記事を出した。「韓国日報」のアン・ハヌル記者とキム・ヒョンジョン記者は、元慰安婦のペ・チュンヒさんが全財産（1億5800万ウォン）をナヌムの家に寄贈したという寄付約定書偽造疑惑を提起した。

したがって、保守寄りのマスコミが正義連の報道をリードしたという主張も、保守寄りのマスコミが過度に尹氏と正義連を批判したという主張も誇張されたものだ。進歩的なメディアが書いたものは「身内」だという理由で「健全な批判」だと肩を持ち、保守的なメディアの報道を「悪意」だと罵倒するのは浅はかな陣営論理にすぎない。

尹美香事件が報じられる間、たびたび出てきた主張は「こうした報道を誰が好むのか。日本だけではないか」というものだった。単刀直入に言って、このような幼稚な発想はもう卒業してもらいたい。日本政府や日本の政治家を批判する日本のいわゆる「良心勢力」の発言には、もろ手を挙げて歓迎する韓国と韓国メディアが、尹美香事件報道は日本だけが好むのだからやめろと主張するのは中身が透けてみえる。ニュースにならないと知りつつ、日本に有利だと思って無理に記事を書く韓国メディアはない。だがむしろ、ニュースにならないと知りつつ、韓国に有利だと思って無理に記事を書く韓国メディアはしばしばある。

ナム・インスン最高委員は「尹当選人をはじめとする正義連の道徳性に傷をつけた時、誰が笑うだろうか。日本軍性奴隷の歴史、真実を歪曲し、否定してきた日本の極右、親日積弊勢力だ」と話した。

（「文化日報」2020年5月13日付）

このような（『反日種族主義』の本が主張するレベルの＝筆者）記事は日本語オンライン版で、ほぼ同時に日本に発信された。これを引用している日本の極右・保守メディアはこの事態を尹美香、正義連、李容洙さんの問題に限らず、日本軍「慰安婦」運動30年の歴史を否定する事実の根拠として報道し、韓国保守メディアはこれを再び現地（日本）特派員コラムなどの形で韓国語で報道し、結果的に否定と嫌悪を真実で包んで報道した。

（カン・ソンヒョン＝聖公会大学開かれた教養大学教授「『慰安婦運動を語る』専門家リレー寄稿⑧」、「ハンギョレ新聞」２０２０年5月29日付）

日本で「慰安婦」問題解決の運動に携わった市民たちは心の痛む日々を送っている。「慰安婦」被害生存者、李容洙さんの記者会見を韓国保守メディアが悪用し、正義連（旧・挺対協）を含めた「慰安婦」問題解決運動や証言及び研究の30年の成果を全面的に否定するような事態へと突っ走っているためだ。（略）これらのニュースの出所が韓国の保守メディアの日本語版であることからもわかるように、国境を越えた「保守連帯」が進められている。この事態を最も喜ぶのは、日本の加害責任を解除したいと考えている日本の歴史修正主義者だ。

（キム・ブジャ＝東京外国語大学教授「『慰安婦』運動を再び書く専門家寄稿⑥」、「京郷新聞」２０２０年6月29日入力）

カン教授とキム教授の論理と素材が非常に似ている。「反日種族主義」レベルの主張をする韓国保守メディアの文章を、これらメディアの日本語版を通じて日本の極右勢力が読み、引用するため、否定と嫌悪を真実で包み隠す「韓日連帯」が行われているという主張だ。否定と嫌悪を真実で包み隠しているという主張にも同意しないが、保守メディアの記事が日本社会に影響を与えるという事実は認めるとしても、２人の教授が話すように日本社会の主流に大きな影響を与えたり、すべてのメディアに影響を与えたりしているように言うのは誇張である。日本メディアが韓国社会やマスコミに及ぼす影響を考えてみればよい。

日本メディアがこの問題をどのように報道したのかを調べるには、新聞、放送、雑誌（週刊誌）を見てみるとよい。ただ、日本の放送はニュースを伝える方式が韓国の放送と大きく異なる。定期ニュースでは中立的に報道するが、いわゆる「バラエティー」（韓国の「芸能」に相当）で、ニュースを扱う際には比較的軽く消費する（歪曲するという意味ではない）。それから、週刊誌には度を超えた「嫌韓」報道をするものがかなりある。そのため、韓国メディアの東京特派員たちは、特定事案に対する日本の報道傾向を伝える時は、主に日本の新聞を引用する（放送はモニターしにくい面もある）。もし、放送にも週刊誌にも韓国を批判するこのような記事があるのではないかと指摘されれば、そんな記事があるのは事実だが、影響力が少ないため引用しなかった、と言わざるを得ない。特に韓国メディアの東京特派員たちが週刊誌の「嫌韓」報道を扱わないという暗黙の了解で、「紳士協定」を結んでから、かなりの時間が経った。そんな記事を韓国メディアが書くことこそ「悪い雑誌」を助ける形になるためだ。

2020年5月16日前後に、安城憩いの場の問題まで出て、尹美香氏と正義連に対する問題提起がほとんど終わり、検察捜査に関心が移るころ、日本メディアの報道傾向はどうだったのだろうか。日本の新聞の報道傾向は筆者より現役記者のほうがずっと正確だろう（やはり主に新聞を引用している）。

検察が正義連の会計不正疑惑に対する捜査に着手すると、日本メディアは今回の事件が韓日関係に及ぼす影響に注目した。日本の主要メディアは21日、韓国検察が前日、正義連の事務所を家宅捜索したというニュースを詳細に報じた。

保守性向の「読売新聞」は正義連の理事長を務めた共に民主党の尹美香・当選人のことを「総

選挙で左派系与党の比例代表で当選しており、政界も大きく揺らいでいる」「疑惑が立証されれば、尹氏を公認した左派系与党の共に民主党と被害者中心主義を叫びながら正義連の主張に同調してきた文在寅大統領も打撃を避けることはできない」とした。

「東京新聞」は、尹当選人が2015年に日本軍慰安婦問題に対する韓日合意を批判したことを紹介し、「文在寅政権は尹氏の意向を受け入れて事実上合意を破棄しただけに、政権の対日政策に影響を与える可能性がある」と予測した。

一方、進歩性向の「朝日新聞」は最近、朝鮮半島専門家の木村幹・神戸大教授の言葉を引用し、「あくまで正義連の運営をめぐる問題」とし「短期的にはこれが日韓関係に影響を及ぼすと思わない方がいい」とした。彼は「資金管理の問題が明確になっても、これによって韓国社会で慰安婦問題の地位が変わるはずはない」とし、「『正義連が慰安婦被害者の意見を代弁する』という構造が変わり、これからは元徴用工問題のように元慰安婦自身や遺族ら『当事者』が主導する状況になっていくのかもしれない」と述べた。

極右メディアでは今回のことを口実に慰安婦問題解決について反対するという主張を展開した。「産経新聞」は前日、「慰安婦団体反日集会をやめ、少女像撤去を」という見出しの論説で、「反日憎悪の象徴である『慰安婦像（平和の少女像）』の即時撤去を望む」と主張した。

（「京郷新聞」2020年5月21日入力）

5月28日にも日本のマスコミの報道傾向を伝えた記事がある。

28日、「日本経済新聞」は「韓国社会の聖域に一石　元慰安婦女性、支援団体に絶縁状『第四の権力』外交の足かせも」というタイトルの記事を通じて正義連関連の論争を伝えた。同紙は正義連をめぐる資金横領論争をめぐり、「市民団体のお金の流れが不透明なのは『強すぎる』と指摘される政治に対する大きな発言力が原因と見られる」と分析した。

また「市民団体が政策決定の『拒否権』を握っている形」とし、韓国シンクタンク幹部の発言を引用して「市民団体が強くなり、政府が戦略的に外交を推進することが難しくなった」と伝えた。そして「韓日外交の停滞には構造的問題が横たわっている」とし、韓日問題解決が停滞している原因を韓国の市民団体のせいにした。

また27日、共同通信などは、韓国国民の70・4パーセントが論争になっている尹美香・当選人が第21代国会議員を辞任すべきだと回答した、という世論調査機関リアルメーターの調査結果を伝えた。

（「ニューシス」２０２０年5月28日入力）

日本を観察する韓国の言論人が書いた記事を総合すると、予想通り「産経新聞」は今回の事態を「利用している」と言える。「産経新聞」は２０２０年5月20日付の「主張（社説）」で「慰安婦団体反日集会をやめ、少女像撤去を」とした。5月25日は「あらわになった慰安婦支援運動の『積弊』」、6月2日は「慰安婦支援団体疑惑、韓国らしい追及続くか」、6月11日は「宗教化した慰安婦運動」など、ソウル発のコラムで尹美香氏と正義連を攻撃した。

正義連と尹氏を擁護する側は、「産経新聞」のこのような報道態度を保守メディアの攻撃に活用している。韓国のＴＢＳラジオの「キム・オジュンのニュース工場」もその一つだ。

同じ日（2020年5月12日＝筆者）TBS「キム・オジュンのニュース工場」にも出演したイ・ナヨン（李娜栄）理事長は、メディアが日本軍「慰安婦」問題の本質自体を知らずにいると指摘し、むしろ日本の言論人たちが韓国メディアの報道について懸念している、と伝えた。

彼女は「昨日（11日）、日本のジャーナリスト2、3人と話した」と明らかにし、「（日本のジャーナリストから）『結局、この問題を最も喜ぶのは安倍首相だと思う。韓国でも極右歴史修正主義者が喜ぶだろうが、それを本当に考えて書くのか』という質問まで受けた」と述べた。

李理事長は「この問題は歴史的に大きな意味を持つ問題で、勉強しなければならないため、（韓国にいる特派員たちも）記事を自制していると言っている」とし、「なのに『朝鮮日報』と『中央日報』の記事が日本語に翻訳され、日本から出ているというのが問題」と指摘した。さらに「（日本メディアが両紙の報道を）仕方なく報じているが、日本の記者が直接記事を書くことは現在、自制している」と説明した。

韓国マスコミの報道と関連して放送人キム・オジュン氏も、当該放送のオープニングで「この30年間、慰安婦問題をほぼ素手で世界的イシューに引き上げた活動家たちを相手にする保守メディアの態度は、本当に図々しい」と批判した。

（「告発ニュースドットコム」2020年5月12日入力）

恵泉女学園大学のイ・ヨンチェ（李泳采）教授は、日本メディアが「尹美香論争」を連日報道し、「この機会に正義連という団体を解体させようという意図を明確に示している」と述べた。同氏は22日、TBS「キム・オジュンのニュース工場」でのインタビューで「ついに『産経新聞』が5月19日と20日の2日間にわたって、連続的に4件以上、自分たちの言語で主体的に報道し始めた」とし、「(このような報道による)日本の利益は明確なようだ」と伝えた。(略)

司会者のキム・オジュン氏が「日本極右の論理は韓国保守媒体の論理とまったく同じだ」と指摘すると、イ教授は「そうだ」と述べ、「ある意味では韓日関係を悪化させた張本人が日本ではなく、尹美香・前代表と正義連の責任にしている」と指摘した。

(「告発ニュースドットコム」2020年5月22日入力)

これらの記事は、日本極右の論理と韓国保守メディアの論理がまったく同じだと批判するが、筆者が見るには、むしろ「韓国の保守メディアが日本を利する」と主張するこれらの論理構造があまりにも同じで不思議だ。韓国の保守メディア→日本語翻訳版→日本の極右メディアの「3者コネクション」が問題だということだ。ところが、日本の「極右言論」と言いながら、「産経新聞」以外に示さない。

ソウル駐在の日本メディア特派員が、むしろ韓国メディアの報道を心配したという李娜栄理事長の主張はどう解釈すべきか。まず、そんなことを言った日本特派員が何人いるか疑問だ(2021年2月現在、ソウル駐在日本人特派員は35人いる)。そんな言葉は「加害国」の特派員ゆえ可能だ。韓国の「反日団体」は日本特派員にとって主要な取材源なので面と向かって批判するのが難しく、「反日団体」の意見に耳を傾けるのが道徳的に正しいと考える特派員もいる。韓国人と韓国のメディアは、他の被害者の同意なしにむやみに、日本を理解しようとは言えない。そうすれば、「親日派」「土着倭寇」の声を聞くのがおちだ。しかし、日本人は韓国の立場を理解しなければならないと主張することができ、そう言えば「良心勢力」や「意識の高い」人に見せることもできる。

李理事長が日本特派員に会ったのが5月11日なら、李容洙さんが初の記者会見をしてから4日しか経っておらず、11日は正義連が釈明記者会見をした日なので、日本特派員があいさつでそのようなことを言ったかもしれない。しかしその後、日本特派員たちが尹美香氏関連の記事を書かなかったわけでもなく、大半は韓国語ができるため、韓国メディアの日本語版に依存することもない。

東京特派員を務めた筆者の経験から明らかに言えるのは、日本メディアは韓国メディアよりも、独自の判断で記事を書く場合が多いということだ。つまり、確認できていないのに他社が書くから自分も書く、あるいは、他社がたくさん書いてくるから自分も書かねばという強迫感が韓国メディアよりは弱い。だから李容洙さんの記者会見から4日後に、「状況をもう少し見守ってから書く」と言っても、それが正義連の立場をかばうということでもない。

我々が恥ずべきことは、保守メディアの報道ではなく、最も道徳的だと考えていた市民団体の逸脱疑惑であり、そのような市民団体が国の政策まで牛耳ってきたという事実である。聖水大橋が崩壊したなら［1994年10月21日朝、突然、橋が崩壊し、多数の死傷者を出す大惨事となった］、建設会社の乱脈ぶりを暴くメディアを恥じるのではなく、適当に施工し、適当に監理し、適当に監督した韓国の建設風土を恥じるべきであるように。

だから、韓国メディアの報道が日本社会や日本メディアの餌食となり、日本を利するという主張は誇張である。韓国メディアは、ほぼ例外なく、安倍晋三・元首相は極右保守であり、歴史修正主義者であり、過去の歴史に対しては絶対に謝罪せず、戦争できる国をつくるために憲法改正を追求する、と書いてきた。だが、そんな「悪い」首相がどのようにして戦後最長寿の首相になったのか、日本国民はなぜそういう人物がリーダーの党を選んだのか、なぜそういう人の政策を継承すると言った人を新たな首相に選んだのかについては問わない。見たいものだけ見ていては、全体像はわからない。

韓国は今やもう、日本と闘うことを恐れない。「Ｎｏジャパン」「Ｎｏ安倍」。何でも平気だ。アメリカが反対しても韓日軍事情報包括保護協定（ＧＳＯＭＩＡ）まで対日制裁カードとして使う。「日本にはもう学ぶことがない」という言葉が出始めてからずいぶん経った。だが特に歴史問題が出てくると、日本の反応に敏感だ。期待する反応は、日本がひざまずくことだ（そんなことはないということを知りながらも、常に期待し、その期待が壊れるといつも非難する）。日本を無視してもいいほど韓国が政治・経済的に成長したと考えるなら、韓国の報道を利用して日本が何と言おうが、気にする必要はない。

韓国メディアは、アメリカや中国を報道する際、この記事がアメリカや中国に有利か不利かを問わない。メディアと記者は健全な職業精神によって、記事になると判断すれば取材して書けばいい。国や社会、団体が、自らと利害関係のある記事について有利不利を恣意的に解釈してガイドラインを強要することは正しくなく、また持続可能でもない。そんな時代は過ぎた。そのガイドラインをメディアと記者が自発的に設定し、それに責任を負うことが、今日のマスコミの権利であり義務である。

運動の「大義」が損なわれることを懸念する声が多い。非常に重要な話だ。ただし、社会運動とは、目指す価値に最善を尽くそうとする態度と努力なのであって、それ自体に時空を超越した正しさはない。日本を意識した運動の大義を掲げ、韓国社会内部の多様性と成長を縫合しようとするのは、古い方式の政治だ。

（チョン・ユジン「軍慰安婦論争の倫理を考える」、「ハンギョレ新聞」２０２０年5月15日付）

(13) 慰安婦合意が「屈辱」ならなぜ再交渉しないのか

尹美香事件を報道する過程で時々耳にしたのが「２０１５年12月28日の合意は屈辱的」という主張である。国民には「サイダー」のような爽快な響きだ。なので何度も使っても抵抗がない。

また、屈辱的な「２０１５年韓日合意」の欺瞞的な推進過程において、最大の責任者である朴槿恵政権下の官僚たちの情報提供を引用し、被害者や活動家たちの分裂を画策しています。この報道は、被害者のお祝いの日や父母の日などの「儀礼的な訪問」と、「進展がない」という誠意のない答弁ばかりした政府の意見集約過程の省略に抗議しようと、正義連（挺対協）が要請していた面談を、「15回にわたる被害者からの意見集約」とごまかし、尹美香・前代表をうそつきと決めつけ、本人の責任を転嫁しています。

（正義連立場表明、5月12日）

またぞろ出始めた、２０１５年の韓日慰安婦合意は正当だった、という主張に接し、再び韓国の歴史にそのような屈辱の歴史が繰り返されぬよう努力しようと思います。

（尹美香氏の記者会見、２０２０年5月29日）

2015年12月28日の合意が屈辱だという主張については、次章の「慰安婦合意と和解・癒やし財団」で詳しく取り上げるが、このような主張を聞くたび、聞きたいことがある(前にも一度言及したが)。文在寅政権は「屈辱的合意」を受け入れられないとして事実上、合意を破棄してもなお、なぜ再交渉を要求しないのか。尹美香氏と正義連はなぜ「屈辱的合意」をあいまいなままにしている文政権を批判して、新しい交渉に取り組むことを要求しないのか。

ところで2020年9月1日、正義連のホームページにこんなコメントが載った。

9月1日に立場表明:憲法裁判所違憲決定9周年を迎え

金昌録(慶北大学法学専門大学院教授・正義記憶連帯法律諮問委員)

先日8月30日は、大韓民国の憲法裁判所が日本軍「慰安婦」問題に関して不作為の違憲決定を宣告してから満9年となる日でした。大韓民国政府は2005年の「韓日会談文書公開の後続対策関連の民官共同委員会」の決定を通じ、日本の「国家権力が関与した反人道的不法行為である日本軍「慰安婦問題」は、1965年の「請求権協定により解決されたものと見ることができず、日本政府の法的責任が残っている」のだと宣言しました。しかし、その後、政府は日本政府の法的責任を問う積極的な措置を取らず、憲法裁判所が2011年8月30日に、その不作為が違憲だと判決を下しました。

ところが、朴槿恵政権は、日本政府の法的責任を問うどころか、被害者たちと世界中の市民たちが30年間の苛烈な努力で成し遂げた成果さえ大きく損なわせる「2015年合意」を結んでしまいました。以後、安倍晋三政権は、その合意を口実に「すべてが終わった。これ以上口にするな」と強引にやり込めてきました。

いま一度確認します。日本軍「慰安婦」問題は、被害事実の明確な認定、それを土台とした謝罪と賠償、持続的な真相究明と歴史教育と慰霊、そして責任者処罰があって初めて解決されるものです。これが1990年に韓国挺身隊問題対策協議会が発足した時から掲げてきた方向であり、国際社会の数多くの人権文書を通じて確認されてきた原則です。問題の本質や歴史を知らない両国政府の密室談合として葬り去ることはできません。

文在寅政権は、「2015年合意検討TF」を通じて、その合意が誤りだったことを確認した後、「2015年の合意は、日本軍慰安婦被害者問題の本当の問題解決にならない」と宣言しました。そして韓国政府の予算により、日本政府から寄せられた10億円相当の103億ウォンを、女性家族省の男女平等基金に拠出し、「和解・癒やし財団」を解散する措置を取りました。ですが、日本政府の法的責任を問うための積極的な措置は取っていません。したがって、現在も2011年に憲法裁の決定が宣言した「不作為違憲」の状態が続いているのです。

ちょうど、日本で安倍政権が幕を下ろすことになりました。日本の新しい政府は、今からでも真の解決の道に進むべきです。また、文在寅政権は、日本政府の法的責任を積極的に問わねばなりません。

（日本軍性奴隷制問題解決のための正義記憶連帯、2020年9月1日）

ところで、この文章は文政権に再交渉を要求するために書いたのか、朴政権の合意を批判するために書いたのか、よくわからない。憲法裁決定10周年ではなく、9周年に書いているので、当然7周年、

8周年も書いてあるのかと思ったが、正義連のホームページにはそんな資料は見当たらない。

2018年7月11日、挺対協と日本軍性奴隷制問題解決のための正義記憶財団を統合して「日本軍性奴隷制問題解決のための正義記憶連帯（正義連）」を発足させた時も、また正義連発足から5日後の7月16日、尹美香氏の初代理事長の就任にあたって発表した長文の文書にも、文政権に再交渉を促してはいない。

2015年12月28日の合意を無効化し、政府と国会が具体的な措置を十分に履行するかどうか確認するとした正義連ならば、2015年合意の公式の破棄と再交渉を求めるのが当然だが、文政権にそんな要求をしなかった。その正義連が2020年9月に再交渉を促したのは、最近、「文在寅政権が何もしなくて『不作為の違憲』が続いている」との声が出たことに対応するためと見られる。しかし、世論への対応だけで、本当に文政権を動かすという意志は感じられない。朴前政権と日本に対する批判を優先している（そんな正義連が、文大統領が2021年1月18日、新年の記者会見で〈日本政府に賠償を命じた〉慰安婦判決について「困惑している」と述べ、2015年の韓日合意を公式な合意だと認めるとした途端、「日本政府に卑屈なほど守勢的な対応だ」と強く批判した）。

朴政権は公開的に「不可能な最善」より「可能な次善」を選んだ。ところが、文政権も表面的には「不可能な最善」を追求するふりをしつつ、実際は「可能な次善」を選んだ。いわゆる「ふたまた」をかけたのだ。だが両政権の「可能な次善」はまったく違う。文政権の「可能な次善」は「何もしなくても何の批判も受けない状況を維持すること」であり、朴政権のそれは「100パーセント満足してはいないが、譲歩して妥協すること」である。レベルも内容もまったく違う。したがって、文政権の「慰安婦スタンス」は、完璧な解決ができずに国民から非難を受けるより、むしろ何もしない方がいい、という歴代大統領の方式の「変種」と言える。

文政権の発足から4年が過ぎても、こういうスタンスを取ることができるのは、2015年の合意を事実上破棄し、国民の反日感情を満足させ、運動団体が自分の陣営の庇護のもとに問題を提起せず、容認したためだ。

筆者は公私を問わず、いろいろな席で、文政権が2015年合意に不満があっても破棄はせず、「補完交渉」を通して合意の精神を維持するのがいいと唱えてきた。また、日本も、韓国が「補完交渉」を求めれば「1965年の韓日基本条約ですべて終わった」と拒否せず、呼応すべきだと主張してきた。そんな考えは何も筆者だけがしていたわけではない。

「安倍晋三首相が退かない限り、韓日関係は改善されないでしょう」

日本の代表的進歩知識人とされる和田春樹・東京大学名誉教授（82歳）は26日、「東亜日報」との電話インタビューでこのように述べた。（略）

和田教授は、強制徴用問題を解決するためには、2015年の韓日慰安婦合意に対する整理を先行せねばならず、このためには韓国の役割が重要だと強調した。彼は「（文大統領が）安倍首相以降の日本の新首相と韓日首脳会談をして2015年の合意を補って完成することが必要だ」「そうなれば日本国民も強制徴用問題に知恵を集めて協力するムードが現れるようになるだろう」と語った。

（「東亜日報」2020年8月27日付）

和田教授の言葉で注目すべきは「強制徴用問題を解決するためには、2015年の韓日慰安婦合意に対する整理を先行せねばならない」という部分だ。韓国が気づいていない日本側の立場である。日本は慰安婦と強制徴用の二つの問題を一つのパッケージと見て、一度に処理しても、時差を置いて処理しても「まだ生きている問題」として認識している。これは、2015年の慰安婦合意は事実上破棄し、再交渉は要求しないとしたのだからもう整理済みであり、徴用問題の方は大法院の判決で、新しく出た問題だから、この問題のみを議論すればいい、という韓国側の立場とは異なる。

日本側の態度は、安倍元首相の政治的立場とも深い関係があった。韓国では慰安婦合意を「屈辱」だとするが、日本でも当時、「譲歩しすぎた」として安倍元首相への強い批判が出た。安倍元首相は内心、「こんなに非難を受けながら譲歩したのに破棄するなんて……」という不満を抱いていた。日本では、支持が比較的安定していた安倍首相だったからこそ、反対を押し切って慰安婦問題に合意することができた、というのが一般的な見方だ。このような事情と背景は、韓国ではあまり知られていない。

慰安婦問題については菅義偉(すがよしひで)首相（当時）の立場も、安倍元首相と大きく変わらないものとみられている。菅前首相も、韓国側が慰安婦合意を事実上破棄したことに批判的だ。菅前首相は官房長官時代、慰安婦合意をためらっていた安倍元首相に「韓国を一度信じてみよう」と説得したとも伝えられる。交渉実務責任者だった谷内正太郎・国家安全保障局（NSC）局長（当時）の支援要請を受けてのことだ。また、韓国が合意検討TFをつくる際も「合意は強く批判するが、合意自体を壊しはしないだろう」という日本外交ルートと韓国の知人の話を聞いていたが、韓国政府がますます強硬になり、和解・癒やし財団まで解散するのを見て、文政権に否定的な認識を持つようになったとされる。国際関係において、指導者同士の「相性」も非常に重要だが、韓日両国は当分こうした「福」は享受できないようだ。

「補完交渉」よりもっと賢い方法を提示した人もいた。

みんな知っているように文在寅大統領は、両国が署名した韓日慰安婦合意を廃棄することで、いかなる追加的解決の可能性も除去してしまった。第三者の目には当惑せざるを得ない。ある国の駐韓大使は私にこのように話した。「文大統領はこの難しい問題を解決するため、非常に簡単な解決策を渡された。彼は合意が気に入らないと言って前任者を批判した後、しかし大統領として前政権が締結した条約と合意を尊重しなければならないと説明すればいいだけだった」。

（マイケル・ブリン＝元ソウル外信記者クラブ会長「朝鮮日報」2020年6月9日付）

朴槿恵政権を批判しながら、慰安婦の合意をそのまま受け入れたら良かったというのが、マイケル・ブリンの主張だ。筆者も一時、そうなるだろうと予想したことがある。

マイケル・ブリンのコラムが掲載された日、「韓国日報」と「読売新聞」の共同世論調査の結果が出た。「両国関係が悪い」と考える韓国人は91パーセントで1995年の調査以来最高であり、日本人は84パーセントで2014年、2015年に続き3番目に多かった。強制徴用賠償判決は国際法違反という日本政府の主張に対し、韓国人回答者の81パーセントは「納得できない」と答え、日本人回答者の79パーセントは「日本政府の主張に共感する」と答えた。このような結果は予想できた。

ところが少し意外な数値があった。2015年に韓日合意で設立した和解・癒やし財団を解散したことを「納得できない」と答えた人は韓国人54パーセント、日本人69パーセントだった。「納得する」

という意見は、韓国人34パーセント、日本人14パーセント。日本側はそうだとしても、韓国人の半分を超える54パーセントが和解・癒やし財団の解散に納得できないと答えた理由は何か。当時の合意が完璧ではなかったが、だからといって一方的に破棄したことも支持しないという意味だろう。

(14) 李容洙さんをいかに「記憶」するか

李容洙さんの2020年5月7日と25日の記者会見は、慰安婦運動にすでに大きな波紋を広げていた。しかし、この影響も時間とともに過去形になるだろう。我々は、李容洙さんの主張をどう「記憶」するべきか問わなければならない。

記憶の問題を論じる前に、まず李容洙さんが何を言ったのかを整理する必要がある。李容洙さんの発言を尊重すると言いながら、我田引水(がでんいんすい)で解釈している場合が少なくないためだ。李容洙さんの主張は、①5月7日の第一回の記者会見、②5月12日に出した「5月7日の記者会見以降の論争についての立場表明」、③5月13日の「月刊中央」インタビュー、④5月21日のMBCインタビュー、⑤5月25日の第二回の記者会見で配布した文書、⑥5月25日の第二回の記者会見での発言、⑦5月26日のJTBCインタビュー――の七つを分析すると、ほぼ網羅できる。

①5月7日の第一回記者会見現場発言

・アメリカに何度も行ったが、一銭もお金を与えてくれた人がいない。アメリカに住む同胞がみんなで力を合わせて助けてくれた

・慰安婦と勤労挺身隊を同様に扱わないように
・2015年の韓日慰安婦合意当時に10億円が日本から入ってくるのを、尹美香だけ知っていた
・慰安婦問題の解決をせず、尹美香が国会議員になってはならない
・謝罪や賠償は受けるが、水曜集会をなくせ。私は参加しない
・大邱に正しい歴史教育をする教育館を建てる
・デモしてお金を集めて何をするのですか。（ハルモニたちに）まったくお金を使ったことがない
・韓日両国の若者たちは仲良くやっていかねばならない
・私の誕生日にもらったお祝い金1千万ウォンを、市民の集まりが東ティモールに持っていってやると言っていた。私の誕生日に集めたお金を、なぜ自分たちの好きなようにするのか
・誤った証言が含まれている本をなぜ売るのか

②5月12日の「5月7日の記者会見以降の議論に対する立場表明」（「京郷新聞」と「ソウル新聞」）

慰安婦運動に対する卑下と消耗的論争はやめなければならないという前提の下で
・両国の学生への教育が大事だ
・闘争過程で現れた事業方式の間違いや過ちを克服しなければならない。今の時代に合った事業方式と責任ある執行過程、そして透明性のある公開が必要
・2015年の合意に関して、政府の意見集約の過程やその内容、挺対協関係者らが政府関係者と面談した際の対話内容など、関連内容を早急に公開しなければならない

③5月13日の「月刊中央」インタビュー（「月刊中央」2020年6月号）

・尹美香は国会議員になってはいけない

・歴史館を広げて教育館をつくらなければならない。水曜集会に出ても、学ぶことが何一つない

・2007年、米下院で慰安婦決議案121号が通過した時にも挺対協は助けてくれなかった（挺対協でスタッフ一人を送ったが、2週間ほどいて、個人的理由で帰国した）

・慰安婦という名称は変えてはいけない。性奴隷と言うが、あまりに（表現が）汚くて腹が立つ

・個人的な恨みや悔しさはない。自分の懐を満たそうとしているのではなく、次の世代は別の方式の運動をしなければならないと思うから出てきた

・大韓民国の学生たちが大韓民国の主人だ。日本の学生たちと交流してみて、何が正しいか、間違っているかがわかると思う

・被害者のいないデモ（集会）をなぜするのか。被害者がいるから学生たちが来るのに。私はもう学生たちを苦しめたくない。お金もない人からもらって、どんどん使うようなのは嫌だ

・運動を終わらせようとしているわけではない。運動する方法を変えなければならないという意味だ。そうすれば、私たちの次の世代が日本に堂々と声をあげることができる

・挺対協（現・正義連）は出直すことはできない。解体しなければならない。我欲を張るような人たちには任せられない

④5月21日のMBCインタビュー

・尹美香とは30年間一緒に活動してきたが、1日で裏切って自分がやりたいことをする

・学生たちがお金を集めて持ってきてくれるじゃないですか。持ってきてもらうということも知らなかったし。わかりません。どこを使ったのか、わかりませんでした。（慰安婦被害者運動自体を卑下しようとする一部の試みに対しては）そのようなのは人間扱いをしません。人間以下の人間ですから

⑤5月25日の第二回記者会見文

慰安婦被害者の名誉回復と日本の謝罪と賠償及び真相の公開が行われなければならず、これまで遂げてきた闘争の成果が損なわれてはならない

・慰安婦被害者問題の解決に向けた案が速やかに出されねばならない
・韓日関係の未来志向的発展のための具体的な交流案及び両国国民間の共同行動などの計画をつくり、推進しなければならない
・韓日両国をはじめとする世界の青少年のための平和人権教育館の建設を推進すべきである
・慰安婦問題の解決に向けて専門的な教育と研究を進めて実質的な代案と行動をつくり出すことができる機構を新たに構成し、早急に被害救済などが行われるようにしなければならない
・これらのことを少数の名声のある人や外部の力に依存するのではなく、これまで挺対協と正義連が遂げた成果をもとに、韓国国民の力で新たな力量を準備しなければならない
・今回の問題を契機に、開放性と透明性に基づいた運営体系を整えるための論議が行われなければならない
・これまでこの運動が市民の支持と声援で成長してきただけに、市民の声を集めていく過程が必要。市民とともに問題を解決していけるようご協力を願いたい

⑥5日25日の第二回記者会見現場発言

・慰安婦と挺身隊は違う

・募金を恥ずかしく思った。何の権利で慰安婦被害者を募金の対象としたのか

・挺対協はハルモニたちを売り飛ばした。私がなぜ売られなければならないのか

・尹美香がいきなり来たから、一度抱きしめてやったが、許したわけではない

・芸は熊（ハルモニたち）がやり、お金は自分たち（挺対協）で使った。30年以上も

・韓日両国の学生に歴史教育をしなければならない

・ハルモニたちを売ったのは不正ではないのか。罰せられなければならない。安城憩いの場などの問題は、検察で明らかにしなければならない

⑦5月26日のJTBCインタビュー

――30年間、挺対協や正義連と活動をして来ましたが、後援金はどれくらい集まり、どのように使うという話をお聞きになったことはありませんか。

「一度も聞いたことがありません」

――「慰安婦運動」を蔑視する勢力がありますが……。

「その人たちが何かを知りたければ、自分たちが一度でも出てくればわかるのに、（その誤解をなくすために）私たち本人がしないで、誰がしますか？　本人が出ないと。だから、どうなっても私は休まず出てきました」

——今の慰安婦運動自体を蔑視してまた、歴史的存在を否定しようとする勢力まで出てきましたが、これについてはどう考えますか？

「学生に教えなければなりません。教えずに、昼も夜も、30年を慰安婦問題を謝罪せよ、賠償せよ、と。何を謝罪して賠償するのかということを教えてやらなければいけないのに、［学生たちは］知らずに、その学生たちが出てきて、寒いところに出てきて座って、寒くても暑くても座って叫ぶ［叫んでいます］、それを見たら私はとても申し訳ないです。だから私が考えているのはそれではなく、学生たちに教えて何が何だ、ということを知って［もらうことです］、この学生たちがするのですが、［現在は］それも知らずに、その寒い場所に座って、またブタの貯金箱を割ってお金を持ってきたのをもらったんです。それが何とも心苦しかったんです」

以上の内容を総合すると、李容洙さんの主張と要求は、本人、尹美香氏、正義連、市民社会、国家に対するものに分けられる。李容洙さんの言葉は、細かく見なければ歪曲され得る。尹氏と正義連に対する不満と注文を省いたまま、市民社会や国のすべきことだけを紹介しては困る。が、実際はそのような事例が目につく。

李容洙さんは「京郷新聞」に送った立場表明と5月25日の記者会見文で自分を「女性人権運動家」と紹介した。女性人権運動家としての李容洙さんは、自分の言いたいことをほとんど言ったと思う。本人も認めたが、教育を受けられなかった元慰安婦がここまで来られたのは、情熱の所産だ。今残っているのは彼女が言ったこと、彼女がしたいことを実践することである。私たちみんなの宿題だろう。元慰安婦たちは、他人には想像もできない「記憶」を抱えて、時には「記憶」を忘れようと、時には「記憶」を忘れないようにと一生を闘ってきた。今や、その「記憶」を私たちがしっかりと受け継げ、というのが、李容洙さんの叫びだろう。

(15)「尹美香起訴の立場表明」を通して読む正義連の行く末

正義連は検察が尹美香氏を起訴した翌日の2020年9月15日、「検察の捜査結果発表に対する正義連立場表明」を発表した。立場表明を一言で表現すると、「サツマイモを掘っていて武寧王陵〔百済第25代王の陵で、1971年、工事中に偶然発見された〕を発見したとしてもサツマイモが目的だったので武寧王陵はそのまま伏せておけ」ということだ。

2020年9月14日、検察は「挺対協、正義連関連の告発事件の捜査結果」を発表しました。これにより、検察捜査の契機となった、いわゆる「正義連会計不正疑惑」は、大部分が法的に問題にならないことが判明しました。「補助金や寄付金の流用」など、ここ4カ月間、無差別に提起された疑惑が根拠のない主張にすぎなかったことが明らかになり、改めて虚偽報道などに対するメディアの責任ある姿勢を求めます。

にもかかわらず検察が強引な起訴、はめ込み式の起訴を強行したことに対しては、遺憾を表明します。(略)

また、「会計不正」というフレームをかぶせて正義連を犯罪集団にし、各種疑惑を事実に見せかけて虚偽のニュースを量産してきた一部のメディアが、「提起された疑惑の大部分を起訴」と

いうフレームで再び正義連を罵倒していることに痛切な嘆きを禁じ得ません。（略）
（検察の捜査結果発表に対する正義連立場表明、２０２０年9月15日）

30年間団体を率いてきた前代表・理事長であり、運動の象徴のような人物が、詐欺、準詐欺、横領、背任など八つの容疑で起訴されたにもかかわらず、「申し訳ない」という謝罪の一言もない。

また、「メディアが疑惑を提起した補助金及び寄付金の流用はなかった」とし、強引な起訴だと非難しながらも、検察の捜査で新たに明るみになった容疑については口を閉ざした。尹美香氏が個人口座に集めた3億3千万ウォンのうち、５７５５万ウォンを私的に使ったということは、寄付金流用でなければ何か。尹氏が正義連の法人口座から２０９８万ウォンを、麻浦憩いの場の運営費から２１８２万ウォンを個人用途に使ったということも、私的流用でなければ何か。

さらに、重度の認知症被害者キル・ウォンオクさんに寄付を誘導した詐欺の疑いが持たれている問題については、「自ら釈明できない死者にまで共謀罪をかぶせ、被害生存者の崇高な行為を『認知症老人』の行動と見なした点については、強い遺憾の意を表する」と反論した。しかし、キル・ウォンオクさんが女性人権賞金として1億ウォンをもらい、5千万ウォンを寄付したことまでは理解できるとしても、２０１７年から２０２０年1月まで9回にわたって２９２０万ウォンを寄付したことは釈然としない。正義連は、キルさんがどのような理由で、どのような手続きを経て、どの口座に数百万ウォンずつを寄付したかについては、まったく説明していない。

「戦争と女性人権博物館」が学芸員がいないのに存在するかのように装い、２０１３年から20年まで文化観光体育省で10の事業費として1億５８６０万ウォン、ソウル市で八つの事業費として1億４３

70万ウォンを受け取るなど、計3億ウォンの補助金を不正受領し、女性家族省でも7事業費として6520万ウォンを不正受領したことについても言及しなかった。

これらの尹美香氏の起訴容疑内容は、正義連の常任幹部たちも気づいていたか、あるいは知っていたか、助けた可能性が高い。検察が正義連の会計不正疑惑を起訴しなかったからといって、正義連は何の過ちもないと主張することはできない。

それでも検察の捜査結果が出ると、正義連のホームページに「挺対協・正義連関連告発事件の捜査結果：正義連『会計不正』疑惑はほとんどが問題にならないことが判明！」というタイトルで、不起訴の内訳をニュースにして宣伝している。しかし、新たに明るみになった犯罪容疑については一切言及していない。

何らかの組織や団体に問題や事故が発生した場合、その対応は普通、「否認」→「拒否」→「受容」→「探求」の段階を踏む。しかし、先の立場からわかるように、正義連は非常に遅い。否認は「間違っていない」ということであり、拒否は「間違っていないから変えることもない」ということ、受容は「わかった、直す」ということで、そして探求は「より良く改める方法」に悩むという、それぞれの段階だ。

尹美香氏や正義連の発言などを見ると、依然として第一段階の否認の段階にとどまっているようだ。そんな正義連が2020年8月12日、突然「受容」の段階にあたる「省察とビジョン委員会」を設置したと発表し、同委員会を変化の象徴として押し出した。正義連は本当に「受容」の段階に来たのだろうか。この質問に対する答えは今後、省察とビジョン委員会ではなく正義連の活動を見ればわかる。省察とビジョン委員会にどれほど権限を与えるか、委員会が要求したことをどれほど実践に移すかは結局、正義連の問題だからである。

イ・ナヨン（李娜栄）理事長は「正義連の組織と事業、活動について点検と診断を通じた改善案を作成し、日本軍慰安婦問題の解決運動の歴史と意味を発展的に継承するため、『省察とビジョン委員会』を設置することになった」と発足目的を説明した。チェ・グヮンギ省察委員はこの日、正義連刷新案の発表で①正義連会計管理体系の改善案、②正義連組織と事業関連活動点検及び診断を通じた改善案づくり、③日本軍性奴隷制問題解決のための運動方向とビジョンの提示、④国民向けコミュニケーション案など、四つを刷新目的として提示した。（略）

省察委は具体的に①七大課題（日本政府の犯罪認定、真相究明、公式謝罪、法的賠償、責任者処罰、追悼碑と史料館の建設、教科書記録と歴史教育）の解決、②調査・研究活動の強化と未来世代のための教育コンテンツ開発とプログラムの準備、③後援会の構造改善と国内外の連帯団体との持続可能な連帯案の模索、④戦時中の性暴力再発防止のための国際的な女性人権基準の作成、⑤被害生存者の関係団体を中心に全国巡回懇談会の開催、などを示した。

（「ニューシス」２０２０年８月12日入力）

最後に言及しておきたいのは、２０２０年５月27日に出た世論調査の結果だ。「オーマイニュース」［市民参加型のインターネット新聞］がリアルメーター［世論調査会社］に依頼した調査で、尹美香氏の去就に関するものだった。この調査によると、「国会議員当選人を辞退すべきだ」という意見が70・４パーセント、「辞退する必要がない」が20・４パーセント、「よくわからない」が９・２パーセントだった。進歩層（57・1パーセント）と民主党支持層（51・2パーセント）でも辞退を求める声が半数を超えた。

尹美香氏がすでに国会議員になっているのに、こんな調査結果に何の意味があるのかと言うこともできよう。しかし、この調査結果は示唆するところが少なくない。「金城鉄壁」のような団体の代表を、それもこの政権とコードが合う〔韓国語で「気が合う」の意〕人物を、70パーセントを超える国民が「退け」と要求したのは皮肉にもこの団体が「反日団体」だったからである。「反日」は両刃の剣だ。「反日感情」が強い韓国国民は、正義連が自分たちと目指すところが同じだと思い、積極的に支持した。ところが、そんな信頼は裏切られたと感じたのだ。さらに、元慰安婦を「利用したのなら」許せないという感情も強い。まさにこのような空気の中で、言論の批判から自由だった正義連が保守メディアの集中的な批判を受けたのである。君主は人民に支えられ、人民に滅ぼされるという「載舟覆舟」という言葉を実感する。

4 尹美香事件と大統領

ムン・ジェイン（文在寅）大統領は2020年8月14日、第三回「慰安婦をたたえる日」の記念式で次のようなメッセージを送った。5月7日のイ・ヨンス（李容洙）さんの記者会見を引き金に「ユン・ミヒャン（尹美香）事件」が起きて3カ月ほどが過ぎた時点だった。

政府は、ハルモニ（おばあさん）たちの勇気と献身が、尊厳と名誉を回復することで報われるよう、現実的かつ実現可能な方法を模索するために最善を尽くしていきます。問題解決の最も重要な原則は「被害者中心主義」です。政府はハルモニたちが「いいよ」と言うまで、ハルモニたちが受け入れられる解決策を模索します。（略）

被害者を超え、人権活動家として、韓国社会に新たな価値を与えてくださったハルモニたちの人生に深く敬意を表します。

ハルモニたちは、すでに日本軍「慰安婦」問題解決のための新しい方向を示していらっしゃいます。市民運動の成果を受け継ぐ一方で、平和と人権に向けて韓日両国の未来世代が進むべき方策を模索すべきだとおっしゃいました。「慰安婦被害者の解決に向けた運動」の過程と結果、検証前の過程に開放性と透明性を備え、多様な市民がともに参加できることを願われました。残酷な痛みを生の知恵に昇華させたハルモニたちのお言葉を胸の奥に刻みます。

（大統領府ホームページ、2020年8月14日）

文大統領は「被害者中心主義」という言葉をまた使った。しかし、この日使った「被害者中心主義」に対しては批判的な見方もある。

文在寅大統領が14日、「日本軍慰安婦の日」の祝辞で「（慰安婦）問題解決の最も重要な原則は被害者中心主義」と述べた。「ハルモニたちが『いいよ』と言うまで、ハルモニたちが受け入れられる解決策を模索する」と語った。

文大統領は女性人権問題が浮上するたびに「被害者中心主義」を強調してきた。文大統領が大統領府の行事に代表的な慰安婦被害者の李容洙さんを四度も招いたのもそのためだった。しかし、李容洙さんが「30年間だまされるだけだまされた」と、共に民主党の尹美香議員を加害者として挙げ、大統領は急変した。尹氏が代表だった正義連と尹氏の横領疑惑が具体的に浮上しているのに、文大統領は「一部で慰安婦運動自体を否定し、大義を損なおうとしている試みは正しくない」と述べた。（略）

「被害者中心主義」とは、被害者が受けた傷と痛みに共感し、優先的にその立場から問題を解決するという意味だ。文大統領と与党は、加害者が日本や政治的に反対の陣営に属している時は度が過ぎるほど「被害者中心主義」に徹していた。しかし、パク・ウォンスン（朴元淳）前ソウル特別市長、尹美香議員のように自陣にいる人間が加害者として登場すると、まったく違う態度を見せている。だから気になる。文大統領が言う「被害者中心主義」とは一体何なのか。

（社説「朝鮮日報」２０２０年8月15日付）

「被害者中心主義」を強調する大統領の考えは、２０１７年12月27日、合意検討ＴＦが報告書を発表した翌日に出した立場表明、そして18年1月4日、元慰安婦らを大統領府に招待した時の発言内容と、さして変わっていない。そして、尹美香事件が起きたにもかかわらず、その原則を再び強調したのだ。

２０１５年の韓日両政府間の慰安婦交渉は、手続き的にも内容的にも重大な欠陥があったことが確認されました。残念ながら避けては通れないことです。

これは、歴史問題を解決する上で確立された国際社会の普遍的原則に反するのみならず、何より被害当事者と国民が排除された政治的合意であったという点で、非常に痛切です。（略）政府は被害者中心の解決と国民とともにする外交という原則の下、早期に後続措置を講じることを望みます。

（大統領府ホームページ、2017年12月28日）

文大統領は「（略）ハルモニのみなさんをみな大統領府にお招きするのが夢だったが、今日、やっとこの場にお迎えできて嬉しいです。国家が道理を尽くそうと努力していると見ていただければと思います。かつて国を失った時、国民を守ることができず、ハルモニたちもひどく苦しまれたのに、［日本の敗戦に伴う植民地からの］解放で国を取り戻したら、ハルモニたちの痛みを慰めてあげ、恨（ハン）［心の奥底に鬱積（うっせき）したやるせない思い］も解消してあげなければならなかったのに、そうすることができませんでした。むしろ、ハルモニたちの意見も聞くことなく、ハルモニたちの意思に反する合意をしたことについて申し訳なく、大統領としてお詫び申し上げます。この前の合意は、真実と正義の原則に反するだけでなく、政府が被害者の意見を聞くことなく、一方的に推進した内容と手続きがすべて誤っています。大統領としてこの合意が、両国間の公式合意だったという事実は否定できませんが、合意で慰安婦問題が解決されたとすることは受け入れられないと鮮明にしました。今日、ハルモニたちが気軽に言葉をかけてくだされば、政府方針を決定するのに役立てていきます」と述べました。

（大統領府ホームページ、2018年1月4日）

2018年1月4日の文大統領の発言の中で「ハルモニのみなさんをみな大統領府にお招きするの

が夢だったが、今日、やっとこの場にお迎えできて嬉しいです」という言葉は残念である。「和解・癒やし財団」から1億ウォンを受け取っていない8人の被害者が、どうして「みな」になれるのか。

文大統領が2020年6月8日に首席補佐官会議でした冒頭発言は、8月14日の第三回「慰安婦をたたえる日」のメッセージとは相当な差がある。首席補佐官会議は、李容洙さんが記者会見をして2カ月後に開かれたが、文大統領が「尹美香事件」について初めて意見を表明した席で、注目を集めた。文大統領は首席補佐官会議ではこのように述べた。

慰安婦運動をめぐる議論が非常に混乱しています。私が申し上げるのも慎重にならざるを得ません。結論から申し上げますと、慰安婦運動の大義は固く守られなければなりません。慰安婦運動30年の歴史は人間の尊厳を守り、女性の人権と平和に向けた歩みでした。人類普遍の価値を実現しようとする崇高な志が損なわれてはいけません。（略）特に李容洙さんは、慰安婦運動の歴史そのものです。慰安婦問題を世界的問題にする上で大きな役割を果たされました。（略）30年間、絶えず被害者や活動家、市民たちが連帯して力を集めた結果、慰安婦運動は世界史的人権運動と位置づけられました。決して否定したり蔑んだりすることができない歴史です。

市民運動は市民意識とともに発展してきました。今回の問題は、市民団体の活動の方法やあり方を省みるきっかけとなりました。しかし、一部にある、慰安婦運動自体を否定して運動の大義を傷つけようとする試みは正しくありません。被害者たちの尊厳と名誉まで崩すことになります。

（文在寅大統領、首席補佐官会議、2020年6月8日）

首席補佐官会議で文大統領は、尹美香氏や正義連という名に触れなかったが、確実に彼女らに力を与えた。大統領府は翌日、尹氏に対する検察捜査について、「特定人物への捜査について大統領が立場を表明するのが適切なのか疑問だ」と述べたが、前日の首席補佐官会議で大統領が述べた発言は、明らかな立場でなければ何なのか。大統領が直接「慰安婦運動の大義は固く守られなければならない」「人類普遍の価値を実現しようとする崇高な志が損なわれてはならない」「一部にある、慰安婦運動自体を否定して運動の大義を傷つけようとする試みは正しくない」「（そんな試みは）慰安婦運動の正当性に対する根本的な挑戦」と述べたのに、である。

文大統領は李容洙さんの名前も示しながら「慰安婦運動の歴史であり、慰安婦運動に多大な役割をした」と評価した。しかし、李容洙さんの主張や要求については触れなかった。

尹美香氏や正義連の横領及び会計不正疑惑については、「今回の問題は市民団体の活動の方法やあり方を省みるきっかけとなった」と述べ、寄付金統合管理システムを導入し、寄付金、後援金、補助金などを透明に管理できる基盤をつくるため、市民団体も協力するように求めた。

首席補佐官会議に比べて、「たたえる日」のメッセージにはいくつか進展した内容が含まれている。第一に、問題解決の最も重要な原則は「被害者中心主義」だと再び言及し、「現実的かつ実現可能な方法を模索するために最善を尽くす」と述べた点だ。実際、尹美香事件は「被害者中心主義」に対して疑問を抱かせた事件である。しかし、大統領は再び「被害者中心主義」という言葉を使った。２０１７年12月27日、合意検討ＴＦが検証結果を発表し、２０１５年12月28日、韓日両政府が発表した慰安婦合意を問題視した際、最も大切に使った論理が「被害者中心的な接近を欠いた」という点だった。その後、「被害者中心主義」は韓日慰安婦合意を批判する時はもちろん、文在寅政権が慰安婦政策の話をする時、例外なく登場した。

第二に、李容洙さんの主張について言及している点だ。「平和と人権に向けて韓日両国の未来世代が進むべき方策を模索すべきだとおっしゃった」のも、「『慰安婦被害者の解決に向けた運動』の過程と結果、検証前の過程に開放性と透明性を備え、多様な市民がともに参加できることを願われた」ことも、確かに李容洙さんの要求だったし、大統領は「残酷な痛みを生の知恵に昇華させたハルモニたちのお言葉を胸の奥に刻みます」と約束した。これは首席補佐官会議で、大統領が李容洙さんよりも尹美香氏や正義連に力を与えたこととは対照的だ。

第三に、元慰安婦らの役割を転換的、巨視的に把握しているという点だ。慰安婦被害者を「被害者を超えた人権運動家」と再定義し、彼女らが「新しい方向を示しており」、「残酷な痛みを生の知恵に昇華させている」と述べた。このような評価は、李容洙さんの記者会見後に出た一部専門家の見解を受け入れたものとみられる。

第二と第三はそのまま理解すればいいが、筆者は第一に述べた「現実的かつ実現可能な方法」については、いくつかの疑問がある。

一つ目の疑問は「リップサービス」にすぎないのではないかということだ。文大統領は2018年8月14日の第一回「慰安婦をたたえる日」では「私はこの問題が韓日間の外交紛争に発展しないことを願います。両国間の外交的な方法として解決される問題とも考えません」と述べ、2019年8月14日、第二回「慰安婦をたたえる日」では「政府は、日本軍『慰安婦』被害者たちの尊厳と名誉を回復するために最善をつくすつもりです。人類の普遍的観点から、日本軍『慰安婦』問題を平和と女性の人権に対するメッセージとして、国際社会で共有して拡散していきます」と語った。慰安婦の解決策を提示することに最も適切な舞台である「たたえる日」のメッセージから3年、具体的な案は提示しないまま、原論的な立場だけを繰り返している。

二つ目の疑問は「政府はハルモニたちが『いいよ』と言うまで、ハルモニたちが受け入れられる解決策を模索する」という部分だ。これは先に述べた「被害者中心主義」に関する言葉だ。しかし、一般的に言う「被害者中心主義」と、この部分の「被害者中心主義」とはニュアンスが異なる。つまり一般的な原則としての「被害者中心主義」は、被害者の生存に関係なく言及できる。しかし、2021年8月末現在、生存している元慰安婦は14人しかおらず、全員90歳を超えている。このような人々の意見をどのように集約し、国家がどのような解決策を用意した時、その微妙な解決策に対してこれらの方々がどのような意思表示ができ、それができたとしてもどう評価するのだろうか。

李容洙さんの初めての記者会見直後、尹美香氏と正義連は彼女の「記憶」を問題視した。また和解・癒やし財団を批判する団体や活動家は、暇さえあれば「ハルモニたちが自分の意思で1億ウォンを受け取ると言ったのか」と問い詰めた。日々、健康が悪化する元慰安婦たちのことを考える時、大統領が「ハルモニたちが『いいよ』と言うまで」と語るのは、どこか空虚である。だとすれば、これまで通り被害者たちを「代弁してきた」支援団体が「いいよ」と言えば、被害者たちが「いいよ」と言ったと見なすのではないかと案じられる。万一そうなれば、私たちは「尹美香事件」から何も学ばなかったことになる。

三つ目の疑問は、文政権の4年が過ぎても何もしなかったのに、残った期間に何ができるかということだ。文大統領は大統領候補時代には韓日慰安婦合意を破棄すると公約したが、就任後は、「受け入れはできないが、合意を破棄したり、再交渉を要求したりはしない」と方針を変えた。こうした方針は前に少し言及したが、「韓日間に問題が発生した場合、韓日基本条約の規定に従って解決努力をしない、すなわち不作為は違憲」という2011年8月30日の憲法裁判所の決定に反するものだ。

したがって筆者は現在を「第二の不作為状態」と規定する。2015年に両国政府が合意したため、その時点でひとまず「不作為状態」は解消されたが、文政府が事実上合意を破棄しても再交渉は要求していないため、和解・癒やし財団の許可を取り消した19年1月から再び「第二の不作為状態」が続いていると考える。

四つ目の疑問は、もしかすると、文政権が日本の責任を追及するものの、物質的補償は韓国が責任を負うという、いわゆる「金泳三式解決策」を検討しているのではないかということだ。韓国政府は1992年7月31日、「日帝下軍隊慰安婦の実態調査」中間報告書を発表し、キム・ヨンサム（金泳三）元大統領は就任直後の93年3月13日、首席補佐官会議で「日本政府に物質的補償を要求しない。補償は韓国政府予算でやる」と宣言した。そして日本側に徹底した事実究明を求めた。3カ月後、「日帝下の日本軍慰安婦に対する生活安定支援法（現・日帝下の日本軍慰安婦被害者に対する生活安全支援及び記念事業などに関する法律）」も制定し、元慰安婦たちに一時補償金500万ウォンを支給し、生活補助金、医療支援、永久賃貸住宅なども提供した。道徳的優位に立って慰安婦問題を解決するという韓国政府のこのような態度は、日本を圧迫して同年8月4日、慰安婦動員の強制性を認めた「河野談話」につながった。

現在の文政権が再交渉を要求しておらず、日本が最大の争点である「法的責任」を認める可能性もゼロに近いため、事実上実現可能で国民の支持も得られる方法は「第二の金泳三式解決策」しかないかもしれない。しかし、文在寅政権が内部的にそのような案を検討した痕跡もなく、たとえ検討したとしても、そのカードを切る時期はすでに過ぎ去ってしまった。慰安婦と強制徴用問題をはじめとする韓日対立が貿易、外交、安保分野にまで全方位に拡散した場面では、金泳三式の解決策は韓国が敗北したという印象を与えかねない。そんな案はどの政権もとれない。このカードは、新たに発足する政権が、大局的見地から考慮するだけのことはある。

5 慰安婦報道とメディア

筆者は、「ユン・ミヒャン（尹美香）事件」の含意の一つが、メディアの「最後の聖域」を破り、被害者支援団体を批判的に報道できるようにしたことだ、とした。ところで、「書きにくい」風土とは対照的に、「どんどん書いてもいい」風土についても言及したい。長い間、身を寄せていた「実家」を批判することなので、慎重にならざるを得ない。しかし、何か特別なお願いをするというのではなく、報道の基本を守ってほしいということであり、そうすることが究極的には言論の地位向上に役立つと信じるので、打ち明けてみようと思う。

これまでメディアは、挺対協や正義連を批判することは難しかった。逆に「和解・癒やし財団」に対しては平気で、そして執拗に批判した。その底辺には正義連は正しいから批判してはならず、和解・癒やし財団はなくなるべき団体なので、いくらでも批判してもいいという意識がある。正義連が金を受け取らないよう「勧誘」したことを「説得」、和解・癒やし財団が「説明」したことを「勧誘」

という。これは、ほとんどのメディアが挺対協や正義連と同様に、「被害者中心主義」の「被害者」は、必ず「清純な少女」でなければならず、「清純な少女」は最後まで日本の謝罪と反省を求めなければならず、日本が与える金は拒否しなければならない、と信じているためだ。また、被害者らは実際に金を拒否したいが、和解・癒やし財団がそうした意志をくじこうとしている、と誤解している。

元慰安婦たちを「ある理想型」ではなく、生きている個人と見て初めて、「期待とは異なる発言」も認められる。一部の元慰安婦たちの「鮮明な」発言が、すべての元慰安婦たちの意思を代表するわけでもない。「期待とは異なる発言」も無視してはならない。元来、すべての元慰安婦を代表するハルモニも、すべての元慰安婦を代表する言葉も、存在し得ないというのが、経験に基づいた専門家らの意見だ。一部の元慰安婦たちの、和解・癒やし財団との面談時の発言を紹介すると、次のとおりだ。

・「合意を歓迎する。政府が合意したとおりに従う」（Bさん、２０１６年1月）
・「安倍はひざまずかなかったが、謝罪したと思っており、私もそれを見て、恨（ハン）を解いた」（Cさん、２０１６年6月）
・「日本の首相が公開的に謝罪したことは喜ばしいことであり、日本政府が出す金が国のためになることを望み、金が（南北）統一を成すのに使われることを願う」（Dさん、２０１６年1月）
・「お金では補償されないことだが、生きているうちに終わらせて許すことは許して、楽に暮らしていきたい」（Eさん、２０１６年4月）
・「気分がいい。日本からのお金で旅行に行きたい」（Fさん、２０１６年6月）
・「当事者の同意なしに合意したのは誤りだ。（しかし）生きているうちに被害者の手にいくらで

あれ、握らせることが重要だ」（Gさん、2016年4月）

・「合意に反対する被害者を除いても、財団の事業を進めなければならず、反対する人々のために合意を破棄することは話にならない」（Hさん、2016年6月）

・「日本のやったことを考えると怒りがこみ上げてくるが、謝罪したことを見ると日本が過ちは認めたことだ」（Iさん、2016年6月）

・「みんなに感謝する、ありがとう。日本が謝罪することを望んでいたので、謝罪したことがありがたい。お金を受け取ることになれば、苦しい時に助けてくれた甥にやったり、引っ越したりするのに使いたい」（Jさん、2016年12月）

・「被害者を排除した合意は絶対に受け入れられない。日本の首相が公式謝罪し、法的賠償をせねばならない。謝罪を受けることが重要であって、お金が重要なのではない。（支援団体の意見を集約したという説明に）団体は何も知らない。被害者の意見を求めなければならない」（Kさん、2016年6月）

和解・癒やし財団はすでに門を閉じた。そんな財団をめぐり、過去の話をすることは無意味かもしれない。しかし筆者は、和解・癒やし財団だけでなく、他のどの機関や人物に対してであっても、メディアは「先入観」を持って不当に追い詰めるべきではない、と言いたい。和解・癒やし財団の報道から教訓を得てほしいのである。

和解・癒やし財団は、財団が元慰安婦たちを「懐柔」「脅迫」「強要」して1億ウォンを受け取らせた、という多くの報道のため、ほとんど仕事ができない状況だった。代表的な記事の見出しだけ見てみよう。

・「この局面で（略）慰安婦現金支給強行」
・「和解・癒やし財団、日本軍『慰安婦』被害者の現金支援、結局強行」
・「和解・癒やし財団のキム・テヒョン（金兌玄）、病院に押しかけ、日本がくれた金を受け取れ」
・「和解・癒やし財団、脳梗塞の元慰安婦を訪ね、日本がくれた金をもらうか決めろ」
・「キム・ボクトンさんが泣いた、日本の金1億ウォンを（日本に）返せと」
・「かえって傷つけ、怒り呼ぶ『慰安婦慰労金1億』」
・「『今月中までしか受けられません』慰安婦慰労金を懐柔する和解・癒やし財団」
・「慰安婦被害者に支援金を受け取れと『脅迫』」

財団は本当に懐柔、脅迫、強要をしたのだろうか。韓日慰安婦被害者問題合意検討タスクフォースが報告書を発表した２０１７年12月27日、女性家族省も同日、和解・癒やし財団の点検結果を発表した。この年の7月21日から始めたので5カ月以上調査した報告書だ。女性家族省は最も関心を集めた「受け取り強要の有無」について、このように発表した。

政府及び財団関係者が被害者と面談する過程で**現金受領を強要する内容は確認できなかったが**（筆者が強調）、被害者に韓日合意を肯定的に説明し、現金受領を積極的に勧めたり説得したりする発言は見られた。メディアで、財団関係者の懐柔・勧誘の事例として引用される対話は、現金受け取りの可否を決定できずにいた被害者との面談の過程で行われたもので、説得というレ

ベルの発言が見られた。（女性家族省による「和解・癒やし財団」の点検結果発表、２０１７年12月27日）

５カ月間にわたる調査にもかかわらず、「現金受領を強要する内容は確認できなかった」ということだ。しかし、女性家族省はこの内容を強調しなかった（いや、強調したがらなかった）。「確認できなかった」と、いったん文章を切ってから、「しかし」と続けねばならないが、「確認できなかったが」と書き続けることで「強要したことがなかった」という事実は見逃し、枝葉の「現金受領を積極的に勧めたり説得したりする発言を確認できた」ことを強調した。

さらに大きな問題は、これらを要約した報道資料が、この事実に言及すらしなかったことだ。そのため、添付した報告書まで丁寧に読んで、「財団が現金受領を強要したことはない」という事実を報道したメディアはなかった。

そのため、まだこのような主張が出てくる。以下はある日刊紙に掲載されたコラムである（２０２０年5月20日付）。コラムで言及された金兌玄・前「和解・癒やし財団」理事長の名誉に関する問題なので引用する。

日本が提供した10億円を被害者が受け取らないよう懐柔したという主張も正しくない。正義連が元慰安婦たちに受領の有無を強要しなかったというのは公知の事実だ。むしろ被害者を懐柔したのは、パク・クネ（朴槿恵）政権だった。拠出金の受け取りを拒否する女性たちを秘密裏に訪ね、「日本政府が謝罪し、その責任で10億円を支援した」として金を受け取ることを勧めた金兌玄・和解・癒やし財団理事長が証人だ。金理事長は元慰安婦たちの年齢に触れ、「生きているうちに金を受け取って謝罪を受けたと思ってほしい」と圧迫した。屈辱的な合意をしておきながら国民の反発が起こると、名分確保のために被害者を攻略したのだ。

「正義連がハルモニたちに受領の有無を強要しなかったということを公知の事実」と信じるのはコラムニストの自由である（先述のBさんら、様々な状況を示したように、筆者はそうは思わない）。しかし、金兌玄・前「和解・癒やし財団」理事長が「秘密裏に」ハルモニのところを訪れ、「圧迫」したり「攻略」したりしたことがないのは「検証された」公知の事実だ。女性家族省が5カ月間、監査した結果がそうだったのだ。

メディアが和解・癒やし財団をどれほどみくびっていたかは、次の事例がよく示している。

○○○○○は2017年6月21日、「『今月中までしか受けられません』慰安婦慰労金を懐柔する和解・癒やし財団」という記事を報じた。和解・癒やし財団は翌日、言論仲裁委員会に訂正報道を請求した。請求内容は「和解・癒やし財団は被害者や家族を懐柔し、慰労金の支給を強要した事実がないため、訂正報道をしてほしい」というものだった（財団は「慰労金」という表現は使わない。だがメディアがその単語を使ったので、やむなく使う）。

翌7月7日、言論仲裁委員会は調停審理で次のような意見を示した。

・当財団が提出した資料は、客観的で信頼できる資料と判断される

・ハルモニが財団側に対し、日本からの拠出金を受け取った日は財団との第一回の接触と見られ、ハルモニの意思決定過程に、財団側からの懐柔、強要等はないことが認められた

・娘が日本政府から拠出金を受け取ったことは、事実自体が完全に間違っており、明確に修正されるべきものと見られる

・当該記事は一部内容の修正で済むのではなく、記事の枠組み自体をすべて変えねばならないように見える

○○○○がこれに反論できるような客観的資料がなければ、財団側の訂正報道要求を受け入れるべきである。受け入れず、訴訟にまで持ち込まれれば、民事・刑事上の責任があり、会社に大きな被害を与えることになるだろう。

言論仲裁委員会は「当該記事は一部内容の修正で済むのではなく、記事の枠組み自体をすべて変えねばならない」ほどと指摘した。しかし、当該メディアはこのように対応した。

財団が提出した資料を見ると、財団が一定の制度の下で誠実に業務を遂行しているようで、幸いだと考える。資料上では財団が懐柔、強要したようには見えないが、我々も取材内容を信頼しているため訂正報道要求は受け入れがたい。

訂正報道ができないということだ。取材過程はどうであれ、記事は究極的に正しいかどうかで判断するしかない。記事がすべて間違っているというのに、一体どういった取材内容を信頼しているのかわからない。和解・癒やし財団でなければ、こうした形で無責任な記事を書くこともなかっただろうし、和解・癒やし財団が力の強い機関であったならば、言論仲裁委員会全員の一致した意見をこれほ

ど無視することもできなかったはずだ。

この文章は、すでに存在しない和解・癒やし財団を擁護するために書くのではない。言論の基本に関わる問題であり、事例が偶然、和解・癒やし財団だったにすぎない。筆者はこの問題と関連して、こんなコラムを書いたことがある。

「慰安婦財団1年とメディア」

今日、私が話したいことは別の問題だ。財団とマスコミの関係だ。この1年間、私は財団の理事を務めながら、メディアの話が出るたび、針のむしろに座っているようだった。私が30年以上、身を寄せてきた言論界が、財団からは信頼と尊重を受けることができなかった。（略）ところが、和解・癒やし財団に対しては、ちょっとひどかった。ほとんど敵対的である、と言っても過言ではなかった。記者である私がこのような指摘をすれば、古巣の言論界の肩を持つどころか、先頭に立って恥をかかせるのかと非難されるかもしれない。はっきり言うが、報道の原則に忠実でないメディアは、私を育ててくれた古巣ではない。

特定のグループにとって非常に不利な環境を「傾いたグラウンド」と言う。和解・癒やし財団は、そのグラウンドにさえ入れなかった。財団は1年の間、広報ではなく説明と反論に追われた。最もありふれた攻撃は、財団が慰安婦被害者を懐柔したり、脅迫したりして現金を受けるように強要したという主張だ。（略）

生存者47人のうち、36人の元慰安婦が1億ウォンずつの現金を受け取ると言った（34人はすでに受け取っており、2人は審査中）。1億ウォンを受け取ったからといって合意を100パーセント受け入れるのではないだろう。だから、大変悩んだだろう。ところが、36人という数字や、元慰安婦たちがなぜ、苦悩の末にそのような選択をしたのかには、どのメディアも関心がない。ひたすら反対する元慰安婦たちの声だけを繰り返して報じている。現金を受け取った元慰安婦の選択も、受け取っていない元慰安婦の選択も、すべて尊重されなければならない。メディアは、意見や好き嫌いを表明する前に事実を報道する義務がある。（略）

いかなる組織や機関も、メディアの報道や監視の対象から外れることはできない。それがメディアの存在価値だ。しかし、雪の上に雪を載せ、砂の上に砂を載せるような記事はニュースとして価値がない。砂の上に降る雪、雪の上にかける砂であってこそニュースとして価値がある。和解・癒やし財団がいつまで存続するかわからないが、次は新しいテーマを客観的な視点で扱った記事を読みたい。

（沈揆先コラム「東亜日報」2017年8月1日入力）

6 そっくりな疑惑「ナヌムの家」

ユン・ミヒャン（尹美香）氏と挺対協、正義連が会計不正疑惑に陥った時、もう一つの慰安婦支援団体である「ナヌムの家」も似たような疑惑でニュースの焦点になった。尹美香事件が2020年5月7日の李容洙さんの記者会見が引き金になったのに対し、ナヌムの家問題は5月19日、職員の内部告発がMBC「報道手帳」で放送され、世間に明らかになった。しかし、ナヌムの家は疑惑を全面否定した。

ナヌムの家の運営者であり、施設長のアン・シングォン（安信権）所長は最近提起された日本軍慰安婦被害者後援金の横領など一連の疑惑について、事実無根と強く反論した。

安所長は18日、本紙との通話で「元慰安婦たちは、慰安婦特別法などによって政府と京畿道などから月210万ウォンずつもらっており、我々は毎年18億ウォンが入ってくる支援金を慰安婦被害者のための福祉事業、歴史館竣工、一部の職員人件費などに使用して、残ったものはコツコツと積み立てている」「（後援金が）ハルモニたちに使われていないというのはとんでもない」と横領疑惑について反論した。ハルモニの股関節手術費など病院費用を国費支援金ではなく、ハルモニの自費で出費させたという疑惑についても、「事実ではない」と断じた。

安所長は、国民が慰安婦被害者たちのために出した寄付金が大韓仏教曹渓宗の老人療養事業に使われるのではないかという指摘に対しては「誤解」とした。

（「韓国日報」2020年5月19日入力）

安所長の主張は2020年8月11日に覆された。ナヌムの家官民合同調査団は、「ナヌムの家が2015年から19年にかけて、約2億ウォンの後援金を募り、うち2・3パーセントにあたる2億ウォンだけを元慰安婦らが暮らす生活館に送ったが、これすら元慰安婦たちに直接使わず、その大半は施設運営のための間接経費として使われた」と発表した。ナヌムの家の理事会は2020年6月2日、安所長を辞職させた。しかし、彼が具体的に何を犯したのかについては明らかにしなかった。

「後援金運用」問題が起きている日本軍慰安婦被害者支援施設、ナヌムの家が88億8千万ウォンの後援金を募った後、相当金額をハルモニ（おばあさん）たちに直接使用せず、土地購入や建物の新築のためにためていたことが明らかになった。

ナヌムの家官民合同調査団のソン・ギチュン共同団長は11日、京畿道庁で記者会見を開き、このような内容のナヌムの家官民合同調査結果を発表した。（略）

後援金88億ウォンのうち、ハルモニたちが生活しているナヌムの家の養老施設に送った金額（施設転出金）は2・3パーセントの2億ウォンにすぎなかったが、これさえもハルモニたちのための直接経費ではなく施設運営のための間接経費として出費されたのがほとんどだった。半面、運営法人が財産造成費に使った後援金は26億ウォン余りとわかった。財産造成費は、土地購入や生活館増築工事、遺物展示館及び追悼館新築費、追悼公園造成費などに使われた。（略）

ハルモニに対する情緒的な虐待状況も見つかった。介護関係者は「ハルモニ、捨ててしまうよ」「怒られなければならないよ」などと言葉の暴力を加え、特に意思疎通と行動が不可能な重症患者に集中したとソン団長は説明した。

（「京郷新聞」２０２０年8月11日入力）

イ・ヨンス（李容洙）さんも普段からナヌムの家の問題点を指摘していたという。しかし、ナヌムの家はそのような事実さえ否認した。

――李容洙さんは、ＪＴＢＣのインタビュー直後、ナヌムの家の問題について言及しました。十分な後援金にもかかわらずハルモニたちにはケチだったとの主張です。

李容洙さん（日本軍慰安婦被害者）：（ナヌムの家で）ハルモニらは（お金を）使えなかったんです。（それで）「買ってきて」と言うと、やっと病院にだけ連れて行って。買ってやらないのを見ました。いつも何か食べ物がないといけませんよね。

――このため、ナヌムの家を訪れた時に問題提起したというのが李容洙さんのお話です。

李容洙さん：それで私が言うのが「（後援者たちが）ハルモニたちを助けようとやってくれるのに、それは全部あんたたちのものか？」（と問いただしました）。

――李容洙さんは、こんな指摘を受けて、ナヌムの家の運営者が謝罪したとも語りました。

李容洙さん：「なんで、あんた勝手にするか」って、私が行ったらまたそうですよ（略）土下座して謝ったんです。悪かったって。

――これに対して、ナヌムの家の運営者側は、ＪＴＢＣに対し、李容洙さんが後援金問題を指摘した覚えはないとしてきました。謝罪することもなかったという意味です。しかし、昨年（2019年）、李さんの訪問の際、謝罪する姿を見たという人もいます。

――目撃者Ａさん：ハルモニの隣に座っていたところ、（運営者が）ハルモニに土下座しながら「ハルモニ、申し訳ありません。もうしません。一度だけ許してください」。（李さんは）「〇〇〇あんたも大きくなったじゃないか。〇〇、あなたもいい加減にしろ」（と言いました）。

――現在、ナヌムの家の運営陣は背任容疑で告発されている状態です。運営者側は目撃者がいたというＪＴＢＣの指摘にも、「覚えていない」と回答してきました。

（「ＪＴＢＣ」2020年5月27日入力）

ナヌムの家の答えが妙だ。「そんなことはなかった」のではなく「記憶がない」のだ。法人理事会は2020年8月18日、立場表明を通じて、今回の事態の責任を京畿道と広州市に転嫁した。

その後、年月が経って社会福祉法人となりましたが、不慣れな法人運営の過程で会計などの行政上の手続きを順守できなかったり、運営上未熟な点が発生したりしました。ただし、残念な点は、管轄自治体である京畿道と広州市が、これまで定期的にナヌムの家に対して監査を実施する過程で、このような行政や運営上未熟だった点を指摘し、指導してくれたら、その都度是正することによって昨今の事態にまでは至らなかったという点です。

（ナヌムの家法人理事会の立場表明、2020年8月18日）

京畿道と広州市が管理監督をきちんとしていたら、このようなことも起きなかっただろうという主張だ。責任を押し付ける発想の創意性に驚くばかりだ。これに対し、官民合同調査団の民間委員らは3日後の8月21日、反論文を発表した。

もちろん京畿道と広州市が指導監督を怠ったのは責任が重いといえます。このことは官民合同調査でも明らかになっています。とはいえ、道や市に責任を転嫁するのは牽強付会（けんきょうふかい）にすぎません。むしろ法人が過去20年余りの間、このような法令違反と人権侵害があったことを認識さえしなかったことで慰安婦のハルモニたちの生活や歴史の空間であるナヌムの家を運営する能力も意志もないことを自ら認めるものです。法律の無知は許されません。

（ナヌムの家官民合同調査団の反論文、2020年8月21日）

法人理事会が出した立場表明で目を引くのは、「ハルモニたちが国と地方自治体から十分な支援を受けているため、施設に後援金を与える必要性がなかった」という主張だ。

法人に対する後援金が入所者のハルモニに使われるためには、法人後援金口座から施設口座に入金されなければなりませんが、このように国と自治体がハルモニのお世話をするためにすでに経済的に最大限支援しており、また、法人口座を通さずに直接、施設口座に入金される後援金がある状況で、法人口座から施設口座に入金され、使用される経済的需要があまり大きくない状態が今まで続きました。ですから構造的に、施設に支援される法人の後援金の支出規模は、相対的に少なくならざるを得なかったのです。

（ナヌムの家法人理事会の立場表明、2020年8月18日）

この論理は「すでに30年余り前から挺対協主導の立法運動で1993年『日本軍慰安婦被害者生活安定支援及び記念事業支援法』が制定され、国と地方自治体で元慰安婦の支援を遂行している。したがって、なぜ寄付金をすべて元慰安婦に支援しないのかという一部の非難は、これまでの成果と挺対協・正義連運動の志向を見ていない面がある」という尹美香氏の主張と非常に似ている。

ナヌムの家官民合同調査団が調査結果を発表した後、内部告発者のキム・デウォル学芸室長に「東亜日報」のイ・ジング論説委員がインタビューした（2020年8月25日付）。ナヌムの家の乱脈ぶりやこれまでの経緯などが紹介されているので全文を紹介する。

「後援金は88億ウォンだが……ハルモニたちは履物1足で耐える」

ナヌムの家の内部告発者、キム・デウォル学芸室長

歴史学徒であるキム・デウォル学芸室長は今、光復［日本の敗戦で迎えた植民地支配からの解放］後、慰安婦被害者たちの人生に関する博士論文を準備中だ。「1970年代にはペ・ボンギさん、80年代にはノ・スボクさんが証言したが、韓国社会は関心を持たなかった。光復後、ハルモニたちを放置したのは我々の責任だ」と述べた。それでも遅れはしたものの、「ナヌムの家」「正義記憶連帯」などができて幸いだと思ったのに、開いた口がふさがらない。

11日、官民合同調査団は、日本軍慰安婦被害者支援施設である「ナヌムの家」がハルモニたちを虐待し、後援金を転用したというこれまでの疑惑が、事実だと明らかにした。5年間に88億ウォンの後援を受けたにもかかわらず、ハルモニたちには「年間」一人当たり30万ウォン程度しか使わなかった。ところで、ナヌムの家ができて30年ほど経っているのに関係機関は何をしていて、今ごろ明らかになったのだろう。内部告発者のキム・デウォル学芸室長（35歳）は「関係機関との癒着なしには起こり得ないことだ」と話した。

――ナヌムの家は1992年にできた。これまで何度も監査があったはずだが。

「2017年の理事会の映像を見ると、こんな部分があった。理事長が「後援金をずさんに管

理し、施設が存続の危機に追い込まれたにもかかわらず、私が（京畿）広州市長と会ってすべて収拾した」と言う場面だ。我々が国務総理室、広州市、京畿道、女性家族省、国家人権委員会に公益通報をしたのが3月10日だ。情報提供さえすれば、私たちの役割は終わると思っていた。担当の公務員たちが大騒ぎになるのは当然だろうと……。3月末ごろになって、京畿道と広州市の公務員が正式な監査ではなく、情報提供者の話を聞きたいとやってきた。それでも広州市の公務員は、出勤もしない僧侶に月給が支払われているのに、『外で働いているなら問題はない』というふうに言った。京畿道の公務員は、給料が少なくて内部告発をするのだから、上げてもらったら解決だと言って」

（キム学芸室長は2018年にナヌムの家に入った。告発者らは1年間、内部で闘ってきたが、解決されず、3月、公益通報をすることになったという）

――公益情報提供者に言うことではない感じがするが。

「その後、4月初めに広州市が京畿道と合同で監査したが、後援金管理の不備で過料350万ウォンの注意処分にした。今回の官民合同調査団の発表を見たと思うが、過料350万ウォンは誰が見ても何とも軽い処分ではないか。ところが5月13～15日、京畿道で再び監査を受けた。その席に、給料を上げて解決しろ、と言っていた京畿道の公務員がいた」

――広州市と合同で監査したと言いながら、京畿道がなぜまた出てきたのか。

「5月7日に李容洙さんが正義連疑惑を暴露し、問題が大きくなりそうだからだ。あきれたのは……監査に出席した人たちが『調査ができないほど関連書類が一つもないこんな所は初めて』と言っていたことだ」

――ナヌムの家ができて28年になる。どういう意味か。

「だから私は、あなた方の顔に唾を吐くことにならないか、と言った。これまで一体どんな監査をしてきたのかと。京畿道の監査がまともにされていたら、2カ月後にまた官民合同調査をしたはずがない」

――女性家族省は積極的だったか。

「一番何もしなかったのが女性家族省だ。3月に通報して一度来て、ハルモニたちが暴行されたことがあるのか、女性家族省の支援金に手をつけたことがあるか、この二つだけ聞いていった。2カ月間、連絡がなかったが、李容洙さんが暴露したので、またやって来て、ハルモニたちが元気か見て行った。ところが今月に入って「慰安婦をたたえる日」（8月14日）の行事にハルモニたちが参加できるかを何度も聞いてきた。腹が立って、3月から請願して数十回電話をかけた時には、担当者につなぎもしなかったのに、今になって行事に参加してくれと言われ、あなたたちは行事にだけ関心があるのか、とけんかした」

――どこの部署が担当なのか。

「女性家族省の女性権益政策課だ」

――国家人権委員会の調査はどうなったか。

「5月27日にやったんですが、結果はまだ……」

――今日は8月19日だが？

「今も調査中だという。7月初めに調査した官民合同調査団は今月11日に発表したが……意志がないようだ」

——人権委員会は何を調査したのか。

「ベッド……10年経ったベッドが傾き、ハルモニが寝ていて落ちた。それで一つ買おうとしたが、運営陣が浪費だと言って、買い替えさせないようにした。それで傾いた方を壁側に回した」

——傾いたベッドでそのまま寝ていると？　後援金を88億ウォンももらって？

「いま、［ナヌムの家に］5人いらっしゃるが……3人は集中治療室にいる。そのうち2人は鼻から栄養供給を受けている。認知能力がない状態だが、集中治療室であっても医療装備は一つもない。ベッド一つだけだ。自室で生活するのが不可能だから、ここにいらっしゃるだけだ。そうして亡くなられるのだが……本当におかしなことだが、この間、ハルモニ20人ぐらいがここで亡くなったが、ナヌムの家では一度も命日に祭祀（さいし）をあげたことがない。亡くなった日に残された家族やハルモニを悼（いた）む方々が集まり、故人を思って話をする場……それがない。ハルモニたちのための場所ではなく、ハルモニたちを利用してお金を集めているところだ」

——治療や看護はどうするのか。

「看護師が一人しかおらず、勤務時間後も休みの日も、休暇中でも、ハルモニたちが病気になると出てくる。さらには、本人もがんの手術を受けて療養中なのに看護した。そんな人に対し、20年間、超過勤務手当てを一度もきちんと払ったことがなく、昇進もさせてこなかった。その話をしたら、私たちがお金と昇進のために内部告発をしたと陰口を叩（たた）かれた」

——なぜ一人だけなのか。

「広州市が支援する看護師の人件費が一人だからだ」

——後援金は少なくないのだから自主的に採用できるのでは？

「やらない。国が支援するお金以外は、ハルモニたちのために一銭も使わない」

――勤務環境が非常に劣悪なのに、なぜその人は20年も勤めているのか。

「ハルモニたちが心配で離れられない。とてもよくしてくれるので、その人がいないとハルモニたちが不安になって……」

――その人の名前は?

「ウォン・ジョンソン看護師だ」

――医者はいないみたいだが。

「この近所のお医者さんが診てくれる。薬とか栄養剤とか、たいていは無料でくれる」

――ナヌムの家はどうして無料でもらうのか。

「私が聞きたいのは……医者も採用しようとすればできるのに金だけ積んでおいてやらない。その人も本人がボランティアでやってくれている。退村中央医院のキョン・ミョンヒョン院長」

――ハルモニたちの服や頭〔散髪〕はどうするのか。

「服は買ったことがなく、もらった服しか着せない。たまに家族が買ってくるものもある。靴は……短い靴が1足だけ。夏でも冬でも、どこに行くのも、それ一つで持ちこたえる」

――ハルモニたちが靴1足で生活してるって?

「そうだ。頭は……ボランティアの方々がやってくれる。国から支援金が出る項目でなければ、何一つナヌムの家でやってくれない。こんな内部状況を知っている人もあまりいない。お偉いさんたちはプレゼントを積んでおいて写真でも撮って帰ればいいが、ハルモニたちがどんな生活をしているのかは見ない。2018年に一人のハルモニが景福宮を見たいと言ったが、事務局長が寒くて駄目だと言った。10月だった。ところが翌月、ウォンヘン僧侶の曹渓宗総務院長就任式には3人を連れて行き、野外で2時間も震えさせた」

——行事にハルモニたちを動員するのはひどい？

「2018年の夏ですが……所長が、京畿道光明市の行事にハルモニ一人を連れて行こうとした。でも、ハルモニの具合が悪かった。看護師が、病院に行かなければならないと言ったら腹を立て、光明市長に会わなければならないのに具合が悪くなってどうするのか、と言った。無理だから別のハルモニを準備するようにと言ったが、そのハルモニは認知症でトイレができない。一緒に行ってオムツを取り替える職員がいないというので、結局行けなかった。私が運転して所長を連れて行ったが、到着すると光明市長に『ああ、市長、ハルモニが急に具合が悪くなって、私も病院について行かなければならないのだけど、（市長との）約束のために来た』と言った。あまりにも憎たらしかった」

——ハルモニは大丈夫だったのか。

「病院に行ってみたら大腸穿孔（せんこう）だった。その日、大手術を受けた」

——昨年、ハルモニたちの宿舎の収容人員を20人に増やす工事をしたが、もしかしてまだ知られていない被害者のハルモニたちをもっと探して連れてこようとしたのか。

「そんなはずがない……一般療養所をつくろうとしたのだ。ナヌムの家は慰安婦被害者のための施設として知られているが、定款上では『身寄りのない独居老人のための無料介護施設及び無料専門療養施設、シングルマザーの生活施設』となっている。現在いらっしゃる5人が亡くなれば、後援金を受け取ったり、法人を維持したりする方法がないので、一般入所者を受け入れるために施設を拡充したのだ。でも厚かましいのが……先月、官民合同調査団が調べている真っ最中に、周辺の役所に公文を撒いた。65歳以上の男女住民で、入所可能な人を推薦してほしい、と」

――え、ちょっと男女って？　ハルモニたちがまだ生きているのに男性も受け入れると？

「ちょっとおかしくなっている……しかも工事も欠陥で、昨年増築工事が終わった後、コンセントから水が出てきた」

――雨が降って屋根から漏れたのか。

「雨は降っていない。単に豚鼻コンセントから水がざあざあと出てきた。無許可業者がしたのだが、増築工事をするには許可を得なければならないのだろう？　広州市は知らなかっただろうか」

――3月に公益情報提供をして、6月には再び大統領府の国民請願をした理由は？

「変わるどころか、もっと悪くなったので……運営陣が内部告発者のサーバーアクセス権を防いだ。看護師は業務からはずされた」

――一人だけいる看護師が業務からはずされたら、誰が面倒を見るのか。

「だからこの前、退院したハルモニは、看護師の代わりにナヌムの家の幹部が連れてきた。医師と処方の話をするには、普段飲む薬や体の状態を一番よく知る看護師が行くのが当然だろう。ハルモニはしっかりしてないので、医者の言うことを理解することもできない」

（「東亜日報」2020年8月25日付）

ナヌムの家と正義連の事件は、元慰安婦に使ったお金が少なく、余ったお金を別の所に多く使ったという問題、それでも元慰安婦たちを前面に出して寄付金、後援金、国庫補助金などを受け取った振る舞い、元慰安婦ではなく団体や施設を中心に運営したという非難、一部の過ちは認めながらも本質的な問題では間違いはなかったと積極的に反論する態度、問題の発端が内部者の告発から始まったという点などから、本当にそっくりだ。だから正義連とナヌムの家は、互いに相手の態度をよく見るよう忠告したい。私たちは自分よりも他人に厳しい。同様の過ちを犯した相手の振る舞いを見れば、弱点が目につくだろう。その弱点を見れば、自分がどのように振る舞うべきかもわかるのではないか。

7　慰安婦訴訟の初勝訴判決と大統領の変化

2021年1月8日、ソウル中央地裁民事合議34部（キム・ジョンゴン部長判事）は故ペ・チュンヒさんら元日本軍慰安婦12人が起こした訴訟で、「日本政府は元慰安婦たちに1億ウォンずつを賠償せよ」と判決した。日本政府は裁判そのものを認めないとして控訴をせず、本判決は1月23日0時を期して確定した。翌日、韓国の日刊紙がトップ記事として報道し、日本の日刊紙6社のうち5社が1面で報道（「日本経済新聞」のみ2面）、大半が社説でも論評した。この判決が注目された理由は、判決自体の意味も大きかったが、それがもたらす影響が計り知れないためだ（2021年4月21日、ソウル中央地裁の民事15部は、別の元慰安婦が日本政府を相手に起こした損害賠償請求訴訟を「却下」した。「却下」は訴訟要件を満たしていない時にする決定だが、却下に至る論理が1月8日の判決と正反対で注目された。4月21日の判決は日本政府の国家免除〈主権免除〉を認め、2015年の韓日合意も権利救済の手段として役割を果たしたとした。二つの判決を比較して述べることが望ましいが、1月8日の判決が日本政府の責任を初めて認めた判決であることに注目が集まったため、これを別述し、4月21日の判決は次節で別途扱う)。

1月8日の判決そのものが持つ意味は大きく分けて三つある。まず、韓国の裁判所が「日本政府」の賠償責任を初めて認めたということだ。被徴用者に対する賠償判決は「日本企業」の責任を問うたものだが、今回の判決は「日本政府」の責任を認めたという点で次元が違う。今回の裁判の原告は慰安婦被害者だが、韓国の法廷が日本政府の過去の問題の責任を追及したという点において、他の被害者たち、つまり強制徴用者、軍人、軍属なども訴訟できる道を開いたことになる。

次に、日本政府が主張してきた国家免除を排斥したということだ。国家免除(state immunity)とは、主権国家は原則として他国の裁判を受けないという国際慣習法であり、主権国家は互いに平等であるという前提で確立されたものである。国家免除を適用するかどうかは、今回の裁判の核心争点の一つだった。日本は国家免除を理由に裁判そのものを拒否したが、韓国の裁判所は人道に反する犯罪にまで国家免除を適用することはできないという「例外論理」を立て、日本の主張を受け入れなかった。

最後に、原告らは今回の裁判過程で直接争うことはなかったが、裁判所は個人請求権の消滅についても判断した。結論は、消滅していないということだ。裁判所は「1965年の韓日請求権協定と2015年の韓日慰安婦合意も、個人に対する補償を包括しなかった」「交渉力や政治的な権力を持てない個人にすぎない原告としては、この事件訴訟の他に具体的に損害賠償をもらえる手立てがない。元慰安婦が損害賠償を受ける方法は、今回の訴訟の他にはない」と判示した。

今回の判決は、２０１８年10月の強制徴用判決［韓国の大法院（最高裁）が日本企業に賠償を命じた確定判決］を受け、翌年７月から日本の対韓輸出規制やホワイトリスト除外、韓国の日本製品不買運動、韓日軍事情報包括保護協定（ＧＳＯＭＩＡ）効力の一時停止などで争ったため、「最悪の状態」に陥った両国関係をさらに悪化させた。

この判決があってから10日後の２０２１年１月18日、ムン・ジェイン（文在寅）大統領は新年の記者会見で、慰安婦判決に対する質問を受け、これまでの強硬態度とは異なり、慰安婦判決に困惑していて、強制徴用の判決による強制執行（現金化）は望ましくなく、２０１５年の慰安婦合意を公式に認める、などかなり融和的な意見を表明した。大統領の発言が１月８日の判決にもう一つの変数を加えたのだ。

今回の判決が出るまでには紆余曲折が多かった。慰安婦被害者たちは、日本政府に損害賠償を請求する権限があると主張したが、日本政府は１９６５年韓日基本条約で消滅したと主張してきた。慰安婦被害者たちはこれまで日本で４件の損害賠償訴訟を提起したが、すべて棄却または却下された。

憲法裁判所は２０１１年８月30日、韓日基本条約について解釈上の紛争が発生した場合、韓日請求権協定第３条によって外交的経路や仲裁を通じて解決するとしているにもかかわらず、韓国政府がこの手続きを履行しないのは、つまり何の行為も行わない不作為は違憲だと決定した。

この決定を根拠に、ペ・チュンヒさんら12人（２０２１年１月現在、５人のみ生存）は２０１３年８月13日、日本政府を相手取ってソウル中央地裁に損害賠償の調整申請を出した。一人当たり１億ウォンの慰謝料を支払うようにということだった。しかし、日本政府は調整申請書の受領を拒否した。２０１５年６月15日の第一回調停期日と翌月の第二回調停期日にも日本政府側は出席しなかった。同年10月

23日、原告らは裁判所に対し、「調停はやめてほしい」と申請し、正式に裁判の意思を表明した。15年12月30日、裁判所は原告側の要請を受け入れ、調停を行わず、正式裁判に移管した。

正式裁判は、2016年1月28日から始まった。日本政府は国家免除を理由に出席しなかった。裁判所は、正式訴訟の4年目の2020年1月30日、公示送達を通じ、日本政府が訴状を受け取ったものとみなし、同年4月24日、初の弁論を開始した。裁判所はその後、日本政府側が出席しないまま裁判を開き、2020年10月30日に第四回弁論を終え、21年1月8日に最終判決を下した。

ここでは、先に言及した順序で、慰安婦判決自体の意味と波紋、大統領の発言を分析しつつ、その他の争点を整理する。慰安婦問題は、事実関係をめぐる意見の相違と論争、韓日間の感情的対立と国益を掲げた異なる法解釈、すでに蓄積された国内外の判決の拘束、司法や外交の衝突、国際法と国民感情の間の乖離（かいり）などにより、常に関心を集める問題に発展してきた。

判決を分析し理解するには、ある程度の知識が必要だ。専門家の助けも欠かせない。筆者は法を専攻していないが、ジャーナリズムレベルで判決文を整理することはできるだろう。ここでは、判決文の形を維持しながら整理するが、読み手の理解を助けるために途中で筆者の意見を付け加える。また、今回の判決に対する韓国の新聞の報道内容を紹介することで、判決の意味を別の面から示そうと思う。そのような方法を通じて、判決の構造と論理がある程度理解できるだろう（韓国で出版した本では日本メディアの反応も紹介したが、ここでは省略する）。

（1）慰安婦判決の意味

◎日本政府の責任を初めて認定

この判決の意味について、1月9日付の韓国の新聞は次のように報じた。法理的な意味に偏った評価と、人道・人権を強調した評価が混在する。

新聞	内容
東亜日報	日本軍慰安婦被害者に対する日本政府の賠償責任を認定する韓国司法の初の判決だ。（略）ある国家の裁判所が他の国家を訴訟当事者として裁判できないという国際法上の国家免除（主権免除）原則の例外事項だと判断した
朝鮮日報	韓国の裁判所が国内の日本軍慰安婦被害者たちに、日本政府の賠償責任を初めて認めた。（略）過去の問題に関し、日本の国家賠償責任を認めた国内の司法判決は今回が初めてだ。（略）法曹界では「国際法上、確立された『主権免除』論を正面から破った判決」という評価が出ている
中央日報	我が国の司法が日本政府の「慰安婦被害」損害賠償責任を認めたのは今回が初めてだ。この判決は被害者たちには、司法の正義が実現されたという意味がある
京郷新聞（社説）	国内の裁判所が慰安婦被害者に対する日本の国家賠償責任を認めた判決を出したことは、今回が初めてだ。人権が国家の主権より優先されることを明確にしたものだ。戦時日本軍『慰安婦』被害を国際強行規範に違反する犯罪と見て厳しく断罪したという点で意味が大きい
ハンギョレ新聞（社説）	慰安婦問題に対する普遍的正義と人権の原則を再確認する初の判決という意味が大きい。「慰安婦」被害に日本政府の損害賠償責任を認めた初の判決で、国際的な反人道犯罪の責任の所在を法的に釘を刺し、被害者に実質的正義回復の道を開いた歴史的意味が大きい。（略）人類普遍の人権を規定した世界人権宣言をはじめとする現代の国際法的根拠から導いた極めて常識的な法解釈だ
韓国日報（社説）	今回の判決は外国の主権的行為、特に人権侵害事案に対し、主権免除の例外を認めた国内初の事例として記録されることになった。今回の裁判は反人道的犯罪は「国家免除」の例外という点を明らかにした点で、その歴史的意味が小さくない。（略）慰安婦問題を人間の尊厳と人権を重大に侵害した国際犯罪と規定し、普遍的民事管轄権を付与した点で高く評価に値する

この判決に対する韓国外交省の反応は妙だ。青瓦台は「外交省が説明する」と言及せず、外交省は

判決が言い渡されて6時間半後、次のような論評を出した。予想外の判決にかなり悩んだようだ。

・政府は裁判所の判断を尊重して、慰安婦被害者の名誉と尊厳を回復するために、我が国政府が、できる限りの努力を尽くしていく

・政府は2015年12月韓日政府間の慰安婦合意が、両国政府の公式合意であるという点を想起する

・また、同判決が外交関係に及ぼす影響を綿密に検討し、韓日両国の建設的かつ未来志向的な協力が続けられるよう、諸般の努力を傾けていく

このうち「2015年12月韓日政府間の慰安婦の合意が、両国政府の公式合意であるという点を想起する」とのコメントは予想外だ。

正義連など関連団体が当日発表した声明書を紹介する。歓迎一色ではあるが、記録として意味がある。

「日本軍「慰安婦」問題の新たな地平を切り開いた歴史的な勝訴判決を歓迎する！」

（略）今回の判決は大韓民国の憲法秩序に符合するだけでなく、国際人権法の人権尊重原則を率先して確認した先駆的な判決である。これによって、国内の裁判所はもちろん、世界各国の裁判所が模範にできる人権保護の新しい地平が開かれた。被害者たちの切迫した訴えに心から耳を傾け、「人権の最後の砦」としての責務を果たした大韓民国裁判所の判決を心から歓迎する。（略）

このように加害者が持続的に犯罪事実を否認し、他の救済手段が阻まれている状況で、被害者たちは、これが最後だという心情で大韓民国の裁判所の門をたたいた。今回の判決は、その最後の訴えに背を向けなかった大韓民国裁判所の答えである。日本軍「慰安婦」被害のような深刻な人権侵害の場合には、人間としての尊厳と価値及び裁判請求権と普遍的人権尊重の原則を国家免除の抗弁より優先しなければならないという明快な宣言である。（略）

2021年1月8日
日本軍性奴隷制問題解決のための正義記憶連帯、日本軍「慰安婦」歴史館（ナヌムの家）、日本軍「慰安婦」研究会、日本「慰安婦」のハルモニとともにする統営巨済市民の会、日本軍「慰安婦」のハルモニとともにする馬昌鎮市民の会、挺身隊ハルモニとともにする市民の会、平和ナビネットワーク一同

韓国弁護士協会（イ・チャンヒ会長）も似たような内容の声明を発表した。

「『慰安婦』被害者たちの日本国を相手取った損害賠償を引用した裁判所の判決を歓迎する」
（略）日本軍「慰安婦」事件はナチス戦犯とともに20世紀最悪の人権侵害事件にもかかわらず、両国の無責任のもと、長い間被害の回復に消極的だった。今回の判決は、このような状況に警鐘を鳴らすと同時に、被害者の実効性のある権利救済のための足がかりとなり、国民の裁判を受ける権利を一歩前進させたという側面から、その意味がある。（略）

裁判所は、被告が原告らに行ったこの事件行為が、計画的、組織的に広範囲に行われた非人道的犯罪行為として国際強行規範に違反したものであり、当時の日本帝国により不法占領中であった朝鮮半島内において、我が国国民である原告らに対して行われたものであり、大韓民国の裁判所がこの事件に対する国際裁判管轄権を有すると判断した。さらに、原告らの損害賠償請求権は、韓日両国間の１９６５年の請求権協定や、２０１５年に日本軍「慰安婦」被害者問題に関する合意の適用対象に含まれていないので、請求権が消滅したと言うことができないという点も明確にした。

韓国弁護士協会は、この判決が、力の論理が支配する国際秩序の中で徹底的に無視されてきた被害者の人権を保障する契機になることを望み、我が国の裁判所が今後も、被害者が生きているうちに法的救済を受けられるよう被害者の人権を保護することはもちろん、韓日間の法治主義を拡張・強化させる歴史的役割を果たすことを期待する。政府は今回の判決を尊重し、日本軍「慰安婦」被害者の権利救済のために積極的な努力を傾けることを促す。（略）

（韓国弁護士協会の声明、２０２１年１月８日）

この判決の意味は非常に大きいが、実現可能性については否定的な意見も多い。やはり1月9日付の新聞だ。

新聞	実行に対する展望
東亜日報	日本政府の国内資産を強制的に売却する手続きは、韓国司法史上初めてであり、日本民間企業を相手に資産の強制売却手続きを進めている強制徴用被害者より、賠償金を受ける確率が低いというのが法曹界の分析だ

朝鮮日報	日本側が裁判所の「強制執行」推進に抗告などの形で異議を示せば、実際に賠償金を受けるまで数年がかかり得る。また、今回の慰安婦問題の差し押さえ対象は日本企業ではなく、日本政府の資産であり、差し押さえがさらに難しいとの見方が出ている
京郷新聞	日本軍「慰安婦」問題は事実上、性奴隷制であり、強行規範に反するという主張が説得力を持ち得る。だが、国際的にこれが認められるかは未知数だ。被害者らは判決が最終確定されれば日本政府が所有する資産差し押さえなどが可能になる。だが、実際、執行の可能性は高くない。日本の外交的資産を除いて、差し押さえできるだけの資産があるかも未知数だ。実質的な賠償はなされず、韓日間の攻防を激化させ、関係改善を難しくする障害物となる可能性が大きい
ハンギョレ新聞	しかし、日本政府の反対を退け、賠償金を受け取る実効的手段を探すのは容易ではなく、「象徴的結論」として残る可能性が高い。（略）だが、韓国の前に横たわる外交の現実に目を向けると、判決が円満に執行されるのは不可能に見える
韓国日報	だが、国内で売却可能な日本政府資産を探すのは容易ではない。訴訟書類送達など売却手続きにも相当な時間が必要で、実際に執行されるかは不透明だ。（略）日本の民間企業財産を差し押さえることと、日本政府の財産を韓国の裁判所で強制執行することはレベルが違う問題だ

いわゆる保守メディアよりも判決の意味を高く評価する「京郷新聞」「ハンギョレ新聞」が、実現の可能性では保守メディアより否定的な見方をしているのが目立つ。判決が理想と価値を追求するのに対して、その履行は極めて現実的な問題だからだろう。今回の判決は、日本の「政府」の責任を問うたため歴史に残るが、日本の「政府」の責任を問うたため実行が困難というのは皮肉なことだ。

◎国家免除の例外認定

裁判所は「国際法は国家免除を幅広く認めるが、例外が存在する」という論理を展開した。すべての国家が必ず守らなければならない「強行規範」を破った場合、国家免除を適用しないこともあり得るということだ。この「強行規範」は「反人道的犯罪」を言い、慰安婦制度は「反人道的犯罪」に該当するということだ。

裁判所はこの論理を根拠に慰安婦の動員と運営が反人道的であり、日本政府は反人道的犯罪を禁止する国際協約などに加入していながらこれに違反したので、国家免除を認められないという三段論法を展開した。

①反人道的行為：慰安婦の動員と慰安所生活

裁判所は、日本帝国の慰安婦制度が反人道的犯罪だったという点を慰安婦動員の過程と慰安所の生活を通じて証明しようとした。三段論法の最初の段階だ。裁判所が示した内容は以下のとおりである（筆者による要約、以下すべて）。

区分		裁判所が示した論拠と証拠
慰安婦動員		①女性たちを暴行、脅迫、拉致し強制に動員する方式、②地域有志、公務員、学校などを通じて募集する方式、③「就業させてやる」「お金をたくさん稼げる」とだまして募集する方式、④募集業者たちに委託する方式、⑤勤労挺身隊、供出制度を通じた動員方式など
日本帝国の役割		日本軍司令部は「慰安婦」たちを朝鮮半島の外に移送する過程で円滑な輸送のため慰安婦たちに無料渡航証、身分証明書を発給するなど、民間業者たちの輸送に便宜を提供した。日本軍が直接するか、委託を受けた民間業者などが直接、慰安婦を前線に輸送することもした。慰安婦管理は日本軍人や日本警察などがした。「慰安婦」が逃走した場合、日本軍が直接追撃し、再び慰安所に連れ戻したり、射殺したりもした
	A	1941年10月ごろ、友人の家に40歳ぐらいの日本人と朝鮮人男性が訪ねてきて「ソウルで働かせてやる」と勧誘した。ソウルに着いた後に朝鮮人男性は、就職先がソウルではないと言い、ソウル駅から汽車に乗り、中国・三江省にある日本軍慰安所に行くことになった
	B	1942年ごろ、おつかいに行く途中の道で軍人の服装をした男性により、強制的に連れて行かれ、車に乗せられた。そこから中国・吉林省琿春にある日本軍慰安所に行くことになった

	原告たちの動員過程
C	1943年、日本軍が「処女供出をする」「報国隊を選ぶ」といううわさを聞き、母の友人の家に逃げていた。帰り道に日本人巡査たちが家を訪ねてきて、本人の名前を記載した徴用文書を渡していった。「機を織るところに行く」という言葉を聞き、どこに行くのかわからない状態でトラックの後ろの座席に乗せられ故郷を発ち、中国・瀋陽を経て長春にある日本軍慰安所に行った
D	1942年7月ごろ、おつかいに行った帰り、知らない男性から強制的に連れて行かれ、中国・延吉に行くことになった。飛行場拡張工事をしながら、日本軍慰安所に行くことになった
E	1941年、友人が「中国の裁縫工場に行かないか」と提案した。当時、貧しい家計を助けるため、友人とともに中国にある工場に行くつもりが、「慰安婦」募集に従って汽車に乗り、中国・黒竜江省穆稜近隣の慰安所に行くことになった
F	20歳の時、「工場に行けば金が稼げる」と聞き、「慰安婦」募集に従い、中国・黒竜江省東寧の慰安所に行くことになった
G	1943年11月ごろ、強制徴用を避けるため結婚したが、夫が婚姻翌日に強制徴用され、本人も2、3日後に日本巡査により強制的に汽車に乗せられ、釜山に行き、そこから日本・下関に移動し、慰安婦生活をした。後に軍艦に移動し、そこでも慰安婦生活をした
H	1945年2月ごろ、「日本に留学に行くことになった」と言って、全校生の祝福を受けて日本に向かった。岡山の飛行機軍需物資工場に動員され、そこで慰安婦生活をした
I	1943年ごろ、日本軍が少女たちを捕まえにくるとのうわさを聞き、知人の家に隠れていたが、町内の公務員が「どこどこ（綿織物工場）に行けば、ご飯がたくさん食べられる」と言って連れて行こうとするのでしかたなく付いて行き、汽車と船を乗り換えて南洋群島の「ヤスシマ」慰安所に行くことになった
J	1943年ごろ、日本の巡査たちにより強制的に日本・北海道に連れて行かれた。工場に行くと思っていたが、軍隊域内で雑用をし、数回、性暴行を受けた
K	1944年10月ごろ、日本軍人から就職の勧誘を受け、拒絶したが、強制的に中国・満州の慰安所に連れて行かれた
L	1938年ごろ、いとこと一緒に海辺で貝を掘っている途中、日本軍人に強制的に連れて行かれ、日本・名古屋を経て、中国・満州の日本軍小隊前の慰安所に送られた

慰安所での生活

（裁判所は各原告たちが経験した劣悪な慰安所生活を指摘したが、すべて紹介するのは長すぎるため、共通の指摘部分を紹介する。裁判所は後に、日本政府の損害賠償責任を判断し、慰安婦たちが経験した惨状を再び総合して指摘しているが、それも後で紹介する＝筆者）原告たちは慰安所という団体宿所で各自、一つの部屋が割り当てられ、1日に1、2食程度の配膳を受け、週に一度、日本の軍医から性病感染の有無などを診る婦人科検査を受けた。性病などの婦人科疾患があれば治療を受けられたが、それ以外の疾病はまったく治療を受けることができず、赤痢などの伝染病にかかると、隔離または遺棄された。食事はとても貧弱で、草をとったり、大豆かすを混ぜたりしたご飯を食べた。1日に何度も性的欲求の対象となり、週末にはさらに多くの軍人たちがやってきて、体調が悪かったり、反抗したりして彼らの欲求をまともに聞き入れなければ、無残に暴行され、深刻な障害を負うなどした。慰安婦たちが逃走すれば日本軍らが追跡し、殺傷したり、再び慰安所に連れ戻したりした。原告らは、慰安所管理人らから別段の賃金を得ることができず、金をもらったとしても意味がないほどの少額だった

慰安婦動員の過程は、この分野の研究の争点の一つだ。軍人や巡査が銃剣で脅して強制的に連れて行ったという主張（いわゆる「人間狩り」）に疑問を提起する学者もいる。ところが、裁判所が示した原告らの慰安婦動員の過程を見ると、「軍人の服装をした男性によって強制的に連れて行かれ」「知らない男に強制的に連れて行かれ」「日本の巡査によって強制的に」「日本の巡査たちによって強制的に」「就職を勧められて拒絶したが、強制的に」「日本の軍人に強制的に」と「強制」という表現を使った原告が多いという点が目立つ（筆者はこの分野の専門家でないため、これを論評する能力がない。判決文にそう表現されているという点だけを言及しておく）。

裁判所は、日本帝国のこうした行為が、日本帝国が終戦ごろまでに加入していた国際協約などを違反したものであり、終戦後の韓国と日本の間の様々な合意に照らしても責任を問えるという論理を展開する。

裁判所が示した終戦前までの協約と主要規定、終戦後、韓日間の合意及び措置は以下のとおりである（要約）。

時期	協約など	裁判所の論拠
日本帝国が終戦ごろまで加入した国際協約など	陸戦の法及び慣習に関する協約（ハーグ陸戦協約）	１９０７年、ハーグ平和会議で締結したもので、日本帝国は11年12月13日に批准した。この協約の第三条は「付属書上の義務に違反した交戦当事者は損害を賠償せねばならない。交戦当事者は個別戦闘員のすべての行為に対し責任を負う」と規定している。付属書第46条は「家族の名誉と権利は尊重されなければならない」と規定している
	白人奴隷売買の抑制のための国際条約	日本帝国は１９２５年にこの条約を批准した。この条約は「何人であっても他人の欲情を満足させるため、未成年の女性または少女を不道徳な目的により募集、勧誘または誘拐した者は、本人の同意を得た場合でも、犯罪を構成する各行為が他の国家などによって行われたとしても処罰されねばならない」と規定している
	強制労働に関する協約	日本帝国は１９３２年11月21日にこの協約を批准した。国際労働機構（ＩＬＯ）が採択した協約で、短期間のうちの強制労働を廃止し、廃止までの過渡期といえども女性は全面的に強制労働から除外されねばならず、勤労期間と時間を限定し、相当な報酬及び労働災害を補償し、健康な条件を保障するよう規定している
	日本帝国の旧刑法	日本帝国の国内と朝鮮半島にも適用された刑法で、第２２６条は国外移送目的の略取、誘因、売買罪について処罰を規定している
終戦以後の大韓民国と日本の間の合意事項	サンフランシスコ条約	１９５１年９月８日、連合国と日本の間で締結した条約で、第４条（ａ）は、韓国に存在する日本及び日本人の財産とそれに対する請求権などに対しては、日本と韓国の統治当局が特別協定を結んでその協定により処理すると規定している
	韓日国交正常化のための条約と付属協定	サンフランシスコ条約により、韓日両国は１９６５年６月22日、「国交正常化のため韓国と日本国間の基本関係に関する条約（韓日基本条約）」及びその付属協定の一つとして、「韓国と日本国間の財産及び請求権に関する問題の解決と経済協力に関する協定（請求権協定）」を締結し、日本が韓国に10年間無償３億ドル、有償借款２億ドルを提供することとし、請求権問題が完全かつ最終的に解決されたことを確認した。この条約と協定は両国が国会批准を経て、批准書を交換した１９６５年12月18日から発効した
	請求権協定以降の韓国の措置	韓国は請求権協定で受けた資金を使うため、１９６６年２月19日、「請求権資金の運用及び管理に関する法律」、71年１月19日「対日民間請求権申告に関する法律」などを制定し、日本帝国が軍人、軍属または労務者として召集または徴用し、45年８月15日以前に死亡した者の申告を受けたが、慰安婦被害者は申告対象ではなかった

日本の公式談話（河野談話）	１９９３年８月４日、河野洋平・官房長官（当時）が発表した談話で、慰安所は日本軍当局の要請により設置され、日本統治下にあった朝鮮半島から慰安婦の募集、移送、管理は甘言、強圧によるなど総じて本人らの意思に反して行われ、慰安婦制度は当時、軍の関与の下に多数の女性の名誉と尊厳を深く傷つけた問題であると明らかにした
韓国と日本の追加措置	⑴韓国は１９９３年６月11日、「日帝下日本軍慰安婦に対する生活安定支援法」（慰安婦被害者法、２００２年に「日帝下日本軍慰安婦被害者に対する保護・支援及び記念事業などに関する法律」と改定）を制定し、慰安婦被害者たちに生活安定支援金を支給し始めた ⑵日本は１９９４年８月31日、村山富市首相（当時）との談話を通じ慰安婦被害者たちの名誉と尊厳を傷つけたことに対する道義的な責任として、人道的見地から個別的な慰労金や定着金を支給でき、政府次元ではない、民間次元からアジア女性発展基金の設置などを模索すると明らかにした ⑶韓国は２００５年１月ごろ、請求権協定に関する一部文書を公開しつつ、「韓日会談文書公開の後続対策関連の官民共同委員会」をつくり、韓日会談文書を検討した。官民共同委員会は同年８月26日、検討結果を発表し、請求権協定で受けた無償３億ドルには強制動員被害補償の性格の資金なども包括的に入っていると認めつつも、「慰安婦」問題は日本政府と軍隊など、日本権力が関与した反人道的不法行為として請求権協定で解決されたと見ることはできず、日本政府の責任が残っているとした。また、サハリン同胞問題と原爆被害者問題も請求権協定に含まれていないと明らかにした
２０１５年日本軍「慰安婦」被害者問題関連合意	韓国政府と日本政府は２０１５年12月28日、韓日外相会談共同記者会見を通じ、慰安婦問題解決のための合意事項を発表し（詳しい内容と論議は第二章を参照＝筆者）日本が全額支出する金で和解・癒やし財団を設立し、支出金の一部を生存被害者と死亡被害者の遺族のうち申請者に支給した
被害者決定及び登録	原告らは１９９３年ごろから２００１年ごろまで、慰安婦被害者法により審議を経て、生活安定支援対象者に登録された

これらの資料を読む際、少し注意が必要だ。日本帝国が終戦ごろまでに加入した国際協約と河野談話、村山談話などは、日本帝国の責任を問う根拠になる。しかし、終戦後の韓国と日本間の合意事項と追加措置、２０１５年の慰安婦合意などは日本帝国の責任を問う根拠にならない。これは、それらの条約や協定、措置などを通じても、慰安婦たちがまともに賠償や補償を受けられなかったものと理解しなければならないだろう。

②国家免除適用可否の判断

裁判所は、日本の国家免除の主張を排斥するため、次のような論拠を提示した（要約）。

争点	法理	裁判所の論拠
国家免除理論の国際的流れ	伝統的国際法理論	国家免除の概念は主権平等原則の帰結で、相互主義（reciprocity）の観点から外国の権威を認定することで国家の友好関係を継続維持する必要があるという点などで19世紀末まで広く支持された
	制限的（相対的）理論台頭	国家免除の概念は19世紀末まで徐々に制限されつつ、多数の国家では私法的・商業的行為に対しては国家免除を適用しないという国内法を整えたり、条約に加入したりしている。反人倫的・反人権的犯罪行為に対しては、訴訟では国家免除を認定してはいけないという現実も出ている
私法的行為と韓国の裁判権有無	関連法理	大法院判決＝（外国の主権的活動に対し、不当に干渉する憂慮がない限り）外国の私法的行為に対し、当該国家を被告にして、我が国の裁判所が裁判権を行使することができる（大法院１９９８年12月17日全員合議体判決、大法院２０１１年12月13日判決） 憲法裁判所決定＝国際慣習法上、国家の主権的活動の下ではない私法的行為は、他の国家の裁判権から免除されない（憲法裁判所２０１７年５月25日全員裁判部決定）
	判断	慰安婦関連行為は私法的行為ではなく主権的行為と見なければならない。その理由は慰安婦を必要とした軍隊の保有は国家の行為の一つであり、慰安婦運営の背景には当時、日本帝国政府の法令整備、予算の割り当てなどがあったためである（裁判所のこの判断は慰安婦関連の日本帝国の行為が私法的行為であれば国内判例でも国家免除を適用しないことが可能だが、主権的行為であるため、次のような別途の論理が必要だという意味＝筆者）
主権的行為と韓国の裁判権有無（基礎調査）	論議の前提	韓国は成文法で国家免除の例外を規定していないため国際慣習法で判断するしかない
	国家免除に関する国際協約及び各国立法動向：国際協約	欧州共同体国家などは１９７２年５月16日、「国家免除に関する欧州協約」を締結し、国連国際法委員会（ＩＬＣ）は２００４年12月２日、「欧州国家免除協約」を締結し、国家免除を否認する事由を規定している
	国家免除に関する国際協約及び各国立法動向：各国の立法動向	アメリカは１９７６年に「外国主権免除法」を、イギリスは78年に「国家免除法」を、シンガポールは79年に「国家免除法」を、日本は２００９年に「外国などに対する我が国の民事裁判権に関する法律」を制定し、国家免除を排除する場合を示している。南アフリカ共和国、オーストラリア、カナダ、アルゼンチンなどにも同様の法がある

裁判所の論理構造はこういうことだ。

国家免除は幅広く認められているが、最近、私法的行為や反人道的行為は国家免除してはならないとの主張も出ている。私法は公法に相対される概念で、個人的、私益的、経済的、自律的、非権力的、対等的関係を規律する法だ（『斗山世界百科事典』）。私法的行為なら、韓国が裁判権を行使することができる。ところが慰安婦関連の事案は、私法ではなく、公法の領域に属する主権的行為だ。しかし、国内法には主権的行為を擁護する国家免除の例外を規定する法がない。したがって国際慣習法で問わねばならない。しかし1970年以後、欧州と国連、アメリカ、イギリス、日本、シンガポールなどは国家免除の例外を規定した国内法を制定し、施行している。このため、国家免除はいかなる場合であれ、守らなければならない原則ではない。

裁判所はこのような論理構造によって、日本の国家免除主張に反論するためにイタリア人のルイジ・フェリーニがドイツを相手取って起こした訴訟と国際司法裁判所（ＩＣＪ）の決定を詳しく紹介する。この事件は、今回の判決の主要な準拠である。

◎イタリア人のフェリーニは、1944年8月4日にドイツ軍に逮捕され、45年4月20日までドイツ軍需工場で強制労働をしたが、戦争捕虜の地位を認められなかったため、98年にイタリアのアレッツォ地方裁判所にドイツを相手取って損害賠償請求訴訟を起こした。しかし、アレッツォ地裁は、ドイツの国家免除の主張を認めて訴えを却下し、控訴審も原告の主張を棄却した。

◎しかし、イタリア最高裁は2004年3月11日、「強行規範に違反した国家行為には国家免除を適用できない」と原審を破棄し、下級審裁判所は原告勝訴判決を言い渡した。

◎ドイツはフェリーニ判決以降、イタリア国内でドイツを相手取った多数の訴訟が国家免除を認めなかったため、2008年12月23日、「イタリアが国際法上の義務に違反している」としてイタリアをICJに提訴した。ICJは12年2月3日、ドイツの主張を受け入れた。

ICJは「国家免除は国連憲章第二条第一項が明らかにした国際法秩序の基本的な原則の一つである国家の主権平等原則に由来するもので、現在の国家実行に深く根付いた国際慣習法の一般原則として採用された」と判断した。

ICJはまた、「国家免除の原則は手続き的な要件であり、国際人権法や武力衝突に関する法違反の事実が重要であるという実体的主張によって剝奪（はくだつ）することもできない。一国が他の国から裁判の免除を受ける権利は、その国が国際的な責任を負うのか、賠償義務があるのかと分離する問題であって、国家免除が賠償の確保のための代案が存在するかによって決定されるとは言えない」と判断した。

◎しかし、イタリア憲法裁判所は2014年10月22日、国家免除の国際慣習法は、人間の尊厳と価値、司法への接近権を根幹とするイタリア憲法秩序の基本的価値を侵害するものであって、国内法秩序に受け入れられない旨の判断を下した。

フェリーニ事件はこのように二転三転した。このため、イタリア最高裁判所と憲法裁判所の論理を重視するか、それともICJの判断を重視するかによって矛（ほこ）にもなり、盾（たて）にもなり得る。1月の日本政府に賠償を命じた判決は、イタリア最高裁と憲法裁判所の論理を重視した。しかし、ICJの論理を支持した裁判官もいた。

一方、韓国の大法院が11対2の多数意見で、2018年10月、日本製鉄の強制徴用被害者に対する賠償責任を認めた当時、少数意見を出した最高裁判事2人は、ICJの決定文を引用した。判決文を通じ、「国際法上、戦後賠償問題などと関連し、主権国家が外国と交渉し、自国民の利益などに関する事項を国家間条約を通じて一括的に解決したとすれば、個人の請求権は消滅する」と明らかにした。強制徴用被害者の賠償は、韓日請求権協定で議論され、日本企業の賠償責任を問うことは難しいという趣旨で、フェリーニ事件に言及したのだ。

（「東亜日報」2021年1月9日付）

裁判所は、以上の検討を経て、次のような判断を下す。国家免除は鉄則ではないということだ（要約）。

項目	裁判所の論拠
導入	主権を持つ国であれば国際慣習法により例外なく他国の裁判権行使から免除されると見ることはできない。一定の場合には例外を認めねばならない。この事件は当時、日本帝国が計画的・組織的に広範囲に行った反人道的犯罪行為として国際強行規範のものであり、当時、日本帝国により不法占領中だった朝鮮半島内で我が国民である原告らに対して行ったこととして、たとえこの事件の行為が国家の主権的行為だといえども、国家免除を適用できず、例外的に韓国の裁判所に裁判権があると見ることが妥当だ
根拠	(1)憲法第27条第1項は「あらゆる国民は憲法と法律が定める法官により、裁判を受ける権利を持つ」とし、裁判請求権を国民の基本権と保障している (2)国家免除は実際、判断に入る以前に裁判権の存在の有無を判断する手続き的行為だ。手続き法は実体法秩序を具現する手段として実体法上の権利や秩序を形骸化したり、歪曲したりしてはいけない（大法院2018年10月18日宣告、全員合議体判決）

根拠	(3)国家免除理論は恒久的で固定的な価値ではない。国際秩序の変動により、常に修正されており、欧州協約、国連協約などが一定の場合、国家免除を認めておらず、アメリカ、イギリス、日本、シンガポールなども国内法で国家免除の例外事由を規定している (4)国家免除理論で、「武力紛争（戦争）遂行中」には損害発生の予測が不可能で裁判を免除せねばならないが、太平洋戦争の前線は中国、東南アジア、南洋群島などであり、朝鮮半島ではなかった (5)国際法規にも上位規範（絶対規範）と下位規範があり、上位規範の例では、侵略、奴隷制及び奴隷貿易、ジェノサイド（集団虐殺）、人種差別及び人種分離、拷問などの禁止と武力衝突時、国際人道法の基本原則と民族自決権の遵守などを挙げることができる（国連国際法委員会「国際違法行為に対する国家責任草案」2001年） (6)法律を解釈し、適用する際はその結果を考慮せねばならず、解釈の結果が非常に不合理だったり、不当な結論が導かれたりするなら、それらの解釈を排除する方策を講じなければならない ㋑国家免除が国際慣習法であるとしても人道に反する重大な不法行為を犯す場合まで裁判を免罪するなら、重犯罪を犯すことができないようにした国際協約の違反事例を制裁できなくなり、人権を蹂躙された被害者は裁判を受ける権利を剥奪され、救済を受ける道がなくなり、憲法を最上位規範とする法秩序全体の理念にも符合しないため、それらの場合まで国家免除の効力を認めることはできない ㋺原告たちは終戦以後にも韓日両国で賠償や保障の対象とならなかった。韓日間の請求権協定と2015年の慰安婦合意も被害を受けた個人に対する賠償が含まれていなかった。交渉力や政治的な権力を持ち得ない個人にすぎない原告たちとしては、この事件の訴訟の他に具体的に損害賠償を受ける方法が見つからない
結論	国家免除の理論は主権国家を尊重し、むやみに他国の裁判権に服従しないようにする意味を持っており、絶対規範（国際強行規範）に反し、他国の個人に大きな損害を与えた国家が国家免除理論の陰に隠れ、賠償や補償を回避するための機会を与えるものではないため、国家免除に関する国際慣習法の解釈には例外を認めることが妥当である（判決文はこの部分を七番目の根拠として示したが、結論に該当する内容のため、筆者が別途取り上げ整理した）

上記の論理は比較的容易に理解できそうだ。

裁判所は続いて日本帝国が韓国人を朝鮮半島から拉致したり誘引あるいは、だまして慰安婦生活を強要し、原告らは現在、韓国に居住しながら、大韓民国民法に基づいて損害賠償訴訟を起こした点などを挙げ、韓国の裁判所に裁判管轄権があると論証しているが、この部分は省略する。

③本案（損害賠償請求）についての判断

裁判所は、以上の論拠を12人の原告に各1億ウォンの賠償をせよと主張した本案訴訟に適用する。その手順と論理は次のとおりである（要約）。

争点	下位争点	裁判所の論拠
損害賠償責任の発生	準拠法の決定	原告たちは大韓民国法を準拠法として日本の不法責任を問うていることが明白であり、大韓民国法を準拠法として被告の不法行為を判断する。ここに言う大韓民国法は「現行民法」である
	不法行為の有無	(1)日本帝国は慰安婦管理方法を考案し、制度と法令を整え、軍と国家機関は組織的に人力を動員し、慰安婦を確保するなど歴史に前例のない「慰安所」を運用した。10代初中盤の未成年や20歳という成年になりたての原告たちは、欺瞞と拉致などにより慰安婦になった後、日本帝国の組織的で直接・間接的な統制下で強制的に軍人たちの性的行為の対象となり、その回数も日に数十回に上るほど残酷だった。また常時的な暴力にさらされ、まともな食事や衣服も受けられず、最小限の自由さえも制限されながら監視を受け、生活した (2)日本帝国も条約と国際法規を誠実に遵守する義務があるが、当時、日本帝国は自国が批准した「ハーグ陸戦協約」「白人奴隷売買の抑制のための国際条約」「女性と児童の人身売買禁止条約」、ＩＬＯの「強制労働に関する協約」日本帝国の旧刑法（第２２６条）などに違反した (3)極東軍事裁判所の憲章（１９４６年1月19日公布）第５条（ｃ）は、奴隷化など非人間的な行為を人道に反する犯罪と規定し、戦争犯罪者たちを遡及処罰し、１９４５年11月に始まったニュルンベルク国際軍事裁判憲章第６条（ｃ）も同様の規定を備えている (4)この事件の行為は当時、日本帝国の朝鮮半島と韓国人に対する不法的な植民支配及び侵略戦争の遂行と直結された反人道的不法行為に該当すると見ることが妥当である
	小結論	日本帝国の後身として日本政府は上記のような不法行為により、原告らが負った精神的苦痛を金銭でも賠償する義務がある
損害賠償責任の範囲		加害行為の不法性の程度と原告らの当時の年齢、「慰安婦」として苦痛を受けた期間、当時の環境と自由の抑圧の程度など原告たちが負った被害の程度、原告たちが帰国後に経験した社会的・経済的な困難、不法行為以後の相当期間、被害の回復がまったくなされなかった点、その他、この事件の弁論で現れた諸般の事情などを総合してみると、日本が支給せねばならない慰謝料は各原告に1億ウォン以上とすることが妥当だ

結論	日本政府は原告たちに各1億ウォンを支給する義務がある（ただし、原告たちがこの事件を請求した時、遅延損害金を求めていなかったため、これに対しては判断しない）
判決（主文）	(1)被告（日本政府＝筆者）は、原告らに各1億ウォンずつを支給せよ (2)訴訟費用は被告の負担とする (3)第1項は仮執行することができる

◎個人請求権消滅の可否の判断

前述したように原告らは、本裁判において個人請求権消滅の可否については争わなかったが、裁判所は補論を通じて個人請求権は消滅しなかったと判断した。

判断対象	1965年請求権協定による個人請求権消滅の可否
個人請求権が消滅しなかったという裁判所の論拠	まずこの各証拠と弁論全体の趣旨を総合してみると、日本に対する原告らの損害賠償請求権は請求権協定の適用対象に含まれていたと見ることはできないため（大法院2018年10月30日宣告、全員合議体判決）、請求権協定により原告らの日本に対する損害賠償請求権が消滅したとはできない。その理由は次のとおり (1)原告らは未支給賃金や保証金を請求するのではなく、反人道的不法行為に対する慰謝料を請求している (2)請求権協定は日本の不法的植民支配に対する賠償を請求するためではなく、サンフランシスコ条約第4条による韓日両国間の財政的・民事的債権債務関係を政治的に解決するためのものである (3)請求権協定第1条により、日本が韓国政府に支給した経済協力金が第二条の権利問題解決と法的に代価関係があると見ることができるかも明らかではない (4)請求権協定の交渉過程を見る時、慰安婦被害者たちの慰謝料請求権も請求権協定に含まれていたと見るのは困難である (5)国家と国民個人は別の法的主体であることを考慮する時、明確な根拠のない条約の締結で、国家の外交的保護権ではない国民の個人請求権まで消滅したと見ることはできない (6)「韓日会談文書公開後続対策のための官民共同委員会」は2005年8月26日、日本の反人道的不法行為や植民支配と直結される不法行為による損害賠償請求権は、請求権協定により解決されたと見ることはできないという見解を明らかにした

2015年韓日慰安婦合意による個人請求権消滅の可否
まずこの各証拠と弁論全体の趣旨を総合してみると、原告らが主張する損害賠償請求権は2015年合意の適用対象に含まれていると見ることはできないため、慰安婦合意により原告らの日本に対する損害賠償請求権は消滅したとはできない。その理由は次のとおり (1)外交省は2017年7月31日、「韓日日本軍慰安婦被害者問題合意検討タスクフォース」をつくり、2017年12月27日、報告書を発表したが、報告書はこの合意を「両国外相の共同発表と首脳の追認を経た公式的な約束であり、性格は条約ではない政治的合意」とした (2)合意を書面にしておらず、また、通常的な条約に付与する名称や条文形式も使用しておらず、合意の効力に対して両当事者の意思が表示されておらず、具体的に法的な権利・義務を創設する内容もない (3)この合意は両国間に先鋭な葛藤が存在し、国民の基本権と関連する慰安婦問題であるが、憲法上の条約締結手続きを経ておらず、条約番号を付与したり、告示したりもしていない。これは日本でも同様である (4)別途の委任や法令の規定なしに個人の権利を国家が処分できないため、上記合意による原告らの損害賠償請求権が最終的・不可逆的に解決されたと断定することはできない (5)この合意は慰安婦問題に関し、国家対国家としての政治的合意を宣言したにとどまると見られる

この判決は1965年の請求権協定で個人請求権が消滅していないという、また一つの判例を加えたもので、2015年の韓日慰安婦合意に対しては「条約」の観点で判断したという点が新しい。

(2) 判決の波紋……韓国メディアの反応

この判決は韓国と日本でいずれも大きな波紋を投げかけた。戦後最悪と言われた両国関係が、さらに悪化するという見方が多かった。底に落ちた両国関係はこれ以上悪化することはないと予想されたが、底の下に地下室があったわけだ。地下室の深さは計り知れない。

韓国メディアは次のように反応した。2021年1月9日付の新聞である。

新聞	内容

東亜日報（1・3・4面、27面社説）	・日本企業に続き、日本政府の賠償責任まで認めたことにより、韓日関係はさらに悪化するだろう ・韓国国内の日本政府資産に対し、差し押さえなどの措置を取る場合、民間企業を対象にした徴用判決よりずっと大きな波紋が予想される（社説） ・日帝強占期の別の被害者たち（軍人、軍属）の訴訟が相次ぐ可能性がある ・今年、東京オリンピックを契機に、膠着した韓日関係の打開をしようとした政府の構想がつまずきつつあり、韓米日3国の協力を重視するバイデン米政権の圧力に直面し得る ・日本外務省では国際司法裁判所（ＩＣＪ）で問題を解決しなければという声が出ている
朝鮮日報（1・3面）	・徴用賠償問題も解決の糸口を見いだせない中、それに劣らぬ大きな宿題が課された ・今回の慰安婦判決で、最近、両国関係のために水面下で進められてきた努力が再び振り出しに戻りかねないとの憂慮が出ている ・政府は司法府の判決に介入しないという原則を守りつつも、慰安婦問題を解く方法を備えておらず、悩みが深い ・最近、両国指導者の支持率が下落局面にあることも関係改善をさらに難しくする要因となっている
中央日報（1・3面）	・強制徴用の賠償判決の時と同じで政府が司法府の裁判に不介入原則を固守する限り、韓日関係がさらに悪化するとの指摘が出ている ・ジョー・バイデン米政権が発足する点も現状をさらに複雑にしている。2015年当時、韓日慰安婦合意の隠れた当事者はアメリカであり、バラク・オバマ大統領、副大統領バイデン大統領当選人、国務副長官だったアントニー・ブリンケン国務長官候補者はやはり状況をよく知っている
京郷新聞（1・3面、23面社説）	・今回の判決は文在寅政府の発足以降、韓日慰安婦合意が無力化され、強制徴用被害者に対する日本企業の賠償判決の後遺症などで韓日関係が最悪という状況の中で出てきたものだ。さらに日本政府を対象にした訴訟のため、日本の反発はいっそう大きくなることが予想される。この判決ですでに底に落ちている韓日関係を改善する余地すらなくなったとの評価が出ている ・アメリカが今回の判決にどんな反応をするかも注目される部分だ。韓日間の緊張をさらに高めるこの判決は、中国・北朝鮮問題に対応するため、アジアの同盟国間の協力と共同歩調を強く推進すると予想されるジョー・バイデン次期政権を非常に困らせる可能性が高いためだ
ハンギョレ新聞（1・5面、19面社説）	・もし今後、強制徴用及び「慰安婦」被害者ら原告人団が、日本政府の韓国国内の資産に対し、強制執行の手続きを取れば、両国関係は「破綻」に至るしかない。7月の東京オリンピックを活用し、朝鮮半島平和プロセスを再稼働するという政府の計画も望みが薄くなる
韓国日報（1・3面、23面社説）	・相次ぐ司法府初の韓日関係の悪材に政府の悩みはさらに深まった。（略）歴史的には正義の判決であるが、外交的には政府に難題を抱えさせた

両国の新聞がすべて大きく報じたが（日本メディアの反応は省略する）、日本側の方がやや多くの紙面を割いた。報道の見方も日本側が多様だ。これは判決に対して批判的な立場をとっているため、そうなったように見える。日本の新聞は、韓国の裁判所が国家免除を排除したことを別途に切り離して強調し、「司法府が行政問題を積極的に判断することで韓日関係を複雑にしているという、いわゆる「司法リスク」を重点的に報道した新聞もあった。

韓国と日本の新聞いずれも文在寅大統領が、アメリカのバイデン政権の発足と東京オリンピックを控えて、日本に和解のジェスチャーを送っているのは偶然ではないと分析する。文大統領は、自らの国政の最優先課題である南北和解ムードを再びつくるために、東京オリンピックを舞台にアメリカと北朝鮮の高官級会談を開きたがっているが、それには日本の協力が必要なため、融和姿勢に転換したという指摘だ。

ちなみに、バイデン大統領は、オバマ政権で副大統領だった時、韓日慰安婦合意に関与したために慰安婦問題をよく知っていて、韓国が慰安婦合意を破ったことを不快に感じており、就任すれば、韓日関係を改善するよう圧迫することが明らかなので、彼の就任前に韓日和解の意志を見せるという名分を積むために先手を打ったのだという分析もある。韓米首脳は2021年2月4日、初の電話会談で「韓日関係改善と韓米日協力が域内の平和と繁栄に重要だという点で共感した」という。予想通り、バイデン大統領が韓日関係改善で圧力をかけたようだ。

政治工学的分析はしばらく置いておいて、今回の判決に対する「朝日新聞」の社説を紹介する（1月9日付）。この社説を通して、日本の節制した立場が把握できる。2015年12月の韓日合意を再評価すべきであり、これを基に解決策を模索すべきだという主張が目立つ。

「慰安婦判決　合意を礎に解決模索を」

日本と韓国の関係に、また大きな試練となる判決が出た。

ソウルの地方裁判所が昨日、元慰安婦らによる訴えに対し、日本政府に賠償を命じた。

日本政府は、この訴訟そのものに応じてこなかった。国家には他国の裁判権がおよばない、とする国際法上の「主権免除」の原則があるからだ。

だが、判決は慰安婦問題を「計画的、組織的に行われた犯罪行為」と認定し、主権免除は適用されないと判断した。

日本側が上訴せず、一審判決が確定すれば、政府資産の差し押さえの応酬に発展する恐れもある。極めて危うい事態だ。

韓国ではこの数年、植民地支配時代にさかのぼる慰安婦や徴用工などの問題で、司法が踏み込んだ判断をするケースが相次いでいる。

いずれも従来の韓国の対外政策の流れを必ずしも反映していない部分があり、日韓の対立要因として積み重なってきた。

確かに歴史問題は解決が難しい。一般的には第三国の仲裁や国際的な司法判断にゆだねる選択肢はあるが、できる限り、当事国間の外交で問題をときほぐすのが望ましい。

その意味で日韓両政府が省みるべきは、2015年の「慰安婦合意」とその後の対応だ。

粘り強い交渉の末、双方が互いに重視する点を織り込みあって結実させた合意だった。だが残念にも今は、たなざらしになっている。

前政権が結んだ合意を文在寅政権が評価せず、骨抜きにしてしまったことが最大の原因だ。元慰安婦の傷を癒やすために日本政府が出した資金で設けた財団も解散させた。

歴史の加害側である日本でも、当時の安倍首相が謙虚な態度を見せないことなどが韓国側を硬化させる一因となった。

今回の訴訟は合意の翌年に起こされた。合意の意義を原告らに丁寧に説明していれば訴訟が避けられたかもしれない。

徴用工問題をめぐる18年の判決と、それに続く日本の事実上の報復措置により、互いの隣国感情は悪化している。今回の判決はさらに加速させる恐れがあり、憂慮にたえない。

最悪の事態を避けるためにも韓国政府はまず、慰安婦合意を冷静に評価し直し、今回の訴訟の原告でもある元慰安婦らとの対話を進めるべきだ。日本側も韓国側を無用に刺激しない配慮をする必要がある。

それでも接点が見つからねば国際司法裁判所への提訴も視野に入れざるをえないが、現状は日韓が和解のための最大の努力を尽くしたとは言いがたい。

日韓両政府の外交力が問われている。

（社説「朝日新聞」２０２１年１月９日付）

一部には、今回の判決の波紋を誇張しすぎるなという声がある。日本政府の財産を差し押さえたわけでもないので日本も対応のしようがなく、ＩＣＪカードを使うかどうかもわからないため、何もこれまでと変わったところはないとの指摘だ。このような見方は、あまりにも事件中心主義的で、韓国中心主義的だ。国家間の不協和音は事件から始まって感情に移るのが一般的だ。韓国で日本の責任を問う判決がまた出たということ自体が、日本と日本人の感情に否定的な影響を与えたという事実は否定できない。韓国から見て、日本のそんな変化が見えないからといって、日本自体にそのような変化がないとは言えない。両国いずれも、非正常な状況をあまりにも長く経験したため、自国だけが正しいという雰囲気に慣れたようだ。現在、両国が心配すべきは、これから起こることを誇張するかどうかという問題ではなく、これまでに起こった非正常をどのように正常化するか、なのである。

(3) 文大統領の発言と意味

文在寅大統領は2021年1月18日、新年の記者会見で堀山明子「毎日新聞」ソウル支局長の質問を受けた。堀山支局長は、慰安婦問題に対する過去の政府間の外交努力が依然有効だと考えるか、外交努力をしても、1月8日の判決により、日本政府の資産を差し押さえ・売却せねばならないと考えるか、被害者の間でも意見が互いに異なるが、どのようにコンセンサスを成し遂げることができるかを尋ねた。

文大統領は次のように答えた。

韓日の間には解決しなければならない懸案があります。まず、輸出規制の問題があり、強制徴用判決の問題もあります。それらの問題を外交的に解決するために両国は様々な次元の対話をしています。そのような努力をしている時にまた、慰安婦判決問題が加わり、正直、少し困惑したというのが事実です。

しかし、私が常に強調し、申し上げたいことは過去の問題は過去の問題であり、韓日間で未来志向的に発展していかなければならないことだと思います。私は過去の問題も事案別に分離し、互いに解決策を模索する必要があると思います。あらゆる問題をそれぞれ連携させ、この問題が解決するまでは、言うなれば他の分野の協力も止まるとか、そんな態度は決して賢明ではないと思います。

最近あった慰安婦判決の場合には2015年に両国政府間に慰安婦問題に対する合意がありました。韓国政府はその合意が両国政府間の公式的な合意だったという事実を認めます。そのような土台の上で、今回の判決を受けた被害者のハルモニたちも同意できる、そんな解決策を見つけていけるよう、韓日の間でこのように協議していきます。

強制徴用問題もやはり同じです。そのような部分が強制執行の方式になり、それ（日本企業資産）が現金化されたり、その判決が実現されたりする形は韓日両国の関係において望ましいとは思えません。そのような段階になる前に、両国間の外交的解決策を見いだすことが何より先決ですが、ただその外交的解決策は、原告たちが同意しなければならないということです。原告らが同意できる方法を両国政府が協議し、また韓国政府がその方法で原告らを最大限説得する、このような方法で問題を一つひとつ解決していくことができると私は信じています。

（文在寅大統領「新年の記者会見中・韓日関連発言全文」2021年1月18日）

文大統領の答弁で関心を集めたのは三つの部分だ。2015年の韓日慰安婦合意は両国政府間の公式的な合意だった事実を認めるということ、18年の強制徴用の確定判決に沿って進行している日本企業資産の現金化は望ましくないということ、21年1月8日の慰安婦判決について困惑しているということである。三つとも期待を超えた、いや、期待ができなかった答えだった。

日本企業資産の現金化は望ましくないとしたのは、これまで一貫して「裁判所の判決には行政府は関与できない」という発言を否定したものだ。文大統領は2019年1月10日の新年記者会見で、日本人特派員が「日本企業に強制徴用者への賠償を命じた2018年10月の大法院判決に対し、韓国政府はまだ具体的な対応策を発表していないが、いつごろ発表する計画なのか」と質問すると、このように答えた。

韓国の大法院の判決に対しては、日本も韓国も同じであり、世界のすべての文明先進国が同じです。三権分立によって司法府の判決に政府が関与することができません。政府は司法府の判決に対して尊重しなければなりません。日本も同じです。日本が韓国の裁判所の判決に対して不満を表示することはできます。しかし、韓国政府としては、韓国司法府の判決に対して尊重の立場を持たなければならないし、日本も不満があっても、基本的にその部分は仕方がないという認識を持たなければなりません。

（大統領府ホームページ、2019年1月10日）

文在寅大統領は2020年8月15日の光復節演説では、「大法院は1965年の韓日請求権協定の有効性を認めながらも、個人の『不法行為賠償請求権』は消滅していないと判断した。大法院の判決は韓国の領土内で最高の法的権威と執行力を持つ」と強調した。

堀山支局長の質問は強制徴用の判決の現金化問題ではなく、1月8日の慰安婦判決による日本政府資産の差し押さえ・売却の可能性を問うたものだった。大統領は強制徴用の判決の現金化問題について否定的な意見を示したが、この発言は慰安婦判決による日本政府資産の差し押さえ・売却の可能性についても、否定的な意見を示したと見るのが妥当である。

2015年の韓日慰安婦合意を公式に認めるというのもそうだ。文政権発足後につくった合意検討タスクフォースは17年12月27日、慰安婦合意は被害者中心主義を守っておらず、未公開部分があるなど、問題が多いと発表した。文大統領も翌日に立場を表明した（一部抜粋）。

> 2015年の韓日両政府間の慰安婦合意の交渉は、手続き的にも内容的にも重大な欠陥があったことが確認されました。残念ながら避けては通れないことです。
>
> これは、歴史問題の解決において、確立された国際社会の普遍的原則に反するだけでなく、何より被害当事者と国民が排除された政治的合意であったという点で、非常に痛恨です。また、現実に確認された非公開合意の存在は国民に大きな失望を与えました。
>
> この合意が、両国首脳の追認を経た政府間の公式的な約束であるという負担があるにもかかわらず、私は大統領として、国民とともに、この合意で慰安婦問題が解決されないという点を改めて明らかにする。
>
> （大統領府ホームページ、2017年12月28日）

そして2019年1月に和解・癒やし財団を解散したことにより、事実上、合意を破棄した。その大統領が、今回は15年の合意を認めるというのだ。

正義連は慰安婦判決に困惑しているという大統領発言に直ちに反発した。

正義連は文大統領が新年の記者会見で、裁判所が出した慰安婦被害者の賠償判決に「困惑している」と発言したことに「失望した」として、反発した。

イ・ナヨン（李娜栄）正義連理事長は20日、ソウル市鍾路区の旧在韓日本大使館前で開かれた第1475回定期水曜集会で、このように語った。李理事長は「人権弁護士時代、弱者とともにいた大統領が、被害者たちが30年余りを闘って成し遂げた判決の国際人権史的意味がわからないはずがない」と述べ、「日本政府に卑屈だと思えるほど守勢的な対応をしたり、完全に沈黙し続けたりする理由は何か」と反問した。

さらに「文大統領は2018年、『真実と正義の原則』を強調したことがある」とし、「だが、反人道的犯罪行為に対する責任を負わせようとする、日本の卑劣な行動には一体どんな対応をしているのか」と指摘した。

（「中央日報」2021年1月20日入力）

文大統領を「卑屈」「守勢的」「完全に沈黙」などの言葉で強く批判したのは、慰安婦運動団体ゆえ理解できないわけではないが、指摘しておきたいことがある。文大統領が事実上、日本との合意を破棄した後、再交渉を要求せずに時間を過ごしたことに対して、正義連も長く卑屈で守勢的に対応し、沈黙で一貫した。陣営論理の次元で味方を擁護してきたのだ。そのような正義連が、文大統領が異なる立場を見せると、すぐに攻撃することをどう理解すればいいのか。正義連が潔くあるのなら、早くから文政権に対して「後続措置を取れ」と要求すべきだった。であれば今回の批判も支持されただろう。それができなかったため、「被害者中心主義」ではなく「運動団体中心主義」という批判を受けている。

文大統領の発言は結果と関係なく意味を持っているが、いくつか引っ掛かることがある。過去の歴史とその他の問題を分離しなければならないという主張だ。いわゆる「ツートラック」を指しているようだが、両国いずれも国益や理性よりも感情の対立に埋没している状況で、それが可能なのか疑問だ。さらにツートラックとは、もともと政府と民間部門の相互協力と補完を意味するものであり、筆者は、同じ政府内で過去の歴史とその他の問題を分離できるという主張に懐疑的だ。

過去の歴史問題についても、事案別に分離して解決策を模索することを主張した。これもまた疑問だ。慰安婦問題と強制徴用問題はいずれも裁判所の判決から始まっており、韓国にこれといった解決策があるわけでもなく、慰安婦問題は和解・癒やし財団を解散させたことにより解決の土台を失った。解決策はそれぞれ異なるかもしれないが、議論は一緒にせざるを得ない事案で、むしろ二つの問題を一つのテーブルにのせて一括妥結したほうが早いかもしれない。

慰安婦問題と強制徴用問題のどちらも被害者が同意できる案を用意するために、日本と協議すると明らかにしたのもそうだ。日本の新聞の報道からもわかるように、日本は「協議」すら考えていない。二つとも韓国が解決する問題であって、日本と協議することではないという主張だ。このような意見の相違をどのように埋めるかが難関だ。しかし、「すべての問題を韓国が解決せよ」という日本の態度に対しては、筆者も批判的だ。韓国のある特定の政権の態度を口実に、歴史の加害者から被害者に変わろうとする試みは、成功しないだろう。

被害者の意見を集約し、コンセンサスをつくることは重要だ。韓国政府が積極的に乗り出すなら可能かもしれない。合意や結論に至るには、必ずそのような過程を経なければならない。しかし100

パーセントの合意は不可能なだけに、硬直した「被害者中心主義」は警戒しなければならない。過程と結果から出る不協和音も覚悟しなければならない。被害者の意見も重要だが、先に正義連の李娜栄理事長が文大統領を批判したことからもわかるように、関連団体は韓国政府の「妥協」に沈黙しないだろう。被害者より関連団体の説得がもっと大変だろう。ただ、保守政権が慰安婦団体を説得するのは不可能かもしれないが、進歩政権は努力すれば可能だと思われる。

歴史問題の解決には国益に基づいた明確な哲学がなければならず、被害者、関連団体、国民を説得するという強い意志がなければならない。文政権が慰安婦の合意を事実上破棄しても後続措置をしなかったのは、そのような哲学と意志がなかったためだ。そのため、政権末期にたまった宿題を一度にしなければならない境遇に追い込まれたのだ（もちろん宿題をしない選択肢もある。しかし、この状態で政権を終えれば、文政権は韓日関係で嫌がらせだけして、問題を肥大化させた政権だった、との評価を受けるだろう）。

一つ前向きなのは今後、日本と交渉する実務者や参謀たちの動きの幅が少し広がるという点だ。これまでは大統領の立場があまりにも堅固で、高位実務者や参謀たちが、異なる意見を述べたり、創意的な案を提示したりすることは考えられなかった。変化はそのあたりから始めなければならないだろう。

文大統領の「変化」が一時的なものなのかどうかを知るには時間が必要だ。しかし、「これまでの態度は何だったのか」と尋ねることは可能だ。「朝鮮日報」の社説がそれを問うている。

「『日本企業の資産化はダメ』急変、4年反日狩りをなぜしたのか」

文在寅大統領が新年会見で、裁判所の強制徴用の判決と関連して「（日本企業資産が）強制執行の方式で現金化されることは望ましいと考えない」とした。裁判所は昨年末から、徴用被害者の請求により、差し押さえた日本企業の資産を現金化（売却）する手続きを進めている。大統領がこれに対して反対の立場を明らかにしたのだ。

パク・クネ（朴槿恵）政権で外交省が徴用の判決関連の意見書を大法院に出したことをめぐり、与党は「裁判取引だ」と攻撃した。韓日関係が破局を迎える可能性があることを大法院に知らせる問題なのに、司法への介入を意味する「司法壟断だ」と追いつめた。当時のヤン・スンテ（梁承泰）大法院長は拘束までされた。文大統領は2019年の新年会見で、「司法の判決に政府が関与することはできず、尊重すべきだ」と述べた。しかし、たった2年で態度が急変した。与党の民主党議員らも日本を訪れ、「強制徴用問題は現在の状態で解決した方が良い。大法院も破局を望まない」と述べた。前政権の意見提出は犯罪だと言ったが、自分たちは大っぴらに裁判所を圧迫する。

文大統領はまた、「（現金化）段階になる前に、両国間の外交的解決策を探ることが優先だ」と述べた。そんな外交的解決策こそが、朴槿恵政府の時の韓日合意だった。文政府はこの国家間合意を破棄し、反日狩りを始めた。竹槍歌〔東学農民運動の際、竹槍で日本軍と官軍に立ち向かった民をたたえる1980年代の学生運動家たちの歌〕を歌い、ありもしない親日派の攻撃もした。そして今になって裁判所の判決を無視して外交解決策を見いだそうと言っている。2015年の韓日慰安婦合意を破棄した張本人である文大統領が「（その合意が）両国政府間の公式合意だったという事実を認める」とした。過去4年間、政府が進めてきたことは何だったのか。結局、何の方策もなく、国内政治用に利用したにすぎない。

この政府は、これまでの韓日問題について外交的解決策を口にすると「親日派だ」「土着倭寇だ」と騒ぎ立てた。突然態度を変えた理由は、東京オリンピックでキム・ジョンウン(金正恩)を呼んで「南北ショー」をやり直すには、日本との関係を改善しなければならないためだ。「韓米日協力」を重視するバイデン政権の発足も影響を及ぼしたのだろう。この見え透いた行動は日本に丸見えだ。恥ずかしい限りだ。
(社説「朝鮮日報」2021年1月20日付)

文大統領の姿勢転換は、ニュースとして価値がある。ところが、よくよく考えてみると、ニュースとしての価値が国益と何の関係があるのかという疑問が頭をもたげる。メディアが報道するように、文大統領の日本への融和策は、南北問題の進展に向けた基盤づくりだとしよう。文大統領は、南北問題の進展という国益のために、本人の所信を曲げたのだろう。ここで一つ質問。日本に対する強硬策も国益だと考えたのかということだ。筆者は国益より国民感情を優先したのだと思う。しかし、このような失敗は為政者なら誰でもなし得る。したがって、前政権のレガシー(遺産)を国益ではなく自らの所信や感情のために否定し、それを再び認めることがどれほど不合理なことか、今回の事例を通じて教訓を得るべきだろう。非難するのはその後で十分である。

(4) 注目を要する新たな争点

慰安婦判決と論拠、この判決がもたらした影響などを見ると、いくつかの新しい争点が浮上する。

◎「司法リスク」はあるか

この争点は韓国より日本でよく指摘される。1月8日の慰安婦判決をめぐって日本の新聞は翌日、「韓国の司法が一方的な歴史観に基づいて国際法や日韓政府間の合意に反する状況をつくり出して、日韓両政府を窮地に追い込む『司法リスク』を改めて浮き彫りにした」（「読売新聞」）、「韓国の慰安婦問題は近年、司法がリードして方向性を決定することにより行政を拘束する構図が繰り返されてきた」（「毎日新聞」）、「韓国の司法部では、国際的な慣例や国家間の合意より社会感情を優先しようとする流れが強まっている」（「産経新聞」）と報じた。このような主張を額面通りに受け入れることはできない。ただし、過去の問題で司法が行政を規律することが増えたのは事実だ。

その明らかな始まりは2011年8月30日、憲法裁判所の「不作為違憲」の決定と見なければならない。この決定は「（韓国）政府は、韓日請求権協定に関する紛争が存在するのだから、韓日請求権協定第3条が定めた手続きに沿って、紛争解決のための適切な措置を取る義務があるとして、日本軍慰安婦被害者らに対し、韓国政府に日本政府との外交的な解決努力の義務があることを確認した事例」（憲法裁判所ホームページ）である。慰安婦問題の解決に向けて外交的努力をしない行政府の不作為は違憲というのだ。

この決定によって（当時の）イ・ミョンバク（李明博）大統領は2011年12月18日、野田佳彦首相との京都での首脳会談で、慰安婦問題を解決するように直接要求したが、互いに顔を真っ赤にした「外交の惨事」をもたらし、これに対する抗議で李大統領は、翌年8月10日、独島（竹島）を訪問して、韓日関係を長期的に冷えこませるきっかけを提供した。朴槿恵大統領が就任初期から慰安婦問題の解決を韓日首脳会談の前提として掲げて3年近くも二国間の首脳会談を拒否したのも、2015年12月

28日の慰安婦合意を急いだのも、根源を突き詰めてみれば、この決定にさかのぼる。

次は、イ・チュンシクさん、ヨ・ウンテクさん（2013年12月死去）、シン・チョンスさん（2014年10月死去）、キム・ギュスさん（2018年6月死去）の強制徴用被害者4人が、新日本製鉄（現・日本製鉄）を相手取って起こした各1億ウォンの損害賠償請求訴訟だ。二転三転して時間がかかり、いわゆる「国政壟断」「司法取引」という言葉もこの訴訟から生まれた。

被害者4人は1997年12月24日、日本製鉄を相手取って大阪地方裁判所に損害賠償訴訟を起こした。大阪地方裁判所は2001年3月27日敗訴の判決を出し、大阪高等裁判所は02年11月19日控訴を棄却し、最高裁判所は03年10月9日上告を棄却した。すると4人は05年2月28日、ソウル中央地方裁判所に同じ訴訟を起こす。ソウル中央地裁は08年4月3日敗訴判決を、ソウル高裁は09年7月16日控訴を棄却した。

大法院も上告を棄却すると予想された。しかし反転が起きた。大法院第1部（主審＝キム・ヌンファン大法官）は2012年5月24日、原告勝訴判決の趣旨で事件を破棄し、差し戻した。大法院はソウル中央地裁やソウル高裁とは異なり、日本の最高裁が下した確定判決の効力を認めず、憲法上消滅時効も終わっていないと判断し、日本製鉄と新日鐵住金は法的同一性があると判断した。大法院の判決を受け、ソウル高裁は13年7月10日、破棄差し戻し審で、「日本製鉄は原告らに対し、それぞれ1億ウォンずつを賠償せよ」と判決する。

日本製鉄は破棄差し戻し審の翌月の2013年8月、これを不服として大法院に上告する。同年2月に発足した朴槿恵政権はこの事件が確定した場合、韓日関係に大きな影響を与えるものと見て大法院と判決期日などを調整した（文在寅政権はこれを「国政壟断」「司法取引」と規定し、梁承泰大法院長は2019

年1月24日拘束された）。大法院は18年10月30日、原告４人に対し、一人当たり1億ウォンずつの賠償を日本製鉄に命じる判決を下し、訴訟は確定した。原告側は現在、日本製鉄の国内財産を差し押さえ、売却する手続きを踏んでいる。

そして今回出た２０２１年１月８日の慰安婦判決だ。この判決の意味は詳しく前述したので省略するが、この判決は18年10月30日の大法院判決に一脈相通じている。

> この判決は、18年10月の大法院判決の論理的な延長線上で判断する場合、「当然の結論」と解釈することができる。当時、大法院は、日帝強占期に起きた強制動員の被害が、１９６５年の韓日請求権協定に含まれない「反人道的不法行為」と判断し、原告企業が被害者たちに各1億ウォンずつ賠償しなければならないと決定した。この判決が出た状況で、それよりさらに重大な「反人道的不法行為」の被害者である元慰安婦らの賠償要求を「主権免除」を理由に排斥することは、大韓民国憲法の基本精神と人類の普遍的正義観念に照らし、不可能と言うしかない。こうした苦心を込めて裁判所は「絶対規範に違反して他国の個人に大きな損害を与えた国家が、国家免除理論の裏に隠れて賠償と補償を回避する機会」を与えてはならないと判断した。
>
> （「ハンギョレ新聞」２０２１年1月９日付）

この他に、①２０１３年1月３日、ソウル高裁が日本の靖国神社に放火をしてソウルに入り、日本大使館にも火炎瓶を投げてつかまった中国人を、刑期終了後に日本側の身柄の引き渡し要求を退けて釈放させ、中国に送還した決定、②２０１７年1月26日、大田地裁が、韓国の窃盗団が日本の対馬から盗んできた金銅観音像を返さず、忠清南道・瑞山の浮石寺に送るよう指示した判決、③2014年8月7日、法務省がセウォル号事件当日の「朴槿恵大統領の（空白の）7時間」に疑問を呈した加藤達也「産経新聞」ソウル支局長を出国禁止したことなども、韓日間の葛藤をあおった。

三権分立は民主国家の根幹だ。韓日間に違いがあるはずがない。ただ、韓国は三権分立を厳格に解釈し、司法府の独立性を絶対的な価値と考えるが、日本では司法府も外交に影響を与える判決は慎重でなければならないと考える。韓国国内にもそのように考える学者がいる。

外交に関する判決を下す際、司法は慎重に判断するという国際社会の原則が韓国では作動しないことを示す判決だ。文在寅大統領の就任以後、朴槿恵政権時代の大法院長が徴用工訴訟の審理を意図的に遅らせたとして逮捕された。これを「司法壟断」と罰することで、政府と司法の協議は不可能になった。徴用工と慰安婦をめぐる一連の韓国司法判断によって、韓日関係の法的安定性は危なくなった。文在寅政権は2015年、慰安婦合意を無視するだけして、代案を示さなかった。三権分立によって行政は司法に介入できないと主張するが、これは政治が解決すべき問題だ。日本政府と再び交渉をするか、韓国政府が前面に出て解決に取り組まなければならない。そうしなければ、韓日関係がさらに悪化することを防ぐことはできないだろう。

（尹徳敏・元国立外交院長「読売新聞」2021年1月9日付）

「外交に関する判決を下す際、司法は慎重に判断しなければならない」という精神を反映したのが、アミカス・キュリエ（Amicus Curiae）という制度だ。

アメリカの最高裁判所を見てみよう。そこには「アミカス・キュリエ」という制度がある。ラテン語で「法廷の友人」という意味だが、裁判官が決定を下す前に、該当分野の専門家を呼んで意見を聞くのだ。ただ、法廷で公開的に行う。外交問題も、他国との関係を考慮する専門家の意見を聞いて裁判をすることだ。当然、外交的影響も考慮しなければならない。「自分は判事だから、ただ法律的なことだけを考える」というのは、成熟した判事の姿ではないと思う。ところが、朴槿恵政府の「司法壟断」という問題では、最高裁判所行政処長が大統領秘書室長と個別に会って意見を聴取し、裁判過程に反映した。こんなことは駄目だ。

（ヤン・サムスン＝法務法人ファウ顧問「中央日報」2019年7月18日付）

日本の最高裁判事には外交官出身がいるが、1947年以降、外交官出身で最高裁判事を務め、退任した人は10人だ。教授出身の判事も同じぐらいいる。韓国の判事、検事中心の大法院判事の選任慣行とは大きな違いがある。もちろん、どちらが正しいとは言い難い。だが慣行の違いが変化をもたらすとも言える。

◎判決確定、その後

日本政府が控訴をしなかったため、この判決は2021年1月23日0時に確定した。日本政府はこの日、茂木敏充(もてぎとしみつ)外務大臣名義で談話を発表した。全文を紹介する。

「元慰安婦等による大韓民国ソウル中央地方裁判所における訴訟に係る判決確定について」

1．元慰安婦等が日本国政府に対して提起した訴訟において、本年1月8日、ソウル中央地方裁判所が、国際法上の主権免除の原則の適用を否定し、日本国政府に対し、原告への損害賠償の支払等を命じる判決を出し、本23日、同判決が確定しました。

2．国際法上、国家は主権を有し、互いに対等な存在であることから、原則として、外国の裁判権に服することはありません。日本としては、この国際法上の主権免除の原則から、日本国政府が韓国の裁判権に服することは認められず、本件訴訟は却下されなければならないとの立場を累次にわたり表明してきました。今般、ソウル中央地方裁判所が、主権免除の原則の適用を否定する判決を出したことは、国際司法裁判所判決でも示されている国際法に明らかに反するものです。

3．慰安婦問題を含め、日韓間の財産・請求権の問題は、1965年の日韓請求権・経済協力協定で「完全かつ最終的に解決」されており、いかなる主張もすることはできない（第2条）ことを定めており、この協定は、これまでの日韓関係の基礎となってきました。

4．また、2015年12月の日韓外相会談における合意によって、慰安婦問題の「最終的かつ不可逆的な解決」が確認されています。日本国政府は、この合意の下で約束した措置をすべて実施してきています。大韓民国政府もこの合意が両国政府の公式合意と認めているものであり、国際社会が韓国による合意の実施を注視している状況です。

5．この判決は、国際法及び日韓両国間の合意に明らかに反するものであり、極めて遺憾であり、断じて受け入れることはできません。

6．日本としては、韓国に対し、国家として自らの責任で直ちに国際法違反の状態を是正するために適切な措置を講ずることを改めて強く求めます。

（外務省ホームページ、2021年1月23日）

韓国外交省も同日、次のように政府の立場を発表した。以下、全文。

「日本軍慰安婦被害者提起損害賠償訴訟判決関連日本政府側談話に対する韓国政府の立場」

1．2021年1月23日に確定された日本軍慰安婦被害者提起損害賠償訴訟判決に関連し、日本政府が外務大臣の名義の談話を当日発表しました。

2．今回の訴訟の判決と日本側談話に対する韓国政府の立場は、以下のとおりです。

・韓国政府は2015年の慰安婦合意が、韓日両国政府間の公式合意であることを認める。同時に被害当事者の意思が反映されていない政府間の合意だけでは真の問題解決にはならないという立場を明らかにしてきた

・これにより、韓国政府は日本に対して政府レベルではいかなる追加請求もしない方針だが、被害当事者の問題提起を防ぐ権利や権限を持ち得ない

・我が政府は、慰安婦被害者たちと話し合い、円満な解決に向けて、最後まで努力するが、日本側もまた、自ら表明した責任痛感と謝罪・反省の精神に基づいて、被害者たちの名誉・尊厳の回復と心の傷を癒やす真の努力を見せなければならない

・併せて、日本政府は、日本軍慰安婦被害者問題が世界で類を見ない戦時の女性の人権蹂躙であり、普遍的人権侵害の問題として、国際人権規範をはじめとする国際法を違反したものであることを直視すべきものである

・韓国政府は、同判決が外交関係に及ぼす影響を綿密に検討し、韓日両国間の建設的かつ未来志向的な協力が続くよう、諸般の努力を傾けていく

（韓国外交省ホームページ、２０２１年1月23日）

日本政府の立場は予想していたことだ。韓国政府の発表で目立つのは「韓国政府は日本に対し、政府レベルではいかなる追加的な請求もしない方針だ」とした点だ。ここで言う「請求」が何であるかは不明確だが、これ以上の交渉を要求しないという意味のようだ。そうであれば、既存の方針と変わらない。だが「請求」と言えば通常、金銭的な要求を含む場合が多い。そのため、これ以上の金銭的要求はしないという意味まで含んでいるのかが非常に気にかかる。外交省の立場に対し、イ・ヨンス（李容洙）さんは「日本政府から謝罪を受けないという意味か」と異議を申し立て、チェ・ボンテ（崔鳳泰）韓国弁護士協会日帝被害者人権特別委員長は「２０１５年の合意時と同様、被害者の意思を問わなかった。政府が積極的に被害者を助けるどころか、むしろ傷つけたが、それでいいのか」と遺憾の意を表した（「ソウル新聞」1月24日付入力）。

仮定の話ではあるが、韓国政府が追加で金銭的な要求をしなければ、状況はよくなるのか。これは、行政府は金銭的要求をしないが、司法府が賠償判決を下したり、立法府が法をつくって日本企業や政府に金を出せと言ったりすることは、仕方がない、という意味にも取れる。もしそうなら、韓国政府

が追加の請求をしないということに何の意味があるのかわからない。日本の立場では立法、司法、行政をすべて「韓国政府」と見るからだ。

日本が控訴をせず、判決が確定したことを残念がる見方もある。日本が控訴をしたなら、確定判決が先送りになるため、韓日両国が交渉する余地が残ったという意味からだ。しかし強力に「主権免除」を主張してきた日本としてはそんな選択は不可能だっただろう。また、その後の交渉の余地まで考慮して控訴するほど、両国が互いの立場を考える関係であるなら、これほどまでの事態にはならなかっただろう。

◎国際司法裁判所は対案なのか

過去の歴史の問題は、国際司法裁判所（ＩＣＪ）に持ち込む他ないのではないか、という声が出ている。しかし、ＩＣＪをめぐる議論は最近、微妙な変化を見せている。２０１８年の強制徴用判決後、ＩＣＪに行くべきだという主張は日本の方が攻勢的であり、韓国は守勢に回った。韓国ではＩＣＪに行ったからといって必ず勝つという保証もなく、負けた場合、影響が大きすぎると考えた。ところが今回の慰安婦判決では、日本がＩＣＪカードを振りかざすが守勢的で、韓国は以前よりは門戸を開いている。

日本の自民党内の外交部会は２０２１年１月19日、韓国の慰安婦判決を非難する決議案を茂木敏充外相に提出した。非難決議案は、判決内容が事実を歪曲しており、日韓請求権協定と慰安婦合意に反して、主権免除を認めておらず、国際法に違反しているので受け入れられないと主張した。日本政府には、①文政権に対する是正措置要求、②ＩＣＪ提訴の検討、③日本政府資産に手がつけられることに備えた日本国内にある韓国資産の凍結及び金融制裁などの強力な措置の検討、④国際社会に向けた日本の主張発信の強化、などを要求した（「産経新聞」２０２１年1月19日付）。

しかし、日本国内でも慎重論がある。

韓国の裁判所の慰安婦被害者賠償判決について「国際法違反」と強く反発した日本政府が、ＩＣＪ提訴のカードは簡単に言えずにいる。まかり間違えば、利益よりは損失の方が大きくなる結果につながりかねないからだ。日本国内の世論も「慎重論」に傾く雰囲気だ。日本の共同通信は慰安婦判決への対抗措置で、ＩＣＪに提訴する案に慎重な対応を求める声が出ていると1月14日報道した。

ＩＣＪ提訴は日本の立場では「両刃の剣」だ。韓国がＩＣＪ裁判に応じない可能性があり▼裁判が進むとしても、慰安婦問題に対する国際社会の注目が集まっているうえ▼裁判の結果も見込めない、ためだ。２０１５年の韓日慰安婦合意を通じて慰安婦問題が最終的かつ不可逆的に解決されたと主張する日本の立場では、うまくいっても元手を取り戻すだけという公算が大きい。

これと関連の申珏秀・元駐日大使は「慰安婦判決は主権免除の原則を排除したという点で、国際法に違背する素地が多分にある」と述べつつも、「これに対抗してＩＣＪ提訴を進める場合、慰安婦問題が再び国際的な関心を受ける状況を招き、日本の立場では負担になるだろう」と話した。

（「中央日報」２０２１年1月15日入力）

もちろん韓国でも様々な意見がある。ICJに行くのは「駄目だ」という空気が依然として強いが、「行って駄目なことは何なのか」という主張も出てきている。イ・ウォンドク（李元徳）国民大学教授は、早くからICJ行きを主張していた。

> 最も望ましいのは、日本政府が責任を認めて謝罪し、日本政府の資金も入っている2015年の慰安婦合意の枠組みで解決することだ。だが合意は事実上、破棄されている。平和的に解決するには、両国の合意のもと国際司法裁判所（ICJ）で判断するしかないだろう。
>
> （李元徳＝国民大学教授インタビュー、「朝日新聞」2021年1月9日付）

韓国は1991年のICJ加入時、強制管轄権を受諾しなかったため、日本が提訴しても韓国が応じなければ裁判は成立しない。しかし、ICJ提訴問題は過去の歴史問題をきちんと整理できない限り、両国いずれもが最後に使い得るカードとして常に浮上するだろう。

◎新しい条約は可能か

慰安婦の勝訴判決を下した裁判所は、韓日間の合意が拘束力と強制性を持つためには、条約形式にならなければならないだろうと考えているようだ。裁判所は2015年の慰安婦合意で個人請求権は消滅しなかったと主張し、その論拠として「2015年の合意が通常的に条約に付与する名称や条文の形式も使用せず、合意の効力に対する当事者の意思が表示されておらず、具体的な法的権利・義務を創設する内容もない」とし、「この合意は、両国間に激しい対立が存在し、国民の基本権と関連している慰安婦問題であるにもかかわらず、憲法上の条約締結手続きを経ず、条約番号を付与したり、告示したりしていない。これは日本でも同じだ」と指摘した。この指摘であれば、個人請求権を消滅させるには条約を結び、国会批准を受けなければならないという解釈になる。個人請求権消滅問題だけでなく、両国が歴史問題を解決しようとするなら、条約形式でやらねばならないという意味にも見える。

しかし筆者は、過去の歴史問題を整理するために両国が条約を結ぶのは難しいと思う。1965年に韓日基本条約と請求権協定を結ぶまで両国は14年もの長い攻防を繰り広げた。にもかかわらず、不十分であり、抜け落ちたり、見過ごしたりした問題が多いと言って、交渉者たちの歴史観を非難する学者は少なくない。当時は韓国の国力が日本にはるかに及ばなかった時代だったにもかかわらずだ（筆者は、韓国の交渉者が国力に比べて善戦したと評価している）。ましてや今日、日本に引けを取ることがないと考える韓国と、もはや韓国に謝罪する必要がないと考える日本が、何らかの合意をして、過去の歴史を整理する条約をつくるということは期待しがたい。過去の歴史問題に責任を負って決断を下す政権は、韓国にも日本にも当分は現れまい。過去の問題という「爆弾ゲーム」がいつ終わるかは誰も断言できない。なぜなら、過去の問題は「終わる」のではなく「終わらせる」ことであるからだ。しかし、そんな意志を持った指導者はいない。

条約だけが万能でもない。1998年、キム・デジュン（金大中）大統領と小渕恵三首相（いずれも当時）が結んだ「21世紀の新しい韓日パートナーシップ共同宣言」は条約ではなく「宣言」だった。だが、立派な合意であることは誰もが認める。合意であれ、宣言であれ、条約であれ、その成否は形式ではなく、それを守ろうという意志があるかどうかにかかっているのではないだろうか。

◎慰安婦判決と和解・癒やし財団の56億ウォン

裁判所は原告12人に対し、それぞれ1億ウォンの賠償を命じたが、韓国国内に日本政府の財産がなければ何の意味もない。一見、在韓日本大使館や領事館を考えているかもしれないが、そのような財産はいわば「絵に描いた餅」。「外交関係に関するウィーン協約」第22条3項は「公館地域と同地域内にある備品類及びその他の財産と公館の輸送手段は捜索、徴発、差し押さえまたは強制執行から免除される」と規定している。そのため強制執行をするかどうかは後回しにして、原告側はまず、韓国国内に日本政府の他の財産があるかどうかを探さねばならない。

ここで２０１５年12月28日、韓日合意により日本政府が和解・癒やし財団に拠出した10億円（入金当時約１０８億ウォン）のうち、すでに使ったものの残りである56億ウォン（２０２０年5月現在）に関心が集まっている。もし、56億ウォンを日本政府の財産とみなすことができるなら、強制執行の対象になりかねないからだ。原告側のキム・ガンウォン弁護士は２０２１年4月13日、ソウル中央地裁に日本政府が韓国で保有している財産を知らせてほしいと財産明示申請を出した。

日本の専門家であるパク・チョルヒ（朴喆熙）ソウル大国際大学院教授も、悪化した韓日関係を解くいくつかの方法の一つに「日本政府が拠出した資金だが、和解・癒やし財団の清算の結果、残っている56億ウォンを賠償の元金として活用する方法も不可能ではない。ただし、韓日間で外交交渉を再開しなければならない」（「中央日報」２０２１年1月19日付）と述べた。

新任のカン・チャンイル（姜昌一）駐日大使も1月22日、日本に赴任した際、成田空港で「（現在保管中の）日本政府の慰安婦財団の基金を合わせて韓日両国が新たな基金をつくらなければならない」との考えを明らかにした。慰安婦財団（和解・癒やし財団）の基金とは残っている56億ウォンのことだ。

そのような中、2021年3月29日、ソウル中央地裁民事34部（キム・ヤンホ裁判長）が重要な決定を下した。この34部は、日本政府の賠償義務を初めて判決した、まさにその裁判部である。しかし、2月初めの定期人事で裁判長を含め、判事たちは全員替わった。新たな裁判部の決定は、直前に出た判決をほぼ全面的に否定するものだった。1月8日の判決は、日本政府は各原告に対し、1億ウォンずつを支払うべきだとした上で、訴訟費用も被告（日本政府）が負担すべきだと判示した。ところが今度の裁判部は「被告である日本政府が負担する費用はない」と決定したのだ。

現裁判部は、「日本政府が負担する費用はない」という結論を導くため、前の裁判部が動員した論理に真っ向から反論した。それは、①日本政府の財産を強制執行すれば、韓国憲法が規定した国家安全保障、秩序維持、公共の福利と相容れず、②韓国は、特別な事情がない限り、条約と国際法を守らねばならず、③2015年の韓日慰安婦合意には有効性があった、という理由だった。

この決定は原告の申請なしに裁判所が職権で下したもので、極めて異例のことだ。しかし、本案の判決に影響を及ぼすことはできない。つまり、1月8日の判決の効力自体を覆すことはできない。しかしながら1月8日判決に対し異議を申し立てたのは間違いない。

今回の決定は、韓国内に日本政府の財産があるとしても、これを強制執行することが容易ではないことを意味する。であれば、和解・癒やし財団の残りの56億ウォンが、さらに大きな関心を集めることになる。しかし、56億ウォンの使途については、筆者は次のように考えている。

このお金を賠償金として受け取りたいかもしれない原告の考えについてである。韓日両国が円満に和解・癒やし財団を運営していたなら、残りの基金を、勝訴した12人に与える案を「想像」できると思う。しかし現実的に日本は応じないだろう。もし、日本が56億ウォンを賠償金として使用することに同意するなら、これまで一貫して否定してきた判決の正当性を認めることになるからだ。日本政府は、韓国の裁判所が下した判決の正当性を認めることを前提とする解決策は、絶対に受け入れられないと明らかにしてきた。

それなら残った56億ウォンを日本財産と見て強制執行することはできるのか。そのような請求を裁判所にすれば、大きな関心を呼ぶことは間違いない。裁判所がどのような判断をするかはわからない。しかし、筆者は無理があると思う。まず、残った56億ウォンは日本が拠出したものの、韓日合意でつくった和解・癒やし財団の基金であるため、日本政府の財産とは断定できない。このお金は「慰安婦たちの名誉と尊厳の回復、及び心の傷を癒やすための事業」に使うように目的が定められている。賠償金として使うことも目的に合致していると主張することは可能だろうが、裁判所の判決による賠償金は、韓国と日本の政府が合意したものではない。財団の資金を使う際、日本と合意することは義務ではないが、残った金を日本政府と協議もせず、日本政府が否定する判決の賠償金として使うことができるか疑わしい。

さらに大きな問題が別にある。韓国政府と慰安婦運動団体はずっと日本のお金は必要ないから日本が持って帰れ、と訴えてきた。昨日は持って帰れ、と言ったお金を、今日は賠償金として使うことは、国の品格を傷つけることになる。目的さえ正しければ、手段や方法は問わないと開き直っているようなものだ。それではいけない、と言うのは韓国政府や運動団体、不特定の国民の立場であって、原告側はその金からでも慰謝料を受け取ると言うことはできる。だが、そんな希望を一般の国民感情は認めないだろう。

その意味で、朴喆熙教授の提案もハードルが高い。韓日が外交交渉を再開しなければならないという負担を抱えねばならないと指摘するものの、韓国政府はどうかわからないが、日本政府側が果たしてその交渉に出てくるだろうか。

姜昌一大使が話した「残余の基金を含め、韓日両国が新たな基金をつくるべきだ」という主張も問題がある。最大の問題は大義名分だ。韓日合意でつくった和解・癒やし財団を一方的に解散しておきながら、今になってまた、一体何の基金をつくろうというのか、という日本側の反論と不満をどう鎮（しず）めるのか。また、新しい基金は日本政府の追加拠出を前提とするものだが、韓国政府がすでに追加請求はしないと明らかにしているだけに、それが可能かどうかわからない。もし、日本に追加で拠出を求めないというなら、一体、日本と何を協議するつもりなのか。

もちろん今後この問題がどのように展開するかは予測できない。筆者が悲観的すぎるのかもしれない。しかし、韓国と日本はお互いに背を向け、あまりにも遠くまで来てしまった。解決策を見つけるために、交渉のテーブルに着くだけでも、かなりの時間が必要だろう。

8 3カ月でひっくり返された判決

2021年4月21日、ソウル中央地検民事合議15部（部長判事ミン・ソンチョル）は、慰安婦被害者が日本政府を相手に起こした損害賠償請求訴訟で、日本政府に対する国家免除（State Immunity）を認め、訴訟を却下した。却下は、訴訟要件を満たしていないとして本案（請求内容）に対して判断せず、裁判を終了させるというものだ。1月8日、ソウル中央地検民事合議34部（当時部長判事キム・ジョンゴン）が他の慰安婦被害者が提起した同様の訴訟において、日本に対する国家免除を認めず、勝訴判決を出してから3カ月でまったく異なる結果が出たのである。4月21日、判決に対してメディアは、次のように報道している。

日本軍「慰安婦」被害者のハルモニ（おばあさん）らが日本政府を相手に提起した2番目の損害賠償請求訴訟で、裁判所が21日、却下決定を下した。今年1月、慰安婦被害者に対する日本の賠償責任を認めた最初の訴訟一審判決とは異なる結論だ。

ソウル中央地検民事合議15部（部長判事ミン・ソンチョル）は、イ・ヨンス（李容洙）さん、キル・ウォンオクさん、故キム・ボクトンさんら日本軍「慰安婦」被害者16人と遺族らが提起した賠償請求を却下し、「国際慣習法と大法院の判例に従えば、日本に損害賠償請求をすることは許されない。慰安婦被害問題は、日本との外交的交渉などで解決すべきである」とした。却下は、訴訟要件を満たさず本案判断なくして裁判を終了させるものである。

裁判所は、一国の裁判所が他の国家を訴訟の当事者として裁判できないという国際慣習法上の原則である「国家免除」が今回の事案にも適用されると判断した。２０１２年に国際司法裁判所（ＩＣＪ）が、第二次世界大戦中、強制徴用をしたドイツにも国際免除を認めた。イタリアを除くほとんどの国家が国家免除を認めており、韓国だけ例外を認めるわけにはいかないということだ。

裁判所は、「ＩＣＪの判例と大多数の国家の裁判所は、深刻な人権侵害行為にも国家免除を認めている」とし、「外国の主権的行為に国家免除を認めることが韓国の大法院の判例であり、日本の慰安所の運営は違法ではあるものの、主権行為と見るべきである」と説明した。

また、裁判所は、「2015年の韓日合意は、国家間の合意で、現在も有効であり、被害者に対する代替的な権利救済手段が存在する」とし、2015年12月のパク・クネ（朴槿恵）政権当時に締結した韓日合意の効力が残っていると判断した。これは、今年1月のソウル中央地検民事合議34部（部長判事キム・ジョンゴン）が、日本政府が故ペ・チュニさんら慰安婦被害者12人に、1億ウォンずつ賠償すべきだとした判決とは正反対だ。当時の裁判所は「日本が反人道的犯罪行為を行ったので『国家免除』が適用されない」とし、「2015年の韓日合意は正式な条約ではない政治的合意にすぎず、被害者に賠償請求権が依然として存在する」と述べた。

（「東亜日報」2021年4月22日入力）

4月21日の判決の原告は李容洙さん、キル・ウォンオクさん、故キム・ボクトンさんら慰安婦被害者16人と遺族ら20人であり、訴訟は2016年に始まった。慰安婦被害者16人のうち、この判決が出た時点には4人が生存しており、6人は訴訟提起前に死亡し、弁護士が訴訟を代理で行った。また、6人は訴訟中に死亡し、うち4人は弁護士が訴訟を引き継いだが、2人は相続人を確認できず、訴訟の引き継ぎはなかった。請求金額は、原告によって5千万ウォン、2億ウォンなどであった。

4月21日の判決は、本来1月13日に予定されていた。1月13日であれば、民事合議34部が「画期的な判決」を出して5日後である。したがって、延期理由に対して様々な臆測があった。筆者は「同じ性格の裁判で、直後に異なる結論を出すことを負担に感じ、延期したかもしれない」と考えたが、1

月8日の裁判結果を見て、結論を変えたのではないかとの推測もあった。しかし、どうやらそうではなかったようだ。民事合議34部の判事たちは、2月の定期人事ですべて替わったが、民事合議15部はそのままだったためだ。同じ判事が約3カ月で完全に反対の結論を出すことは、常識的にあり得ない。

4月21日の判決は、1月8日の判決とは異なる結論を下したという点で関心を集めたが、1月8日の判決に比べて関心が低かったことは事実だ。1月8日の判決は、新たな法理を開発し、日本政府の責任を認めた初の判決である上に、日本の控訴放棄で1月23日に確定したが、4月21日の判決は既存の法理を再確認したものであり、12人の原告が控訴することで、大法院まで行くためかもしれない。しかし、筆者は4月21日の判決が控訴審と大法院で維持されようが、あるいはひっくり返されようが、1月8日の判決と同様、結論に至る論理を注目する必要があると考える。判決は結局、論理の集合であり、論理の帰結であるためだ。4月21日の判決文を詳細に分析しようとする理由でもある（1月8日の判決と対比して記述するのが良いが、筆者は1月8日の判決と4月21日の判決の正否を判断しようというものでないので、それぞれの論理を示すために別々に分析する。ただ、1月8日の判決を引用することで、二つの判決の異なる点を理解することはできる。また、4月21日の判決に対する記述は、判決文の順序や体裁とは一致しないという点を明らかにしておく。判決文に頻繁に出てくる「被告」は日本帝国、または日本政府を意味する）。

◎原告たちの主張の要旨とこの事案の争点

主題	裁判所の意見（要約）
の要旨	(イ)被害者たちは、1930年代後半から40年代初めまで、若いころに被告の軍隊と朝鮮総督府の指示により、警察または警察の指示を受けた者たちから自分たちの意思に反し、不法な方法で慰安婦として差し出され、中国、日本、台湾またはフィリピンなどの慰安所で、自分たちの意思に反し、被告の軍人たちとの性関係を強要されるなど、性的搾取を受け、これにより身体的な損傷と深刻な精神的な苦痛を受けただけでなく、人間としての尊厳と価値が破壊された。被告の行為は、当時施行中であった国際規約に違反しており、人道に反する罪にもあたるもので、原告たちに賠償する責任がある

原告らの主張	(ロ)①被告の行為は、国際法の最高規範である強行規範に違反する反人道的な行為として、国家の「主権的行為」であると見ることはできず、国家免除を認めることはできない ②慰安婦被害者たちが、日本とアメリカの裁判所で被告を相手に提起した訴訟は、すべて敗訴したため、国家免除を認め、この訴訟を却下することは、原告たちの裁判請求権と人間としての尊厳を侵害するものである ③日本の「外国に対する民事裁判権に関する法律」第10条は、一部の事案に対して国家免除を認めていないため、相互主義（reciprocity）の原則に従い原告に対する国家免除も認めてはならない
この事案の争点	(イ)韓国の司法権も大韓民国の領土外の他の主権国家には及ばないことが原則であるが、被告を相手に訴訟することができるか (ロ)韓国は、外国を相手にした民事裁判において国家免除の範囲に関して法律を制定してもおらず、被告との間にそれと関連する条約もないため、ただ国際慣習に従って判断すべきである (ハ)この事案の訴訟は、適法なものであるか（被告に対する国家免除認定の可否）

◎訴訟の適法性（国家免除）に対する判断

裁判所は、この事案の訴訟の適法の可否、すなわち日本政府に対する国家免除の可否を判断するため、国際慣習法の淵源（えんげん）と成立背景などに対して多くの検討を加え、その内容を判決文に詳細に示した。この部分が今回の判決の核心だ。ただ、その内容は非常に専門的で、中身も多いため要約して紹介する。

分類	裁判所の意見（要約）
国家免除に関する国際慣習法の淵源	(イ)国家免除の意味と背景 ①国家免除の法理は外国の行為が主権的・権力的・公法的（acta jure imperii）であるか、非主権的・非権力的・私法的（acta jure gestionis）であるかとは関係なく、他の国家が裁判権を行使することができないという「絶対的免除論」から、主権的行為は、国家免除を行い、非主権的行為は国家免除を認めない「制限的免除論」に変わってきた ②国際慣習法上国家免除を認める根拠は、ⓐ各国家は、独立的な主権を持っており、その主権は平等であるため、他の国家に対して裁判権を行使することはできない ⓑ裁判権を行使する国家内の外国の財産に対しては、「外交関係に関するウィーン条約」により、事実上、強制執行が不可能である ◎国際慣習法は「国際礼譲（international comity）」を超え、拘束力がある、という点などだ ③韓国の大法院の判例に対しては別途叙述

	国家免除に対する現在有効な国際慣習法
(ロ)国際慣習法の成立 ①国際慣習法は、各国の利害関係が異なり、成文規範として制定することは難しく、権威のある執行機関もないが、法源として重要な機能を遂行してきた。国際司法裁判所（ＩＣＪ）は、国際慣習法を成立させるためには、各国家が「一般的な慣行」として実行し（general practice of states)、各国家がその慣行に従わなくてはいけないという「法的確信（opinion juris)」がなくてはならないと規定した ②「一般的な慣行」が「法的確信」を得て、国際慣習法になれば、その慣行に同意しない国家も、その国際慣習法に拘束される (ハ)国家免除に対する例外が国際慣習法として認められるための要件 主権的・権力的・公法的行為は、国家免除の対象であるという既存の慣習法を「廃止」し、例えば、強行法規違反は国家免除の対象とはならないという新たな国際慣習法を「成立」させようとすれば、それもまた国家で「一般的な慣行」とならなければならず、「法的確信」も伴わなければいけない	(イ)ＩＣＪの多数意見は「法廷地国の領土内において武力紛争の過程で外国の軍隊またはそれと協力する外国の国家機関によってなされた行為」は、国家免除が認められると判断した。今回の訴訟において、原告たちが主張している被告の行為は「外国の軍隊と協力する外国の国家機関によりなされた行為」に当たる (ロ)原告たちは、韓国は被告の交戦相手国ではなく、太平洋戦争の戦線において朝鮮半島は除外されていたため、ＩＣＪの法理はこの事案に適用することができないと主張する。しかし、ＩＣＪが多数の意見として、武力紛争中、不法行為に対して国家免除を認める趣旨は、武力紛争は国家の行為のうち最も強い主権的行使であり、これによる損害賠償は、平時の国際法ではなく、戦時国際法によらなくてはならず、戦時国際法は、個人が受けた損害は個別訴訟ではなく、関連国家の間の一括交渉として解決すべきであるとしている。ジュネーブ条約（１９４９年８月２日締結）第４条は、この条約が保護する民間人の行為を必ず交戦相手国の国民、または現実的に交戦を繰り広げている地域の民間人に制限していない (ハ)法廷地国の領土内においてなされた主権的不法行為といっても、それが「武力紛争中に外国の軍隊によりなされた行為」ではなく「外国の主権的行為一般」によって発生したものであれば、国家免除の例外とすることができるという一部条約と個別国家の法律があることは、事実であるが、かかる条約と法律が「一般的な慣行」であると見ることは難しい。また、例外を認めている国連国家免除条約と欧州国家免除条約を批准した国家も少ない上に、二つの条約と各国の法律が規定している国家免除の例外範囲とその行為を行った場所などに違いがあり、「一般的な慣行」の構成要件の一つである統一性（conformity）が欠如している (ニ)国際的に必ず守るべき強行法規に違反した重大な人権侵害行為は、国家免除の例外として認めなくてはいけないという主張もあるが、強行法規に違反した重大な人権侵害があったのかは裁判を開いてみないとわからないものの、国家免除は裁判自体に応じなくてもよいということだ。したがって、裁判が開かれないとわからないことを前提に国家免除の可否を判断することはできず、各国で新たな主張に立脚した判決を一般的に実行してもいない

小結論

この事案は、現時点でＩＣＪが国際慣習法に従い多数意見として明示的に判断した「武力紛争中の法廷地国領土内の不法行為」の要件を満たすため、被告に対して国家免除が認められる。また、既存の国際慣習法が認めていない新たな例外、すなわち「強行法規違反行為」は、主権的行為としたとしても国家免除を認めることはできないということが各国で一般的な慣行として実行されていると見ることは難しく、大法院１９９８年12月17日全員合議体判決によれば、国家の主権的行為は、他の国家の裁判権から免除されるが、第二次世界大戦遂行過程で被告の軍隊と行政機関を動員し、なされた被告の行為は、主権的行為と見るべきであるため、現時点の国際慣習法によれば、被告に対して国家免除が認められる

1月8日の判決の要点は、慰安婦動員は国際社会が必ず守るべき国際強行規範に違反した反人道的犯罪行為であるため、国家の主権的行為であるとしても国家免除を適用することはできず、韓国に裁判権があるというものであった。しかし、4月21日の判決は、国際社会が必ず守るべき国際強行規範に違反した反人道的行為は国家免除の例外として認められるという新たな規範が、まだ国際社会において一般的な慣行として成立しておらず、韓国の大法院の判例に従えば、日本の慰安婦動員は主権的行為にあたり、韓国に裁判権がないため、国家免除を認めるべきであるというものだ。

ここで、韓国の大法院の判決と憲法裁判所の決定をよく見る必要がある。今回の判決の小結論において引用した大法院全員合議体判決は、「制限的免除論」に立脚したものだ。大法院は、１９７５年5月23日の決定で、「国家は、国際慣例上、外国の裁判権に服従しないようになっているため、特に条約により例外とされた場合や自ら外交上の特権を放棄する場合を除いては外国の国家を被告として韓国が裁判権を行使することはできない」とし、「絶対的免除論」を支持した。

しかし、１９９８年12月17日の全員合議体判決において、アメリカ国防省傘下機関で勤務したが解雇された原告が、アメリカを相手に解雇無効確認と復職までの賃金の支給を求めた訴訟で、既存の「絶対的免除論」に立脚した判例を変更し、「制限的免除論」の法理を採択した。大法院はこの時、

「国際慣習法によれば、国家の主権的行為は、他の国家の裁判権から免除されることが原則であると言えるが、国家の私法的行為まで国家の裁判権から免除されることが今日の国際法や国際慣例であると言えない。韓国の領土内で行われた外国の私法的行為が主権的活動に属することであったり、これと密接に関連して、裁判権の行使が外国の主権的活動に対する不当な干渉となる恐れがあったりするなどの事情がない限り、外国の私法的行為に対しては、当該国家を被告として、韓国の裁判所が裁判権を行使することができる」と判示した。

したがって、韓国の大法院をはじめ、各国が採択している「制限的免除論」というものは、主権的・権力的・公法的行為は、以前と同様に主権免除を認め、非主権的・非権力的・私法的行為に対してだけ主権免除を制限的に適用するということだ。つまり、韓国の大法院の「制限的主権行為論」は、主権的行為であったとしても、強行規範に違反すれば国家免除の例外になり得るということではなく、主権的行為は、いかなる場合であれ、国家免除の対象であり、私法的行為だけが例外だということだ。これは、憲法裁判所の決定も同様だ（2017・5・25宣告2016憲パ388決定）。1月8日の判決も、日本の慰安婦動員行為は主権的行為であると判断した。だから、国際強行規範に違反した反人道的犯罪行為は、国家免除を適用することはできないという新たな法理を創設したのであるが、4月21日の判決は、この新たな法理まで排斥したのである。これに関する争点は、以下で少し詳細に扱う。

◎争点に対する原告と裁判所の意見の対比

原告側の主張	裁判所の意見（要約）

<table>
<tr><td rowspan="2">被告の行為は国家免除の例外条項に該当するという主張に対して</td><td>被告の行為は強行法規に違反し重大な人権侵害をしたため「主権的行為」と見ることができない</td><td>もし、国家による公権力の行使が残酷な方式でなされたものであれば、それらの行為は「違法な公権力行使」、または「違法な主権行使」になるだけで、それらの行為が主権的行為としての性格自体を喪失すると見ることはできない</td></tr>
<tr><td>被告の行為は「商業的行為」である</td><td>被告の行為は、被告の軍隊の要請により当時、朝鮮半島を管轄していた朝鮮総督府が行政組織を利用し、この事案の被害者たちを差し出し、被告の軍隊が駐屯する地域の慰安所に配置させ、性関係を強要したものである。それらの行為は、その目的、行為の主体と内容に照らし、公権力の行使に該当するため、「主権的行為」であると見るべきであり、非主権的・私法的行為であると見ることはできない</td></tr>
<tr><td colspan="2">国際慣習法をこの事案に適用すれば韓国の憲法に反するため、国際慣習法はこの事案の裁判規範とすることはできないという主張に対して</td><td>(イ)目的の正当性：国家免除は、憲法が定める国際法尊重主義という憲法上の価値を追求するためのものとして、目的の正当性が認められる
ロ．手段の正当性：国家免除という国際慣習法が取った手段が顕著に不合理であると見ることは難しい。またどの国家であるのか、問題になった行為が何であるかを問わず、一律的に裁判権を否定するため、不公正であると見ることも難しい
(ハ)侵害の最小性：憲法上、裁判請求権は当然、本案判断を受けることができる権利を意味するものではなく、法律と同一の効力を持つ国際慣習法に従い、内在的な制約を前提とした権利と見るべきだ。したがって国家免除を認めるといって、原告たちの裁判請求権を過度に制限すると見ることはできない。また韓国の「外交的保護権」行使により、代替的な権利救済手段も存在する（外交的保護権の論理と２０１５年12月28日の合意に対する意見は別途詳述）
(ニ)法の均衡性：国家免除を認めることは、憲法の前文と第6条が明らかにする国際法尊重原則という、別の憲法上の価値を具現するためのものであるため、侵害される私益と（増進される）公益の間の均衡を喪失したと見ることは難しい（この問題は追加で説明）。仮に、原告たちに対する権利救済の必要性など、国家免除の例外を認めるべき現実的な必要性があったとしても、既存の国際慣習法が認めていない新たな例外の創設問題は、慎重にアプローチすべきである（この問題は追加で説明）。この事案で被告に国家免除を認めることは、既に韓国と被告の間になされた外交的合意の効力を尊重し、追加的な外交的交渉を円滑にするためであり、一方的に原告に不利な結果を強要するためのものではない（この問題は追加で説明）</td></tr>
<tr><td colspan="2">相互主義により、被告に対する国家免除を認めてはいけないという主張に対して</td><td>日本の「外国等に対する我が国の民事裁判権に関する法律」は、自国領土内の不法行為による人身損害などに対しては、国家免除を認めない規定をおいている。しかし、国家免除に関する相互主義の適用が国際社会において確立した慣行であると見ることは難しい。また、一部国家が国際慣習法に同意しないといって、その拘束力が喪失するものでもない</td></tr>
</table>

小結論

本裁判所は、慰安婦被害者たちが被告に対する実体法上の損害賠償請求権があることを否定しない。そして2015年12月28日の韓日合意は、彼らに対する代替的な権利救済手段になるという意味であり、上の合意により慰安婦被害者たちの権利が処分された、あるいは消滅したと見るものでもない。しかし、現時点で有効な国家免除に関する国際慣習法とこれに関する大法院の判例の合意によれば、外国人の被告を相手にその主権的行為に対して損害賠償請求を行うことは許されず、本裁判所としては、この事案で大韓民国裁判所が被告に対する裁判権を有するか否かに関して、大韓民国憲法と法律またはこれと同一の効力を持つ国際慣習法にしたがい、判断するしかないため、前述したとおり、現在の規範によれば、外国人の被告を相手にその主権的行為に対して損害賠償請求を行うことは許されず、かかる結果が大韓民国憲法に反すると見ることは難しい。被害回復など、慰安婦被害者問題の解決は、韓国が何度も明らかにしたとおり、被告との外交的交渉を含む韓国の対内外的な努力によりなされるべきである

裁判所は、こういった論理により、「この事案の訴は外国人の被告を相手とし、その主権的行為に対する損害賠償を請求するものとして、不適法であるため、これを却下することとし、主文同様判決する」とした。主文は「この事件の訴を却下する。訴訟費用は、原告たちが負担する」である。

◎2015年の慰安婦合意、例外創設、国家免除認定理由

裁判所は、「侵害の最小性」を論じ、「外交的保護権」と2015年の韓日慰安婦合意に対して詳細に言及した。1月8日、4月21日の両判決とも、2015年の韓日合意で慰安婦被害者たちの損害賠償請求権が消滅したとは見ていなかった。ただし、4月21日の判決は、この合意を、外交的保護権を行使したものとして評価した点が異なる。外交的保護権とは、ある国家が外国人の身体もしくは財産に対して違法な行為を犯した場合、被害者の国籍国家が被害救済のため、加害国を相手に外交的に行使することができる国家の権利を意味する。

2015年の合意に対する論点	裁判所の意見（要約）
合意の事実関係	合意は、原告たちに対する被告政府レベルの謝罪と反省の内容を盛り込んでおり、被害回復のために被告政府が拠出した財団を設立し、救済的な事業をするように定めており、実際に和解・癒やし財団を設立し、被害者に対して現金支援事業を行った。生存被害者35人、死亡被害者64人が現金を受け取ったことを考慮すれば、生存被害者たちのうち相当数が財団から支援金を受領したと見ることが合理的である
合意の性格	合意は、被告との外交的交渉による結果であり、被害者たちに対する謝罪と反省の内容を盛り込んでおり、被告政府が財源を調達している点を総合すれば、外交的保護権の行使の一般的な要件を備えており、被告政府の措置が含まれているため、被告に対する被害者たちの代替的な権利救済手段であると見るのが妥当である
一部問題点に対する判断	合意は、被告の責任の性格を明確に究明できておらず、また、被害者たちの意見をまとめておらず、発表されていない内容に被害者団体の活動を制約する内容が含まれているなど、一部問題点がある。それにもかかわらず、①外交は、相手のあるものであり、被告の法的責任を反映しようとしても被告が同意しなければ難しい点、②生存被害者の人数と年齢を考慮し、当初の立場を一部修正するとしても早いうちに被害回復のための実質的な措置を整えようとした点、③被害者の同意は得ていなかったが、被害者団体の意見をまとめた点、④生存被害者のうち相当数が現金を受け取ったため、合意が被害者たちの意思に明らかに反すると断定することは難しい点、⑤それ以前の被告の措置に比べると相対的に進展した内容を含んでおり、その後にこれより進展した内容の措置がなかった点などを総合すれば、この合意が外交的保護権を行使し、裁量権を逸脱したり、乱用したりしていると見ることはできない
被害者たちの損害賠償請求権との関係	合意は、条約ではなくいわゆる「政治的合意」として被害者たちの損害賠償に影響を与えていない。しかしこの合意とフォローアップ措置により、被害者たちのための代替的な権利救済手段が整えられた点は否定することが難しく、これを被告の国家免除可否を判断するにおいて考慮すべきである
政府の否定的態度と合意の効力	大韓民国行政府は、この合意に重大な欠陥があるとし、和解・癒やし財団の設立許可を取り消すなど、合意の効力を否定するものと映る態度をとった。しかし、外相は、この合意が公式的な合意であることを認め、再交渉を求めず、その態度は現在もそのまま維持している。また、財団の設立許可を取り消した後にも残余財産を被告に返還していないことなどからして、この合意が効力を失ったと見ることはできない

裁判所は、国際慣習法により裁判請求権が一部制約される問題に対して次のとおり意見を提示した（要約）。

韓国の裁判所が第二次世界大戦中に発生したこの事案に関して、単に韓国の国内法秩序に反するという理由だけを挙げて被告に対する国家免除を否定する判断をすることは、その法理的妥当性を論外としたとしても、今まで韓国が国家免除に関してとってきた態度と相反する。第二次世界大戦以降、長期間にわたり形成されてきた韓国が外交関係の基礎としてきた戦後の国際社会の秩序に反するだけでなく、外国を相手とした金銭支給義務履行判決を宣告することは、かかる判決を宣告すること自体はもちろん、判決確定後、強制執行過程においても必然的に相手国である被告との外交関係に衝突を惹起せざるを得ない。いったん、被告を相手取った判決が確定し、その原告たちが執行権限を確保することとなれば、その後の強制執行の時期と範囲は原告たちにより決定され、韓国がこれに関与する余地は制限的だ。かかる結果が、憲法が定める国際平和主義と国際法尊重主義に符合すると見ることは難しい。国家免除を認めることで原告たちの裁判請求権が一部制約されるとしても増進する公益と制限される私益の均衡を失ったと見ることはできない。

裁判所は、また、既存の国際慣習法で認められない新たな例外の創設問題は慎重にアプローチすべきであると主張した。裁判所は、原告たちが1月8日の判決を挙げ、国際慣習法に対しても裁判所が合憲的な法律解釈に従って国家免除の範囲を制限することができるという主張に対して、「1月8日の判決は国際的な流れから外れた異例的な判決と見るべきである」とし、次のとおり反論した（要約）。

合憲的な法律解釈が、国内法律に対しては確立された法律解釈の原則であると言えるが、この法理が国際慣習法の適用範囲を制限すること、特に一般的な慣行と法的確信により支えられない新たな例外を認めることで、実質的に国際慣習法の内容のうち一部の効力を否定することは、憲法第6条が定める国際法尊重主義に符合すると見ることは難しく、上の判決（1月8日の判決＝筆者）と類似の趣旨と見られるイタリア大法院と憲法裁判所の判決は、ICJ判決により、その効力が否定されたり、または国際的な流れから外れたりした異例的な判決と見ることが妥当だ。

仮に裁判所が解釈を通じて「強行法規」に反し、「深刻な人権侵害」を招いた場合、大韓民国憲法に符合しないと見て、被告の国家免除を認めないとすれば、「強制法規」と「深刻な人権侵害」という要件の包括性と不確実性により、今後、国家免除を否定する範囲に関して、相当な不確実性を招かざるを得ない。また、国家免除に対する不確実性は、今後外国から被害を受けた国民のために韓国が外交的措置を取る際、否定的な影響を及ぼす恐れも排除することが難しい。

国家免除に関して、既存の制限的な免除論が認められなかった新たな例外を認めるかどうか、もし新たな例外を認めるとすると、どの範囲で認めるのかについては、全面的に韓国の国益に及ぼす有利不利を冷静に考慮し、細密に決めるべき事項として、基本的に行政府と立法府の政策決定が先行すべき事項と見ることが妥当である。

裁判所は日本の国家免除を認める理由について、韓日間の外交的合意の効力を尊重し、追加的な外交的交渉を円滑にするためであり、一方的に原告たちに不利な結果を強要するためのものではないとした。これは、明らかに日本に関する意見表示でもある。これに対する裁判所の立場をさらに紹介すれば次のとおりである。

国家免除は、外国との外交的交渉が妥結し、代替的な権利救済手段が存在する場合にだけ認められるものではなく、そうでない状況においても将来、外交的交渉による紛争解決を円滑にするため、その外国に対する裁判権を認めないものである。この事案において韓国が被告の外交的交渉の結果である2015年12月28日の韓日合意が現在にも有効に存続しており、その合意で定めた給付が、慰安婦被害者たちに相当部分、現実的になされた状況において、その合意の相手である被告に対して国家免除に関する国際慣習法が、韓国の国内法と符合しないという理由だけを挙げて国家免除を否定することが妥当であると見ることは難しい。そしてこれが被告をして、国家免除の法理を「ごまかし」として自身の誤った行為に対する賠償を回避できるような機会を与えるものと見ることもできない。

裁判所は、国家免除が日本にごまかしを与えることではないとし、かかる論理に従った小結論において「被害回復など、慰安婦被害者問題の解決は、韓国が何度か明らかにしたとおり、被告との外交的交渉を含む韓国の対内外的努力によりなされるべきである」と促した。裁判所は、この結論に至るため長い道のりをたどったようだ。

4月21日の判決に対する分析を終えるにあたり、この判決の趣旨とよく似た裁判所の決定を紹介する。この決定は、4月21日の判決が出る前の3月29日に出た。この決定を行ったソウル中央地検民事合議34部が、他でもない1月8日、国家免除を認めず原告勝訴判決をした、まさにその裁判所であるという事実が興味深い。裁判の構成メンバーが2月に全員替わり、直前の裁判所の判決を否定するような決定を出したようだ。この決定の内容と意味は次のとおりである。前後の脈絡の理解のため、少し長く引用する。

裁判所が最近、日本政府を相手とした日本軍慰安婦被害者らの初の損害賠償訴訟勝訴判決の趣旨に反する決定を出したことが確認された。決定文には、当初判決とは異なり、「訴訟費用を日本政府が負担する必要はない」と明示されており、「強制執行は、国際法違反」とするなど、勝訴判決自体を問題視する内容も多く記されている。2017年9月、キム・ミョンス大法院長就任以降、日帝強占期被害者たちに不利な内容の裁判所の判断が出たのは初めてだ。

20日、法曹界によれば、ソウル中央地検民事34部（部長キム・ヤンホ）は、先月29日故ペ・チュニさんら、12人が日本政府に提起した損害賠償訴訟の勝訴事案に対して「（韓国政府）国庫による訴訟救助取り立て決定」を下した。「国家が訴訟費用を負担した今回の訴訟において、被告人日本政府が負担する費用はないという点を確認する」という内容であった。

これに先立ち、2月、裁判所の定期人事で構成メンバーが替わる前の同じ裁判所（部長キム・ジョンゴン）は1月8日、「日本帝国の反人道不法行為に対して国家免除を例外的に適用してはいけない。日本政府は、原告らに1億ウォンずつ支給せよ」と原告勝訴の判決を出し、「訴訟費用は、日本が負担せよ」という主文も出した。国家免除は「特定国家は他の国の司法部の決定に帰属しない」という国際法の原則だ。

この判決は、日帝強占期の反人道的行為に対する日本政府の法的賠償責任を初めて認めたが、国家免除を幅広く認める国際法の判例と既存の大法院の判例及び憲法裁判所の決定と相反する内容であり議論が生じた。日本政府は「国際法違反」であるとし、上訴手続に応じず、1月23日に、この一審判決がそのまま確定した。

ところが、新たな裁判部は、判決の中の日本政府に訴訟費用負担義務を負わせた部分を全面的にひっくり返した。特に注目されるのは、裁判部が決定文に、本案判決自体を批判する内容までいちいち記したという事実だ。

裁判部は決定文において「本案訴訟は日本政府の国家免除を認めず、原告勝訴判決を確定した」としつつも、「しかし、外国に対する強制執行は、該当国家の主権と権威に損傷を与える恐れがあり、慎重なアプローチが必要である」と指摘した。さらに「この事案の訴訟費用を強制執行することとなれば、国際法に反する結果を招きかねない」と述べた。

また、「外国政府の財産に対する強制執行は、現代文明国家の間の国家的威信と関連があるものであり、これを強行すれば、司法部の信頼阻害等、重大な結果となり得る」とし、「今回の事案は記録に出てきたすべての資料を見ても、国連国家免除条約上の外国政府に対する強制執行要件を満たしていなかった」と述べた。「日本政府の財産を強制執行すれば、憲法上の国家安全保障、秩序維持、公共福利と相反する結果に至ることとなるであろう」という懸念も含めた。

裁判部はまた、「以前と矛盾する行為をとることはできない」という禁反言（estoppel）の原則を挙げ、「日本政府にこの事案の訴訟費用の取り立て決定を行うことは、国際法に反する結果」

であるとし、「条約法に関するウィーン条約によれば、いかなる国家も国際条約を履行しないことを正当化するため司法部の判決等、一切の国内的事情を援用してはならない」と指摘した。裁判部は、「確定判決による権利も信義誠実の原則に従い行使されるべきであり、判決による執行が権利乱用になる場合には、許されない」という大法院の判例も紹介した。

裁判部はさらに、1965年の韓日請求権協定と2015年の韓日慰安婦合意を取り上げた。韓日慰安婦合意に関連しては「最近にも両国政府は慰安婦合意の有効性を確認し、相当数の被害者が基金（和解・癒やし財団）から金を受け取った他、余った残額も日本に返還されていない」と強調した。ムン・ジェイン（文在寅）大統領も、本案の判決直後である1月18日の新年記者会見で「困惑しているのは事実」であるとし、「韓国政府はその（慰安婦）合意が両国間の公式な合意であったという事実を認める」と述べた。

国際司法裁判所（ICJ）の判例に対する判断も付けた。裁判部は「ICJは、ほぼすべての平和条約と戦後処理の慣行において国家の間の総額精算をする場合、犠牲者個々人に対する賠償は、必須規範ではないと判断した」とし、「またICJは戦時に他の国家の領土において武装軍隊により犯された不法行為による損害に関して国家免除を認めた」と述べた。やはり同様のICJ判例について「朝鮮半島は武力紛争の当事者ではなかったため、ICJの事例を適用することはできない」と述べた1月の判決とは、全面的に相反する判断である。

新たな裁判部が、確定判決執行にブレーキをかけた今回の決定について、内部でも「初めて見る形態の異例的な決定」であるとの驚きの声が出ている。特に訴訟費用を誰がいかなる比率で負担するのかを決定する民事判決の通常手続きは、通常、当事者の申請により進められるが、今回の決定は、当事者の申請もない状態で裁判所が職権で出したものだ。裁判所は、今回の決定の意味について「事案確定後、記録を保存する手続きの前に出した決定」であるとだけ説明した。裁判所関係者は、これに関連し「確定判決の効力には影響を及ぼさない」と述べた。ただし、今回の決定文が慰安婦被害者たちの慰謝料支給の強制執行事件に参考資料として活用される可能性はある。慰安婦被害者側は、今回の決定と関係なく日本政府が慰謝料支給をしない場合、強制執行手続きを踏むという立場だ。被害者訴訟代理人であるキム・ガンウォン弁護士はこれに関連し、13日、「日本が韓国で所有している財産の目録を提出するよう命令してほしい」とし、ソウル中央地検に財産明示申請を行った。

（「中央日報」２０２１年4月21日入力）

この決定は、記事にもあるように、かつての裁判所が1月8日「被告（日本）は、原告に対して1億ウォンずつを支給し、訴訟費用は被告が負担する」とした判決に対して、新メンバーで構成された裁判部が、日本政府は訴訟費用を負担する必要はないと決定したものである。この決定の意味は、国家（韓国）の訴訟救済決定に従い、国家はこの訴訟において原告が出すべき訴訟費用の納入を猶予したが、原告たちが裁判で勝訴したため、国家は敗訴した被告（日本）から訴訟費用を受けるべきであるが、日本政府から受け取る訴訟費用はないので、国家の費用として処理せよというものだ。この決定の主文は、「国家がこの事案に関する訴訟救済決定により原告たちに対して納入を猶予するようにした訴訟費用のうち、被告から取り立てることができる訴訟費用は、存在しないことを確認する」とされている。

この決定は、単に訴訟費用だけを問題としていなかったという点で関心を引いた。1月の判決の法理に正面から反論するような内容が多く含まれており、その主張が4月21日の判決の論理とよく似ているということが容易にわかる。かかる動きが単純に二つの裁判部の偶然の一致であるのか、それとも新たな流れであるのかは、さらに観察する必要があるようだ。

第2章

慰安婦合意と和解・癒やし財団

1 女性家族省の無神経さと破廉恥さ

「和解・癒やし財団を即時解散せよ」
「日本が拠出した10億円も返還せよ」

こう主張しながらも、「和解・癒やし財団」を解散する清算人の給与を、日本が出した10億円から支給したとすれば、みなさんはどう考えるだろうか、筆者は恥ずかしいと思った。日本のお金を使ったことがではなく、韓国の国格と自尊心を損なったという考えのためだ。だが、これがまた、たまたまそうなったわけではない。そうしてはいけない、国のメンツを潰す、と強く止めたのにもかかわらず、そうなってしまった。しかも「予算がない」という理由で。公務員の無神経さと破廉恥さに驚かされるばかりだ。女性家族省のことである。

和解・癒やし財団は、2016年7月28日に発足した。前年の15年12月28日に発表した韓日慰安婦合意によるものである。日本は2016年9月1日に財団に10億円（108億3千万ウォン）を送金した。財団はこのお金で、生存している元慰安婦47人のうち35人に対して1億ウォンずつを、死亡した慰安婦199人の遺族64人に対して2千万ウォンずつを支給。2020年5月現在、残金は56億ウォンだ。

慰安婦合意に反対する被害者や団体、政界などは財団を解散し、10億円を日本に返せと要求した。カン・ギョンファ（康京和）外相は、2018年1月9日に「慰安婦合意の処理方向の政府の立場」

を発表し、日本政府が拠出した10億円に当たる103億ウォンを韓国政府の予算で充当すると述べた。これは、日本が拠出した基金に韓国の予算103億ウォンを充てることで、生存する元慰安婦と遺族らに対して、すでに支給したお金も韓国が支給したものとみなすという意味だ。10億円では慰安婦問題を解決することはできず、その程度のお金なら韓国も、いつでも準備することができるということを強調した。当然、国民の要求と支持も計算したであろう。ただし、康外相は、「（日本が出した）10億円の基金の今後の処理策については、日本政府と協議する」とした。政府は2018年7月24日、国務会議において予備費103億ウォンを女性家族省両性平等基金として編成することを議決し、8月16日、実際に103億円を預け入れた。

和解・癒やし財団解散も本格化した。女性家族省は2018年11月21日に報道資料を出し、「和解・癒やし財団解散を進め、財団事業を終了することに決めた」とし、「このための法的手続きを踏む」と明らかにした。これにより、12月7日財団解散に関する聴聞を経て、2019年1月21日、女性家族省は、「財団が目的事業をしっかり進めることができておらず、今後も正常化の可能性がない」とし、民法38条（法人の設立許可の取り消し）と「女性家族省所管非営利法人設立及び監督に関する規則」第4条第1項第1号（法人の目的と事業が実現可能であること）により、財団の設立許可を取り消した。

財団は2019年4月26日、裁判所に清算人選任を申請し、裁判所は5月27日、財団設立許可取り消し前に聴聞手続きを任せていたK弁護士を清算人として選任した。財団は6月17日、清算人選任及び解散登記を完了し、7月15日に主務部署である女性家族省に解散申告を行った。

民法第77条（解散事由）は、①法人は存立期間の満了、法人の目的の達成または達成の不能その他定款に定める解散事由の発生、破産または設立許可の取り消しにより、解散する、②社団法人は社員がいなくなる、あるいは総会の決議でも解散する、となっている。和解・癒やし財団は、設立目的を達成することができなくなったため（目的達成の不能）、解散したのである。

解散登記を行う際、理事たちを登記抹消し、任期も整理した。和解・癒やし財団の理事たちは、あれこれの理由で任期満了前に辞任したが、登記簿には名前が残っており、任期と資格については議論があった。裁判所は、2017年7月27日に辞任したキム・テヒョン（金兌玄）理事長を、1年10カ月後の19年5月27日（清算人選任の日）に解任したものとし、17年12月26日に辞任したチョ・ヒヨン、シム・ギュソン（沈揆先）、チン・チャンス（陳昌洙）、イ・ウォンドク（李元徳）、キム・ジェリョンの5人の理事は、その翌年の18年8月10日、任期満了（2年）で退任したことにした。

清算法人は2019年8月30日から11月8日まで債権を申告せよと公告し、すでに現金支給を申請していたが、まだ受け取っていなかった被害者とその家族に対する一部業務等を処理し、20年1月17日、事務局（ソウル中区統一路86バビエン513号）の門戸を閉じた。

財団設立後、財団の運営費が財団内から議論の種として浮上した。理事たちは、日本の拠出金はただ、慰安婦被害者とその遺族たちに対してのみ使うべきであると合意し、職員の給与と事務所賃貸料などの財団運理費は、政府から支援せよと要求した。財団は、カン・ウニ女性家族相とユン・ビョンセ（尹炳世）外相の協力を得て、2016年8月、女性家族省に2億3千万ウォンを支援してほしいと要請し、1億5千万ウォンを受け取った。その年、実質的に足りなかった5900万ウォンは理事会の議決を経て日本の拠出金で充当した。

問題は、2017年の運営費であった。2016年5月、第20代国会が開会し、共に民主党が第一党になると、同年の国政監査と常任委予算審議過程において、財団の運営になぜ国庫を支援するのかという指摘が出てきて、結局、17年の財団運営費予算はすべて削られた。理事会は仕方なく、2017年の運営費5億3500万ウォンを日本の拠出金から使うように議決した。18年の予算もそうした。その後、財団の運営費に日本の拠出金を充てることに多くの批判が出た。

「毎月2750万ウォンずつ使う『朴槿恵の拙速合意の産物』和解・癒やし財団」

2015年、パク・クネ（朴槿恵）政権時代。「12・28韓日慰安婦被害者合意」で設立されたが、事実上、形だけを残した和解・癒やし財団に対し、今年に入って事務所運営費として毎月平均2759万ウォンが支出されていることがわかった。

29日、国会女性家族委員会所属のチョン・チュンスク共に民主党議員が、女性家族省から提出を受け、公開した資料によると、今年1月から6月まで、和解・癒やし財団は人件費1億1400万ウォン及び管理運営費5100万ウォン等総額1億6500万ウォンを使った。財団には事務所長を含め、職員5人が勤務中だ。これらの給与・事務室賃貸料等で月平均2750万ウォンを使った。しかし財団レベルの業務は事実上中断された状態だ。

（「ハンギョレ新聞」2018年7月29日入力）

チョン・チュンスク議員だけがこれを問題視したのではない。パク・キョンミ共に民主党議員もこれに先立つ2017年11月に「和解・癒やし財団の慰安婦被害者の慰労金、串柿を一つずつ抜いて食べるように使った」という報道資料を出し、日本の拠出金で運営費と人件費3億3200万ウォンを使ったと批判した。

和解・癒やし財団の門戸を閉ざせという主張も、10億円を日本に返せという主張もできる。しかし、職員6人（一人は外交省派遣として外交省から給与支給）が働き、財団に予算を一銭も払わず日本の拠出金で運営費と人件費を充当したことを問題視するのなら、どうすればいいのかわからない。

財団理事たちは2016年に9回（書面3回を含む）、17年に10回（書面3回を含む）の理事会を開いた。理事会1回あたり10万ウォンの会議費が支給された。しかし、運営費予算を全額削られた2017年には会議費を受け取らないことを決議し、実際にそうした。そして、2016年の運営費5900万ウォンと17年の運営費5億3500万ウォンを、日本の拠出金でまかなったことは、国家として恥ずかしいことであるため、事後であっても、必ず国家予算で充当すべきであると、何度も理事会の記録に残した。

このような理事たちの立場からすると、清算人の給与まで日本の拠出金から支給することは、無神経であり、破廉恥なことだ。財団を維持するために働く職員の給与や事務室の賃貸料を、日本の拠出金から使うことも批判される中で、このことは、国家の品格を貶（おとし）めることでもあるとも思う。

財団の理事たちは、清算人の給与を日本の拠出金で支給するという事実を知った直後、女性家族省側に強く考え直すように要請した。2019年3月ごろ、女性家族省は、すでに辞任し、書類上でだけ登録されていた金兌玄和解・癒やし財団理事長に対して、K清算人の受任料として月500万ウォンを財団のお金から支給するので、決裁してほしいと求めた。しかし、金理事長は、財団の拠出金の使い道は、原則的に韓国と日本政府が協議すべきという理由を挙げ、「日本と合意して、その内容を公文で送ってほしい」と要請した。金理事長は「財団の拠出金から清算人の給与を払うことはどうしても防ぎたかった」と述べた。しかし女性家族省は「別のところから財源を準備することは難しい」

とし、受け入れなかった。清算人の給与は、財団が裁判所に送金し、裁判所が清算人に支給することになった。K清算人は、清算人として選任される直前である2019年5月21日から、財団の事務室を閉鎖した20年1月20日までの8カ月間、月500万ウォンずつ計4千万ウォンの給与を受け取った。

清算人の給与に関する話は、財団関係者たちはおおむね知っていたが、「恥ずかしい」として口を閉ざしていた。ところが2020年6月16日、チェ・グァンスク「ソウル新聞」政策ニュース部専任記者が「清算人K弁護士は昨年6月に業務を開始し、今年1月までの8カ月間、拠出金から毎月約500万ウォンを受け取った。その後、やることも特になく、2月からは無報酬で働いたという」と同紙のコラム（「世宗路の朝：和解・癒やし財団に何が起きているのか」）に書いた。

しかし、このくだりの意味に注目した人はいなかったであろう。日本の拠出金から清算人の給与を出したことの何が問題かとも言える。しかし、筆者は前述したとおり、非常に恥ずかしく思う。国会も筆者と同じ意見で、日本の拠出金を財団の運営費として使うことを非難したのであろう。清算人の給与も運営費だ。女性家族省は「すぐ横にお金があるのに、なぜわざわざ買ってまで苦労するのか」と考えたようである。だが、「国家」は安易なことにだけ流れてはならず、時には品格と大義名分をも追求しなければならない。政府がその後、103億ウォンをつくり、充当したように、国家のメンツのためにも4千万ウォン程度は国庫から充当せよ、と提案する。

野党「国民の力」のチョ・テヨン（趙太庸）議員は、2020年8月から5回にわたり女性家族省に、和解・癒やし財団の解散方針後の財団清算、進行状況を質疑し、経費使用の内訳を詳細に報告してほしいと要請した。しかし、女性家族省の答弁からは、K清算人の給与をどれだけの期間、どの財源から出したのかはわからない。女性家族省は、「2017年に財団理事会が一括辞任し、理事会を開催できないため、2017年と18年の実績報告がなされなかった」と答弁した。しかし、2017、18年ではなく、清算人が勤務していた期間（2019年5月から20年1月）には職員もいたので、その期間の経費使用の内訳は整理することができるであろう。なのに、その期間の使用経費について答弁しないのはおかしい。

女性家族省の答弁を総合すれば、次のとおりの事実を推し量ることができる。

第一に、退任した理事たちが会議録にまで残して要請した事案を成し遂げることが難しいということだ。理事たちは、「財団運営費を日本の拠出金から使ったことは、やましいことなので、後に国家予算で充当してほしい」と求めた。額は9億ウォンほどになる。だが女性家族省は答弁で、日本が拠出した10億円は、後に日本に返すため予備費103億ウォンを準備しているが、「財団がすでに使ったお金については充当計画がない」と述べた。そうであれば、清算人の給与4千万ウォンを国家予算で充当してほしいという筆者の提案も受け入れる考えはないようだ。

女性家族省は、清算人の給与を韓国政府が準備した103億ウォンから出したと主張できるのではないか、という見方もあるだろう。しかし、できない。103億ウォンは、日本に返金する時のために別途管理しており、清算人の給与は明らかに財団の法人通帳から裁判所を経て清算人に渡った。法人通帳には、103億ウォンが入っていないのだ。

第二に、残ったお金56億ウォンに関することである。民法と女性家族省の規則を総合すれば現在、和解・癒やし財団に残っている56億ウォンは、理論的には清算人が要請し、女性家族省が許可すれば処分することができる。ところが条件がある。その法人の設立目的と同様の場合にのみ処分することができるのだ。和解・癒やし財団の定款にある設立目的と目的事業には、こうある。

第1条（目的）

この法人は、日本政府の予算で一括拠出された資金で、すべての日本軍慰安婦被害者の名誉と尊厳の回復及び心の傷を癒やすための多様な事業を行うことを目的とする。

第4条（目的事業）

財団は、第1条の目的を達成するための事業を施行する。

1．日本軍慰安婦被害者の名誉と尊厳の回復及び傷を癒やすための各種事業

2．財団の目的に符合する事業

財団の事業のうち最も重要であったことは、慰安婦生存者と死亡者遺族に対して現金を支給することであった。ところがこの業務は終わった。定款に出ている「多様な事業」や「各種事業」「財団の目的に符合する事業」としては慰霊事業や教育、研究、記念館設立などが考えられるが、財団を解散した今、このような事業ができるか疑問だ。もし処分をしていなければ、民法に従い、国庫に戻される。そうしないようにするには、日本に返すか、他の用途に使用するために日本政府と議論するかだろうと思われる。しかし、これはあくまで日本が交渉のテーブルに出てくる場合の話だ。56億ウォン問題は単独で処理できる問題ではなく、韓日が関係を正常化する大きな枠組みで合意できた場合、その中で解決される可能性が高い。

2 姜昌一大使の「和解・癒やし財団解散経緯」発言

カン・チャンイル（姜昌一）駐日大使は2021年1月22日、成田空港に到着して記者たちの質問に、「（2015年の）慰安婦合意が破棄されたという人がいるがそうではない。和解・癒やし財団が解散したことは、理事長や理事たちが辞退したために生じたのであり、政府の圧力のせいではない」と述べた。だが、この主張は事実ではない。

この発言を問題とする前に明らかにしておきたいことがある。姜大使の言葉尻を捉えようというのではないという点だ。慰安婦合意と和解・癒やし財団の問題は、日本も当事者として内幕をよく知っており、関心も高い懸案中の懸案だ。そのため、駐日大使として事実関係をよく理解しておくべきだ。すでに知っているなら、そのとおりに話したり、あるいは沈黙で曖昧さを維持したりすべきである。事実でないことを事実のように述べてはいけない。この点を指摘したい。

姜大使は日本で博士課程を修め、韓日議員連盟会長などを歴任したため、「日本通」と呼ばれる。ところが、日本では歓迎されない。彼の過去の発言と行動のせいである。彼は2020年10月にKBSラジオに出演し、日本の天皇の呼称について「韓国では『日王』と呼ぼう」と話した。韓国政府は公式に天皇と呼ぶ。日本の留学経験と、それぐらい社会的水準が高い要人であれば、「天皇」と呼ぶことが正しい。もし国民感情を意識したというのであれば、両国の立場を包み隠さずに説明するのが

「日本通」と呼ばれる人の役割であろう。姜大使は日本に到着するとすぐに「天皇陛下」と呼んだ。

まず、慰安婦合意は破棄されていない、という姜大使の主張から詰めてみよう。

ムン・ジェイン（文在寅）大統領は2017年5月の当選直後、（当時の）安倍晋三首相との初の電話会談で「慰安婦合意は私たち国民が情緒的に受け入れることができない」と述べた。

また、日本に特使として派遣されたムン・ヒサン（文喜相）氏は5月17日、日本の岸田文雄外相（当時）に「国民の大多数が慰安婦合意を受け入れられずにいる」と述べた。

カン・ギョンファ（康京和）外交相は6月21日、岸田外相との初の電話会談で「慰安婦合意は私たち国民の大多数と被害者たちが受け入れられずにいるというのが現実」であると述べた。

外交省は7月31日「韓日日本軍慰安婦被害者問題合意検討タスクフォース」（以下、合意検討TF）を構成し、慰安婦合意の問題点を調査し始めた。合意検討TFは12月27日、慰安婦合意が被害者中心主義を欠いており、日本大使館前の少女像移転、性奴隷の用語の使用、慰安婦団体の説得などについて非公開の合意をしていた、と発表した。

康外相は10月12日、国会において「合意や内容すべて国民が受け入れられない結果」であると答弁した。

文大統領は12月28日、「合意が両国の首脳の追認を経た政府間の公式的な約束であるという負担にもかかわらず、この合意で慰安婦問題が解決されない点を改めて明確に表明する」との立場を発表した。

康外相は、2018年1月9日、日本政府が拠出した10億円を、韓国政府予算103億ウォンで充当すると明らかにし、政府は同年7月24日、103億ウォンを女性家族省の両性平等基金に預け入れた。

文在寅大統領は２０１８年9月25日（現地時間）、ニューヨークで安倍首相と会い、「慰安婦被害者のハルモニ（おばあさん）と国民の反対により、和解・癒やし財団が正常に機能せず、枯死せざるを得ない状況」だと述べ、解散するという意思を告げた。

チン・ソンミ（陳善美）女性家族相は、２０１８年11月21日、和解・癒やし財団を解散すると明かにし、19年1月21日に財団設立を取り消した。

ここまで列挙した動きは、何を意味するのか。合意を破棄したのも同然だということである。破棄の宣言はしていないと言って、まるで合意がちゃんと機能しているかのように言うことは、人工呼吸器でなんとか延命している人を見て「生きているので健康だ」と言い張るようなものだ。姜大使本人に、大使就任前にも、合意は生きている、と考えていたのか問いたい。筆者は、有力な要人や政治家、学者のうち、慰安婦合意は有効であると述べる人に会ったことがない。文在寅政権発足後、最も多く使われた言葉は「事実上の破棄」であった。もっとも、文大統領が突然、「２０１５年の慰安婦合意は両国政府間の公式的な合意であったという事実を認める」と態度を変えたので、大使としてはそう言わざるを得なかったという点は理解する。

しかし、和解・癒やし財団の解散を、理事長や理事たちが辞退したせいにすることは、納得できない。まったく事実ではない。大統領の立場が変わり、慰安婦合意を認め、そのため和解・癒やし財団の解散理由が引っ掛かり、だから解散は政府が行ったのではなく理事長と理事が辞めたためにしかたなくそうなった、と言いたいようだ。しかし、そうではない。

理事長と理事たちが辞退したことは、前述したとおり、文在寅政権になって以降、大統領と外交省、女性家族省が財団の必要性を認めない上、国家の品位のために人件費と運営費だけでも日本の拠出金ではなく韓国政府の予算でしてほしいという理事たちの要求を黙殺し、与党の「共に民主党」は、国政監査等を通じて管理運営費の使用を問題とし、解散を促したせいで〔有名無実の〕「植物財団」になったためである。キム・テヒョン（金兌玄）理事長は、理事会の議決を経て、2017年7月27日付で辞任した。チョ・ヒヨン理事ら5人は、外交省の合意検討TFが検証結果を発表する12月27日の前日に一括辞任した。外交省の合意検討TFの検討結果が、慰安婦合意と和解・癒やし財団に否定的であることは間違いないので、地位に執着しないでおこうという理事たちの合意によるものである。にもかかわらず、理事らが自ら出て行ったというのは、言ってみれば、屋根に雪が積もって家が崩れたのに、雪の話をせずに屋根が崩れたために家が壊れた、とだけ言っているようなものである。

百歩譲って、理事長と理事らが出て行ったからといっても、財団が自然に解散するわけではない。理事たちは辞任直前である2017年12月11日、チョン・ヒョンベク（鄭鉉柏）女性家族相に会い、辞職するとの意思を伝え、後任の理事を選出して業務に支障のないようにしてほしいと願い出た。財団の定款第7条（役員の任期）2項は、「役員のうち欠員が出た時には、2カ月以内に充員しなければならず、欠員により新たに選任された役員の任期は前任者の残余任期とする」となっている。理事たちが後任の理事選任を要請したという事実関係は「和解・癒やし財団活動報告書」（2019年12月31日発行）に詳細に記録されている。

しかし、女性家族省は、後任の役員を選任しなかった。財団の定款には、理事を5～15人置くようになっているが、当初11人であった理事は、役所から来た3人（女性家族省と外交省担当局長、財団事務処長）だけになっていた。一括辞退した5人の理事は理事会の議決を経ることができず、登記簿上に名前は残っていたが、財団業務には一切関与しなかった。３人だけでは開議要件である在籍過半数を埋めることができない。財団の常勤幹部と職員は、女性家族省と外交省の担当幹部の名簿、報告書提出、メール送付等で随時、後任理事の選出を要請した。記録に残っているものだけでも２０１８年２月21日から19年11月20日までの１年９カ月間、少なくとも12回も要請した。しかし、女性家族省は後任者を選任しなかった。そして２０１８年11月21日、財団を解散すると発表した。女性家族省が理事を補充しなかったのは、当時の雰囲気を振り返ると、財団を解散せざるを得ないと判断したためだろう。だから財団は理事長と理事たちが辞任したため解散したのではなく、政権の方針に従い、強制的に解散させられたのである。

理事たちが財団を離れても、後任の理事の選出をお願いしたのは、残っている職員たちの「業務」のためであった。業務とは、慰安婦被害生存者と死亡者遺族に対する現金支給だ。現金支給は、理事会の議決を得なければならない。理事会を開けないので、財団の固有業務である現金支給事業に支障を来すのは当然だ。理事たちが後任の理事選出を要請したという事実は、理事たちが財団解散を望まなかった、という証拠でもある。理事たちは誰一人、自らの理事職辞任と財団解散を結び付けて考えたことはない。筆者は、２０１８年12月７日に開かれた、財団解散のための聴聞会に意見書を提出した際、「意見陳述人は和解・癒やし財団の解散に否定的」であると述べた。その意見書も確かに解散関連書類の中に入っているだろう（この意見書は、この章の5節を参照）。

理事長と理事たちは辞任後、理事としての権利行使をしたことはない。なのに、登記簿上には相当期間、理事として掲載されていた。何の権限もないのに財団を存続させる役目をしていたことになる。２０１７年７月27日に辞任した金兌玄理事長は、法的には１年10カ月後である２０１９年５月27日

（清算人選任の日）まで、17年12月26日に辞任した5人の理事は18年8月10日（2年の任期満了の日）まで理事として掲載されていた。

すでに財団を解散した今、一時期とはいえ、理事に就いていた者として特に言いたいことはない。ただ、理事長と理事たちが辞任したので財団を解散した、ということは、これまで示したいくつかの証拠と、当時の状況を総合すると、事実ではないということを記録として残しておきたい。

3 「慰安婦合意」は積弊なのか。合意検討TF報告書

女性家族省が（2018年）11月21日、和解・癒やし財団を解散することを明らかにした。大法院（最高裁）の強制徴用判決が出たばかりの時期だったので、少し意外だった。財団の解散発表を少し遅らせて、その衝撃を抑えるのではないかと予想していたが、状況に変わりはないようだ。解散方針を決めた以上、強制徴用判決にとらわれる必要はない、と判断したようだ。女性家族省の発表内容は次のとおりだ（括弧などは発表文のまま）。

「女性家族省、和解・癒やし財団の解散を推進―関連の法的手続を即時進める予定」

・女性家族省（大臣＝チン・ソンミ〈陳善美〉）は、和解・癒やし財団の解散を推進し、そのための法的手続きを踏む予定であることを明らかにした。

・去る1月9日、政府は和解・癒やし財団に対して日本軍「慰安婦」被害者、関連団体等の国民の意見を広範囲に集約し、処理案を整えると発表した。

これに女性家族省は、外交省とともに和解・癒やし財団の処理案に対して意見集約及び関係部署の合意等を進めてきており、同財団をめぐる現在の状況及びこれまでの検討結果を反映し、和解・癒やし財団の解散を進め、財団事業を終了することを決定した。

・女性家族省は、今回の解散推進発表後、聴聞等の関連法的手続きを進める予定であり、財団の残余基金（10月末基準57・8億ウォン）については7月に編成した両性平等基金事業費103億ウォンとともに日本軍「慰安婦」被害者、関連団体等の意見を集約しながら合理的な処理案を整える予定である。

これに関連して、外交省が日本政府と協議を進めるなど、関連した外交的措置もともに取っていく予定だ。

・陳善美女性家族相は、「『被害者中心主義』の原則の下、和解・癒やし財団に対する様々な意見集約結果などを基に、財団の解散を進めることにした」とし、「女性家族省は今後も日本軍『慰安婦』被害者の方々の名誉と尊厳の回復のための政策推進に最善を尽くしていく」ことを明らかにした。

2015年12月28日、韓国と日本政府が発表した慰安婦合意と、それにより発足した和解・癒やし財団の運営は、外交相直属として設置された合意検討TFが12月27日、検討結果を発表し、方向が決定されたのも同然である。発表の内容は予想通り、慰安婦合意に対して相当批判的な内容が盛り込まれた。

先の女性家族省の発表の中で「1月9日、政府は和解・癒やし財団に対して日本軍『慰安婦』被害者、関連団体等の国民の意見を広範囲に集約し、処理案を整えると発表した」としたことは、合意検討TFの発表を基に、カン・ギョンファ（康京和）外相が明らかにした、政府の公式な立場を指す。その後、ムン・ジェイン（文在寅）大統領、イ・ナギョン（李洛淵）首相、チョン・ヒョンベク（鄭鉉柏）前女性家族相ら責任ある当局者が、慰安婦合意に対して否定的な意見を明らかにし、合意により設置された和解・癒やし財団を解散するという意思を国内外に直接的あるいは間接的に明らかにした。

2018年9月25日（現地時間）、ニューヨークで開かれた安倍晋三元首相との首脳会談の際の文大統領の発言は事実上、和解・癒やし財団に対する最後通告であった。文大統領はこの時、「慰安婦被害者のハルモニ（おばあさん）と国民の反対により、和解・癒やし財団が正常に機能しなくなり、枯死せざるを得ない状況だ。賢明に締めくくる必要がある」と述べた。「賢明に」とは結局のところ、解散のことだったのである。

財団が解散されたにもかかわらず、このようなことを書く理由は何か。死んだ財団を生かそうということではない。確かに死んだ財団ではあるが、存在していたことすらなかったかのようにするのはいけないと考えるためだ。一時期でも存在していた財団の活動の中から、今後、何か役立てることができる示唆を得るべきだと信じる。だからこれは、死んだ財団を記憶するためのささやかなお墓である。

ここでは、財団に関連する様々な議論の中でも、合意検討TFの報告書を集中的に見てみようと思う。なぜなら、この報告書が和解・癒やし財団の解散を直接促しはしなかったが、前述したとおり、財団の解散を決定する理論的根拠を示したためだ。それにもかかわらず、合意検討ＴＦの報告書については、特段議論がなされなかった。

合意検討ＴＦの報告書に対する評価とともに、筆者は同日発表された女性家族省の和解・癒やし財団に対する監査結果の問題点と、財団の最近の状況、慰安婦問題をめぐるその他の争点などについても意見を提示しようと思う（和解・癒やし財団を解散する方法と職権解散の根拠などについても議論が必要だが、これは別のところで扱う）。

筆者は、30年以上、新聞記者として働いてきた。したがって、これは厳格な形式を備えた論文ではない。ジャーナリズムのレベルで問題を提起し、筆者なりの意見を示すという点は読者の了解を願いたい。また、この文章は２０１８年5月29日、ソウル大日本研究所で発表した内容を基に、その後の状況を反映させ、再び整理したという点も述べておく。

（1）報告書に対する見方と前提

本論に入る前に、筆者の見方と前提を明らかにしておきたい。

◎筆者は合意検討ＴＦの報告書に対して批判的だ。しかしここに書く目的は、批判ではなく、検証結果に対する異見の提示である。異見は必ずしも正しいから注目されるわけではなく、存在するから注目される。

◎現在、韓国社会の慰安婦問題の議論は偏ったグラウンドにある。慰安婦合意を擁護する主張もなく、合意検討TFの報告書に対する批判もほぼない（だが見える範囲だけが、すべてではない）。筆者が主流の雰囲気とは違った見方を伝える必要性を感じる理由である。

◎筆者は前述したとおり、自分の意見よりも、観察者や伝達者の立場に立とうと努めてきたジャーナリストだ。同時に筆者は、和解・癒やし財団の理事でもあったのも事実だ。これを「偏狭」ではなく「専門性」と理解してもらえることを期待する。

◎筆者も慰安婦合意に対して完全に満足しているわけではない。ただ、「不可能な最善」より「可能な次善」を支持するという考えから、和解・癒やし財団に参加したという点を、筆者が勤めていた新聞社のコラムを通じて何度も公開的に明らかにしてきた。したがって、日ごろの考えの延長線から意見を開陳するのであって、突発的に意見を示すのではない。

◎筆者も慰安婦問題の根源は日本にあり、日本がより謙虚に、より積極的に問題解決に臨むべきであると考える。ただ、日本政府に向けた要求は続けるべきであるが、日本政府の変化を引き出すための圧力は、今は日本の知識人とメディアに任せる方が効率的であると考える。韓日両国とも、相手の主張を尊重し、考えと行動を変える時代は、すでに終わったようだ。なぜこのような現象が起きるのかについては、別途研究してみる価値がある。

（2）慰安婦合意の内容

合意検討TFが報告書の一番初めに慰安婦合意の全文を載せなかったことは理解しがたい。合意検討TFの主な任務は慰安婦合意を検討することである。合意検討TFは、慰安婦合意文のうち、必要な部分だけを引用し、批判と解説をしているが、合意の全文を見せないのは正しくもなく効率的でもない。合意文全体を読めば違って見えることがあるためだ。

したがって、ここでは合意文の全文を再度掲載する（2015年12月28日外交長官記者会見では岸田文雄外相〈当時〉がまず発言し、ユン・ビョンセ〈尹炳世〉外相が続いて発言した。韓国外交省は記者会見の際、発表した内容を外交省のホームページに載せている）。

◎岸田文雄日本外相の発表

ア．慰安婦問題は、当時の軍の関与の下に、多数の女性の名誉と尊厳を深く傷つけた問題であり、かかる観点から、日本政府は責任を痛感している。安倍内閣総理大臣は日本国の内閣総理大臣として改めて、慰安婦として数多（あまた）の苦痛を経験され、心身にわたり癒やしがたい傷を負われた全ての方々に対し、心からおわびと反省の気持ちを表明する。

イ．日本政府は、これまでも本問題に真摯（しんし）に取り組んできたところ、その経験に立って、今般、日本政府の予算により、全ての元慰安婦の方々の心の傷を癒やす措置を講じる。具体的には、韓国政府が、元慰安婦の方々の支援を目的とした財団を設立し、これに日本政府の予算で資金を一括で拠出し、日韓両政府が協力し、全ての元慰安婦の方々の名誉と尊厳の回復、心の傷の癒やしのための事業を行うこととする。

ウ．日本政府は上記を表明するとともに、上記（イ）の措置を着実に実施するとの前提で、今回の発表により、この問題が最終的かつ不可逆的に解決されることを確認する。併せて、日本政府は、韓国政府とともに、今後、国連等国際社会において、本問題について互いに非難・批判することは控える。

合意検討TFは、「両国が発表の内容をそれぞれ公式ホームページに掲載したが、互いの内容が一致しない部分が出た。韓国外交省は、外相の共同記者会見において発表した内容を、日本の外務省は両国が事前に合意した内容を公式ホームページに掲示した」と指摘した。この後、再度言及するが、要約すれば、韓国版では最終的かつ不可逆的に解決されたと見る前提が（ア）及び（イ）をすべて実行することであるが、日本語版では（イ）だけ実行すればよいものとなっている。つまり、韓国語版では日本が「謝罪と反省の気持ちを抱き」、和解・癒やし財団をつくるのに必要な資金を出すべきであるとしたが、日本語版は和解・癒やし財団をつくるのに必要な資金だけを出せばよいというようになっている。誤解の余地があるという指摘に同意する。

◎尹炳世外相の発表

ア．韓国政府は、日本政府の表明と今回の発表に至るまでの取り組みを評価し、日本政府が先に表明した措置が着実に実施されるとの前提で、今回の発表により、日本政府とともに、この問題が最終的かつ不可逆的に解決されることを確認する。韓国政府は、日本政府の実施する措置に協力する。

イ．韓国政府は、日本政府が在韓国日本大使館前の少女像に対し、公館の安寧・威厳の維持という観点から憂慮していることを認め、韓国政府としても可能な対応方向について関連団体との協議等を通じて、適切に解決されるよう努力する。

ウ．韓国政府は、今般日本政府の表明した措置が着実に実施されるとの前提で、日本政府とともに今後、国連等国際社会において、この問題について互いに非難・批判することを自制する。

（3）合意検討ＴＦの報告書について

以下に引用する文章は、合意検討ＴＦが２０１７年12月27日に発表した全31ページの「韓日日本軍慰安婦被害者問題合意（２０１５・12・28）検討結果報告書」を基本テキストとする。この報告書は、外交省ホームページにも載っている。

報告書の順序に従って報告書が記述した内容を紹介し、これに対してコメントをする形で筆者の意見を紹介しようと思う。

◎合意内容

①公開部分（**報告書11〜21ページ**）

公開部分のうち、最も核心的な事項である日本政府の責任、日本政府の謝罪、日本政府の金銭的措置に対する記述には一つの特徴が見られる。慰安婦合意に対してある程度、肯定的な評価をした後、すぐに批判する方式だ（批判部分は「→」とともに括弧内に付けた＝筆者）

イ．日本政府の責任（報告書11ページ）

責任の部分で日本政府の責任を、修飾語を付けずに明示するようにしたことは、責任に関する言及がなかった河野談話や、責任の前に「道義的」を付けていたアジア女性基金の当時の日本の首相の手紙と比べ、進展していると見ることができる。また、「日本政府として責任を痛感」するとした上で、首相のおわびと反省の気持ちの表明、そして日本政府の予算拠出を前提とした財団設立が合意内容に含まれたことは、日本が法的責任を事実上認めたものと解釈することができる側面がある。

（↓しかし「法的」責任や責任を「認める」という言葉は引き出すことはできなかった）

韓国政府は、日本側に再交渉を求めないとしたが、この指摘は、今後の状況が変わる場合、韓国政府が「法的責任」と「責任を認めること」を合意の前提条件や最終目標とするかを問わせることになる（いかなる水準を解決と見るのかは、韓国政府が再交渉を求めないということとは別問題である）。

ロ．日本政府の謝罪（報告書13ページ）

安倍首相は、内閣総理大臣の資格で、おわびと反省を表明した。過去、アジア女性基金当時、被害者に対して渡した日本首相の手紙にも「心からのおわびと反省の気持ち」という表現が入っていたが、慰安婦合意ではより公式的な形として、このような意思を明らかにしている点で、今回の謝罪と反省の表明は、従来より良くなったものと見ることができる。

（↓しかし、内閣の決定を通じた謝罪には至らなかった。また、形式が被害者に対する謝罪と反省の気持ちを直接伝えるものではなかった。内容もアジア女性基金の首相の手紙の中の「道義的」の用語だけ除き、同じ表現と語順をそのまま繰り返していた）

この評価も、今後この問題が再び火を噴いた際、「内閣の決定」を合意の前提とするのか、首相が直接慰安婦たちに会い、謝罪するようにする、いわゆる「感性の措置」［手紙を送るなど被害者たちの心の痛みをやわらげるような対応］などを求めるのかを問わせる。または「道義的」の用語を除き、謝罪の文案をつくる場合、いかなる表現と語順がよいのかも疑問だ。国家間の合意では、問題よりは内容が優先され、したがって過去に合意した内容をそのまま繰り返す場合が多い。同じ表現と語順自体が問題になることはないと考える。

ハ．日本政府の金銭的措置（報告書14、15ページ）

慰安婦問題が請求権交渉で解決され、法的責任がないという日本を相手に、日本政府の予算だけを財源として個人に対して支給されるお金を受け取ったことは、今までなかったことだ。

（↓しかし日本は、合意直後から、財団に拠出するお金の性格が法的な責任による賠償ではないとしている。一部被害者たちと関連団体も、賠償という趣旨のお金ではないため、受け取ることはできないとしている。このように被害者の立場で、責任問題が完全に解消されない限り、被害者たちがお金を受け取ったとしても、慰安婦問題が根本的に解決されるものではない。

日本政府が出すお金が10億円と決まったことは、客観的な算定基準に従ったものではなかった。

韓日外交当局の交渉過程で、韓国政府が被害者からお金の額について意見を集約したという記録はなかった。

また、韓国に設立された財団を通じて、被害者と遺族たちにお金を支給する過程で、受け取った人と受け取らない人に分けた。これにより、韓日の対立構図にある慰安婦問題が、韓国内部の対立構図に変わった側面がある）

日本が法的責任による賠償ではないとしたことは問題だ。しかし、責任部分は、慰安婦交渉で最も先鋭に争った部分であり、日本が絶対に認めなかったことで、日本側の反応は新たなものでもない。また、日本から（そのお金の性格がどうであれ）いくら受け取るのがよいのかについて、果たして被害者の意見を集約することができるのか懐疑的だ。公開で意見を集約する場合、お金を受け取って許すのか、という非難を受ける可能性が大きいため、元慰安婦や支援団体が気軽に意思を表現できないだろう。

筆者は、日本が拠出したお金を受け取った元慰安婦と受け取らなかった元慰安婦に分かれることは、自然なことであり、両側の意思をすべて尊重すべきだと考える。お金を受け取った側の意思を無視する韓国社会の純化主義［異なる意見や異質な存在を一切認めないという考え］が問題であり、このような現象が生じたことは、一般の国民より政府当局とメディアの責任が大きいと考える。

二．最終的かつ不可逆的な解決（報告書15～17ページ）

「不可逆的」という表現が合意に入った経緯を見ると、２０１５年1月第6回局長級協議で、韓国側が最初にこの用語を使用した。韓国側は、これまでよりも前進した日本の首相の公式謝罪がなくてはいけない、としながら、不可逆性を担保するため、内閣の決定を経た首相の謝罪表明を求めた。韓国側は、日本の謝罪が公式性を持つべきであるとする被害者団体の意見を参考にし、このような要求をした。

(→この一節は、最終的で不可逆的な解決の前提に関する議論を生んだ。日本政府が予算を拠出だけすれば、慰安婦問題が最終的で不可逆的に解決された、と解釈される余地が残ったためだ。だが韓国側は、協議過程において、韓国側の意図を確実に反映できる表現を含める努力を積極的にしなかった。

結局、両者は慰安婦問題の「解決」は最終的・不可逆的だと明確に表現し、「法的責任」を認めることに関しては、解釈を通じてのみできる線で合意した。にもかかわらず韓国政府は、日本側の希望により、最終合意で日本政府の表現と措置を肯定的に評価した。また、日本政府が実施する措置に協力するとも言及した)

このような批判は「不可逆的」という表現を当初、韓国側が「謝罪の不可逆性」を担保するため、先に求めたという趣旨を無視し、逆に「合意の不可逆性」を強調する日本側の主張を受け入れる役割をしている。日本のレトリックに陥るのではなく、我々は最後まで「謝罪の不可逆性」を強調すべきであった。

ホ．駐韓日本大使館前の少女像（報告書18～20ページ）

日本側は少女像問題に関して、特別な関心を見せた。合意内容は、外相が共同記者会見で発表した部分と、発表されなかった部分に分かれているが、少女像問題は、両方に含まれていた。（略）両者が交渉で具体的な表現をめぐってやりとりした末、最終的には「関連団体との協議等を通じて適切に解決されるよう努力すること」という表現が合意内容の公開部分と非公開部分に同時に入ることとなった。韓国側は、これが少女像移転に合意したものではなく、発表内容にある「努力する」以上の約束は別途ないと説明してきた。特に、国会、メディアなどが公開された内容以外の合意があるのかと質問したことに対し、少女像についてはそんな合意はないとの趣旨で答弁してきた。

だが韓国側は、公開部分で少女像関連の発言をしたこととは別に、非公開部分で日本側が少女像問題を提起したことに対応する形で、同じ内容の発言を再度繰り返した。特に、非公開部分での韓国側の少女像関連の発言は、公開部分の脈絡（みゃくらく）とは違い、「少女像をどう移転するのか、具体的な韓国政府の計画を聞きたい」という日本側の発言に対応する形になっている。

少女像は、民間団体主導で設置されただけに、政府が関与して撤去することが難しいとしてきたにもかかわらず、韓国側はこれを合意内容に含めた。このため、韓国政府が少女像を移転すると約束しなかった意味が色あせることとなった。

非公開部分の何が問題なのか、何を問題とするのかが明確でない。報告書が明らかにしたように、公開した部分を再度確認したと見ることができる。ところが、「非公開部分」という表現を使うことで、この合意は何か裏面で合意し、問題があるかのような印象を与えている。また、外国の公館の前に、その公館を非難する造形物を立てることができるのかに対する原論的立場は明らかにせず、現実をただ受け入れながら批判した、という点で問題がある。この事案は、報告書が指摘したとおり、「韓国政府が少女像を移転すると約束しなかった意味が色あせることとなった」という程度で言及すればいい問題だろう。

へ．国際社会の非難・批判自制（報告書20〜21ページ）

国際社会での相互非難・批判の自制に関して、韓国側はこの問題もまた、慰安婦問題が解決されれば自然に解決するであろうと主張したが、日本側はこの内容を含めることを望み続けた。韓国側は、「日本政府の表明した措置が着実に実施されるとの前提で」、非難・批判を「互いに」自制することに同意した。

慰安婦合意後、青瓦台は外交省に対して、基本的に国際舞台で慰安婦関連の発言をするなという指示もした。そのため、この合意をもってして、国際社会で慰安婦問題を提起しないと約束したという誤解を呼んできた。

しかし、慰安婦合意は、韓日両者のレベルで日本政府の責任、謝罪、補償問題を解決するためのものであり、国連などの国際社会での普遍的な人権問題、歴史的教訓として慰安婦問題を扱うことを制約するものではない。

この指摘には、おおむね同意する。ただ、この合意は市民団体や学会などの活動は拘束しないという点を明らかにする必要がある。

②非公開部分（報告書21〜24ページ）

日本側が言及したと合意検討ＴＦが指摘した内容を、理解しやすいように少し整理してみると次のようになる。

◎今回の発表により慰安婦問題は最終的かつ不可逆的に解決されたので、韓国挺身隊問題対策協議会（挺対協）等各種の団体等が不満を表明する場合には、韓国政府はこれに同調せず、説得することを望む。在韓日本大使館前の少女像をどう移転するのか、具体的な韓国政府の計画を聞きたい。

◎第三国における慰安婦関連の像・碑の設置について、このような動きは諸外国で各民族が平和と調和の中で共生することを希望している中、適切ではないものと考える。

◎韓国政府は、今後も「性奴隷」という単語を使用しないことを望む。

韓国側が言及したとする内容を整理すると次のとおり。

◎韓国政府は、日本政府が表明した措置が着実に実施されるということを前提に、今回の発表を通じて日本軍慰安婦被害者問題は最終的かつ不可逆的に解決されることを確認し、関連団体等の異見表明がある場合、韓国政府としては、説得のため努力すること。韓国政府は、日本政府が在韓日本大使館前の少女像に対して公館の安寧、威厳の維持という観点から憂慮している点を認知しており、韓国政府としても、可能な対応方向に関して関連団体との協議などを通じて適切に解決されるよう努力する。

◎第三国での日本軍慰安婦被害者関連石碑・像の設置問題に、韓国政府が関与することはないが、今回の発表により韓国政府としても、このような動きを支援することなく、今後韓日関係が健全に発展することができるよう努力する。

◎韓国政府は、この問題に関する公式名称は「日本軍慰安婦被害者問題」だけであることを再度確認する。

韓国政府は、公開された内容以外の合意事項があるのかを問う質問に対して、少女像と関連しては、そのようなものはない、としながらも、挺対協の説得、第三国での像や碑、「性奴隷」表現に関連した非公開の内容があるという事実は言及しなかった。(略)

非公開で言及した内容は、韓国政府が少女像を移転したり、第三国で像や碑を設置できないように関与したり、「性奴隷(Sexual Slavery)」の表現を使用しないと約束したことではないが、日本側がこのような問題に関与できる余地を残した。

2015年4月の第4回のハイレベル協議で、暫定合意内容が妥結された後、外交省は、内部検討会議で四つの修正または、削除が必要な事項を整理した。ここには、非公開部分の第三国での像や碑、性奴隷表現の二つが入っており、公開及び非公開部分の少女像の言及も含まれていた。これは外交省が、非公開合意内容が副作用を起こし得るということを認めていたということと映る。

報告書を読んでみると、日本政府が少女像に対して相当神経を使ったという事実が容易にわかる。だからといって、合意検討TFが「非公開部分」という言葉で表現した内容が、合意の骨組みを揺るがすほどに重大な問題であるのかどうかは疑わしい。合意検討TFは「非公開に言及した内容は、韓国政府が少女像を移転したり、第三国で像や碑を設置できないように関与したり、あるいは『性奴隷(Sexual Slavery)』の表現を使用しないと約束したりしたことではないが、日本側がこのような問題に関与できる余地を残した」と評価した。

筆者もその程度の指摘は妥当であると思う。問題は、あえて「非公開」という言葉を使うことで、慰安婦合意が国民をだましたという印象を与えたことにある。「非公開」という単語は、合理的な議論の可能性を遮断しながら、慰安婦合意には何らかの問題があり、合意を批判する合意検討TFの報告書は正しい、ということを印象づける。

③合意の性格(報告書24、25ページ)

慰安婦合意は、両国外相の共同発表と首脳の追認を経た公式的な約束であり、その性格は条約ではなく、政治合意である。

韓日両国政府は、ハイレベル協議の合意内容を外相会談で口頭で確認し、会談直後の共同記者会見で発表した。そして事前の約束通り、両国の首脳が電話会談で追認する形をとった。双方が発表内容をそれぞれの公式ホームページに掲載し、互いの内容が一致しない部分が生じた。韓国の外交省は、外相の共同記者会見で発表した内容を、日本の外務省は両側が事前合意した内容を公式ホームページに掲げた。また両側がそれぞれ公式ホームページに掲載した英語の翻訳文にも違いがあり、混乱が増した。したがって実際に合意した内容が何であるのか、発表された内容が全部であるのか、などに関して疑惑と議論を生んだ。

前述したように、筆者は問題があるという指摘に同意する。だが「したがって実際に合意した内容が何であるのか、発表された内容が全部であるのか、などに関して疑惑と議論を生んだ」という指摘は誇張である。

◎合意の構図（報告書25、26ページ）

これまで被害者側の核心3項目要求、つまり、日本政府の責任の認定、謝罪、賠償という観点から見ると、慰安婦合意はアジア女性基金などと比較し、改善されたと見ることができる側面がある。特に、安倍政権を相手に、これだけの合意を成し遂げたことを評価する、との一部の見方もある。

核心3項目は、日本側が他の条件を付けず、自発的にすることが望ましかった。だが慰安婦問題の最終的かつ不可逆的な解決の確認、少女像問題の適切な解決の努力、国際社会での相互非難・批判の自制など、日本側の要求を韓国側が受け入れる条件で妥結した。

韓国側は、初めは河野談話に言及された未来世代の歴史教育、真相究明のための歴史共同研究委員会設置など、日本側がすべき措置を示し、抵抗もしたというが、結局は日本側の構図通り交渉することになった。

こうして核心3項目と韓国側の措置が交換される形で合意が成されたことで、3大核心事項では、ある程度の進展があったと評価できる部分すらも、その意味が色あせた。さらに公開部分以外にも、韓国側に一方的に負担になり得る内容が非公開として含まれていることが明らかになった。それもすべての市民社会の活動と、国際舞台での韓国政府の活動を制約すると解釈される余地がある事項である。このため、公開された部分だけでも不均衡な合意が、さらに傾くこととなった。

先の部分において「これまで被害者側の核心3項目要求、つまり日本政府の責任の認定、謝罪、賠償という観点から見ると、慰安婦合意はアジア女性基金などと比較し、改善されたと見ることができる側面がある」としたが、これは冷静で客観的な評価であると考える。そうしつつもTFは、すぐ合意を批判する。このような論理であれば、我々が望むものは、一つも抜け落ちることなく完璧な水準でできなければ満足できないということになるが、国家間の合意でそれが果たして可能であろうか。

◎被害者中心の解決（報告書26〜28ページ）

慰安婦合意に関して重要とされる問題意識は、この合意が慰安婦被害者及び、関連団体と国連などの国際社会が強調してきた、被害者中心的なアプローチとその趣旨を反映しているのかという点だ。韓国政府は、慰安婦問題を戦時の性暴力などで、普遍的価値として女性の人権を保護するための次元で扱ってきた。

戦時の女性の人権問題において、被害者中心的なアプローチは、被害者を中心に置き、救済と補償がなされなければならないということだ。２００５年12月の国連総会決議によれば、被害者が遭った被害の深刻性の程度及び被害が発生した状況の歴史的脈絡により、それに応じた完全で効果的な被害の回復がなされなくてはならない。

パク・クネ（朴槿恵）大統領は、慰安婦問題について「被害者たちが受け入れることができ、我々国民が納得できる」「国民の目線にも合い、国際社会も受け入れることができる」解決がなされなければならない、という点を強調した。外交省は、局長級協議の開始決定後、全国の被害者団体、民間専門家らに会った。2015年の1年だけでも15回以上、被害者及び関連団体と接触した。

被害者側は、慰安婦問題解決のためには、日本政府の法的責任を認めること、公式謝罪、個人補償の三つが何よりも重要であると言ってきた。外交省は、これらの意見と専門家たちの助言をもとに、「道義的」などの修飾語なしに日本政府の責任を認めること、日本の首相の公式謝罪、個人補償を主要内容とする交渉案を整え、局長級及びハイレベル協議に臨んだ。

外交省は、交渉に臨み、韓日両国政府の間で合意したとしても被害者団体が受け入れることができなければ、再度原点に戻らざるを得ないため、被害者団体を説得することが重要であるとの認識を持っていた。また、外交省は、交渉を進める過程において、被害者側にその都度関連内容を説明した。しかし、最終的かつ不可逆的な解決の確認、国際社会の非難・批判の自制など、韓国側が取るべき措置があるということに関しては具体的に知らせなかった。金額に関しても、被害者の意見を集約しなかった。結果的に彼女らの理解と同意を引き出すことに失敗した。

この評価については、三つ意見を提示したい。

第一に、「国際社会が強調してきた、被害者中心的アプローチとその趣旨を反映しているのか」という問いに対する疑問だ。韓国政府が慰安婦問題を戦時の性暴力根絶等の普遍的価値と女性の人権を保護するための次元から扱ってきたという指摘は正しい。しかし一方が設定した目標と双方が合意可能な目標は別の問題だ。

第二に、被害者及び被害者団体の意見集約がどこまで可能であるのか、そしてどこまで同意を得なければならないのか、という問いに対する疑問だ。これは政策的判断に属する問題であると考える。文在寅政権が慰安婦合意を批判しながらも、再交渉は求めず、日本から受けた10億円を返すと公言できず、即時、和解・癒やし財団をなくせなかった。これらは被害者と被害者支援団体の主張を受け入れたのではない。

第三に、「外交省は、局長級協議の開始決定後、全国の被害者団体、民間専門家らに会った。2015年の1年だけでも15回以上、被害者及び関連団体と接触した」と記述している。これは慰安婦合意の交渉チームが、被害者と関連団体の意見を集約しなかったという既存の主張と相反する部分だ（この記述が持つ含意とその内容を問いただしてみるべきだろう。今は難しいが、いつかはそんな機会が来るだろうと考える）。

◎政策決定過程及び体系（報告書28、29ページ）

慰安婦問題を外交事案として扱う時には、人類普遍の価値を追求すると同時に、対外政策全般と適切な均衡を考慮すべきである。引火性の大きな慰安婦問題に慎重にアプローチしない場合、対日外交だけでなく、外交全般に大きな影響を及ぼすためだ。朴槿恵政権は、慰安婦問題を韓日関係改善の前提とし、硬直した対応で様々な負担を招いた。

朴槿恵大統領は、就任初めの年である2013年の三・一節［植民地下であった最大の独立運動の記念日］で「加害者と被害者という歴史的立場は、千年の歴史が流れても変わらない」と演説し、対日強硬策を主導した。韓国政府は、慰安婦問題と首脳会談開催を結び付けることにより、歴史対立とともに安保、経済、文化等の分野で高い対価を払った。政府レベルの対立が、相互の過剰反応と国際舞台での過度な競争を起こし、両国の国民レベルの感情の溝も深まった。

韓日関係悪化は、アメリカのアジア太平洋地域戦略に負担として作用することで、アメリカが両国間の歴史問題に関与する結果を招いてきた。このような外交環境の下で、韓国政府は日本政府との交渉で、慰安婦問題を迅速に解決しなければならない状況となった。

韓国政府は、慰安婦問題と安保・経済分野などを分離して対応できず、「慰安婦外交」に埋没した。また、大統領は、慰安婦問題解決のためアメリカを使って日本を説得するという戦略を主導した。韓米首脳会談で何度も、日本の指導層の歴史観により韓日関係改善がなされないでいるという点を繰り返し強調した。だがそんな戦略の効果はなく、かえってアメリカ内に「歴史疲れ」現象を招いた。

慰安婦交渉に関する政策の決定権限は、過度に青瓦台に集中していた。大統領の核心参謀たちは、大統領の強硬な姿勢が対外関係全般に負担を招き得るにもかかわらず、首脳会談と結び付けて日本側を説得しようという、大統領の意思に順応した。さらに大統領との疎通が足りない状況で、まとめきれていない指示を出すことで、交渉関係者の身動きを制約した。主務部署である外交省は、慰安婦交渉においては脇役であり、核心争点に関して意見を十分に反映することができなかった。また、ハイレベル協議を主導した青瓦台と外交省の間の適切な役割分担と、有機的な協力も足りなかった。

朴槿恵大統領が、慰安婦問題の解決なしに日本のいかなる対話にも臨まないことで、両国関係を悪化させたという指摘については、全面的に同意する。政策の決定権限が過度に青瓦台に集中していたことや、外交省は脇役だったという指摘にも頷ける。しかし、それが特に朴槿恵政権だけがそうだという批判には同意しがたい。重要な事案であるほど、青瓦台が主導権を握ることは、昔も今も同じだ。北朝鮮の核問題解決のためのプロセスがその代表だ。明らかにトップダウン方式で、青瓦台が主導しており、外交省は脇役だ。だが今、これを問題とする指摘はほぼない。逆にトップダウン方式であるので、効率的であるという分析や主張が多い。

慰安婦問題の難しさは大きく三つだ。両国がともに満足する結果を導くことが難しく、国内的に何を解決と見るのかに対する基準を定めることが難しく、「国民情緒」が交渉過程に最も大きな要因として作動する、ということである。そうした特性のため、慰安婦問題に関する議論は青瓦台側で集約される傾向がある。これはどの政府も同じなのだ。

◎結論（報告書30、31ページ）

合意検討TFは、検証を通じて四つの結論を下して報告書の末尾でこれに言及した。四つの結論を一度に紹介せず、それぞれの結論についてコメントする。

合意検討TFは、今まで被害者中心的なアプローチ、普遍的価値と歴史問題に対する姿勢、外交における民主的要素、省庁間の有機的な協力と疎通を通じた均衡した外交戦略の整備という次元から、合意の経緯を把握し、内容を評価した。合意検討TFは、次のとおり四つの結論を下した。

第一に、戦時の女性の人権に関して国際社会の規範として確立した被害者中心的なアプローチが、慰安婦合意での交渉過程において十分に反映されておらず、一般的な外交懸案のようなギブ・アンド・テイク式の交渉として合意がなされた。韓国政府は、被害者たちが一人でも多く生きている間に問題を解決すべきであるとしながら、交渉に臨んだ。しかし、協議過程において被害者たちの意見を十分に集約しないまま、政府の立場を中心として合意にけりをつけた。今回の場合のように被害者たちが受け入れない限り、政府間に慰安婦問題の「最終的かつ不可逆的な解決」を宣言したとしても、問題は再燃される他ない。

慰安婦問題のような歴史問題は、短期的な外交交渉や政治的妥協で解決されがたい。長期的に価値と認識の拡散、未来世代の歴史教育を並行して進めるべきである。

ここで言う「被害者中心」は完璧な合意を主張し、日本が与えたお金を受け入れない元慰安婦たちだけを尊重する、という印象を与える。文政権の姿勢は、1億ウォンを受領した元慰安婦たちに恥ずかしい思いをさせた。合意を受け入れた元慰安婦たちも明らかな「被害者」ではないか。「被害者たちの意見を十分に集約しないまま」と指摘する一方で、前述のように「外交省は、局長級協議の開始決定後、全国の被害者団体、民間専門家らに会った。2015年の1年だけでも15回以上、被害者及び関連団体と接触した」と言及しており、なぜこのような差が生じるのかを問いたい。

第二に、朴槿恵大統領は、「慰安婦問題の進展なくして首脳会談は不可能」と強調するなど、慰安婦問題を韓日関係全般と結び付けて解決しようとしたが、逆に韓日関係を悪化させた。また、国際環境が変わって、「2015年内に交渉終結」するという方針に転換し、政策の混乱を招いた。慰安婦らの歴史問題が、韓日関係だけでなく、対外関係全般に負担を与えることのないよう均衡ある外交戦略を整えるべきである。

この問題は、すでに「政策決定過程及び体系」において言及した。筆者も全面的に同意すると述べたが、あえて「結論」に再度盛り込む内容ではないと考える。朴槿恵大統領の失策を結論で再度言及することは、朴大統領の判断の過ちを再度思い出させることで、合意検討TFの結論が正当であるということを強調しようとの意図ではないか、と言うと、悪意的な解釈だろうか。

第三に、今日の外交は国民とともに行うべきである。慰安婦問題のように国民の関心の高い事案であればあるほど、国民とともに息を合わせ、民主的な手続きと過程がさらに重視されるべきである。しかしハイレベル協議は、終始一貫して秘密交渉として進められ、公表された合意内容以外、韓国側に負担となり得る内容は明らかにされなかった。

問題意識には同意する。ただ、ハイレベル協議を秘密交渉として行ったという批判には同意しがたい。筆者はすでに明らかにしたように、「非公開」という言葉に対し、内容よりも単語そのものが与える否定的影響が大きい、という点で批判的だ。

このような議論であれば、高高度迎撃ミサイルシステム（THAAD〈サード〉）配置をめぐる対立を解消するため、文在寅政権が2017年10月31日に発表した、中国とのいわゆる「三不合意」もいずれ検証される可能性が高い。三不合意は、THAADを追加で配備しない、アメリカミサイル防衛網（MD）に加わらない、韓米日3カ国の軍事同盟を進めない、というものであるが、この合意は、韓国の安保と軍事主権を著しく侵害したという批判を受けた。

この合意は様々な面で慰安婦合意と似ていた。協議にあたる高官らが大統領に報告し、指示を受けて「秘密交渉」を行った可能性が高く、THAAD配置に反対したり、賛成したりする団体の意見を直接的に集約もしなかった。

ノ・ヨンミン（盧英敏）駐中大使はこの合意を発表した後、「裏合意はなかった」と述べた。合意を発表して半月も過ぎていない同年11月12日、ベトナム・ダナンにおいて開かれた韓中首脳会談で韓国は、この合意に関連して、シー・チンピン（習近平）中国主席が「新たな出発であり良い始まりであると述べた」とブリーフィングした。

しかし、中国共産党機関紙、「人民日報」インターネット版は、習主席が「非常に重大な利害関係問題で双方は歴史に責任を負い、中韓関係に責任を負い（略）歴史の試験に耐えられる決定をすべきであると述べた」と報道した。習主席の発言について当時メディアは、「三不合意」でもTHAAD問題が解決されなかったようだ、と分析した。韓国が中国に譲歩した点が多かったが、中国は満足しなかったということであり、中国人の韓国観光禁止や制限など、中国の報復措置はまだ後遺症が大きい。

最後に大統領と交渉責任者、外交省の間の疎通が不足していた。この結果、政策方向が環境変化によって、修正また補完されるシステムが作動しなかった。今回の外交省の合意は、政策決定過程において幅広い意見集約と有機的な疎通、関連省庁間の適切な役割分担が必要であるということをうかがわせる。

この指摘には同意し、一日でも早くこのような国になってほしい。

外交は、相手があるだけに、当初打ち立てていた目標や基準、検討過程において提起された意見をすべて反映させることはできない。しかし、そのような外交交渉の特性と困難さを勘案したとしても、合意検討TFはこれらのような四つの結論を下さざるを得なかった。

この記述は、慰安婦合意を一方的に責めるのは難しいという、合意検討TFの悩みがにじむと同時に、もしものために退路を開いておいたものと解釈される。参考に合意検討ＴＦは、報告書の前部分（2、3ページ）で被害者中心的なアプローチ、慰安婦問題は国際的人道的問題であるという見方、国民とともに行う民主的手続きの重視、関係省庁間の緊密な疎通という、四つの基準に従い、慰安婦合意の経緯を把握し、内容を評価するとした。ＴＦは、おおむねこの基準に沿って、四つの結論を示した。だが慰安婦問題を国際的人道的な見方から見るという2番目の基準に当たる結論はなく、そこに朴槿恵大統領の対日政策が失敗したという結論を入れたが、それに対する筆者の見方は前述したとおりである。

◎発表全般に対する意見

筆者は、合意検討ＴＦの発表全般に対して、このような意見を持っている。

◎合意に「不可逆的」という表現を使い「少女像」に言及したことは悪手だった。だからこれについての合意検討ＴＦの批判は妥当だ。

◎合意検討ＴＦは、合意の核心（責任を認めること、首相の謝罪表明、国家予算割当て）についてはあまりにも厳しく評価し、逆に付随的な問題には過度な意味づけをした。

◎合意検討ＴＦは、現実的な目標を考慮しなかった。慰安婦合意の過程で、やればできることをしなかったのなら批判を受けて当然だが、何度も試みたにもかかわらずできなかったことに対しては、ちゃんとその事情を汲み取るべきだ。ＴＦは、過去の経験や実績に照らし、現在を評価せず、最も高い理想的なガイドラインを設定して合意を批判した。

慰安婦問題を説明するため、筆者はいつもこんなたとえを使う。

「政治家は太陽を見て、学者は白い雲を見て、大臣や次官は雷と稲妻を見て、実務者は雨を見て、メディアは雨がつくったぬかるみを見る」

政治家は、国民の意思だけを受け入れればよく、学者は理想的な案だけを提示すればよい。大臣や次官は世論の叱咤(しった)だけを避ければよく、実務者は現実だけを見ればよい。メディアはすべての関係者を批判だけすればよい、という意味だ。

合意検討ＴＦは、何を見なければならなかったのか。筆者は白い雲の一部を見ながら、主に雷と稲妻、そして雨を見るべきであったと考える。すなわち現実を重視すべきだった。後に再度言及するが、合意検討ＴＦが今のような結論を出せば、つまり、太陽と白い雲を目標にするとすれば、韓国政府がこれ以上何かを得ることは難しいのだから、合意を破棄したり再交渉を求めたりしないのが、正直な態度だろう（目標を得ることは難しいと考え、再交渉を求めないことと、国家間の約束であるため事実上合意を破棄しながらも再交渉を求めないことは次元が違う）。

合意検討ＴＦは「自分たちの任務は、慰安婦合意の経緯と内容に関する検討、評価に限定されているため、今後どうすべきかについては扱わなかった」と避けた。今後の方向については言及する「義務」がなかったので「最も高い所」を、それも何ら負担なく、好きなだけ見ながら評価したということなのか。

ここで合意検討ＴＰの発表に対する尹外相の反論を取り上げる。この論評は、筆者が尹炳世・元外相から直接受け取ったものだ。尹氏はこれを他の記者たちにも送り、それなりに反響を得たと述べた。

①今回の外交省の民間TFの報告書が、慰安婦被害者問題交渉の複合性と合意の本質的・核心的側面より、手続的・感性的要素に重点を置くことで、合意を全体として均衡をもって評価できなかった点を遺憾に思う。

②12・28合意〔韓日慰安婦合意〕は、約20年間、我々政府と被害者たちが望んでいた3大宿願事項（日本政府の責任認定、日本首相の公式謝罪と反省、その履行措置として全額の日本政府予算の使用）に最大限近接したものとして、日本政府がこれまで提示してきた、いかなる慰安婦問題の解決案（河野談話、佐々江案〔野田政権当時に日本政府が韓国側に示した慰安婦問題の解決案〕、アジア女性基金）より進展した内容である。

これは、これまで慰安婦問題解決に日本側の良心を代表してきた有力要人たちと、アメリカなどの国際社会が評価しているものとして、第二次世界大戦後の他の事例と比較しても十分な内容を盛り込んでいる。

③何よりも被害者のハルモニ（おばあさん）たちが高齢であるという至急性に照らし、一人でも多くが生存中に傷を癒やすという朴政権の強い意志のもとになされたものであり、合意当時生存した被害者47人のうち、大多数である36人（4分の3以上）、死亡者199人のうち68人の遺族が合意を肯定的に評価し、財団事業を受け入れ、現在も進められている事業である。

④交渉妥結に至るまで、被害者の方々の意見を集約しようとそれなりに多くの努力をしたが、外交交渉の性格上、被害当事者すべての方々の意見を集約し、反映することは現実的に難しい。しかし、これが12・28合意の本質的・核心的成果に根本的に影響を与えることではなく、大

多数の方々が財団事業に参加したように、今後事業が進められ、韓日関係が改善されながら補完され得るものである。

⑤複雑な高難度の外交交渉の結果と過程を、我々自らの規定と手続き、国際外交慣例を無視し、外交省70年の歴史に前例のない民間ＴＦという形式を通じて一方的に公開したことは、今後、我々の外交遂行方式に対する国際社会の信頼度を低下させるだけでなく、我々、外交官の高難度の外交遂行意志を萎縮させることに懸念する。

本節のまとめに、慰安婦問題と和解・癒やし財団を報じる韓国メディアの問題点を指摘した筆者のコラムを紹介する。

「慰安婦被害者34人の選択はニュースにならないのか」

朴槿恵政権の対日政策の基調は、政権初期に雪解けムードを見せ、政権末期に原点に戻るというジェットコースター式の対日政策から脱するというものであった。そのため、政権発足当初から最大の難題である日本軍慰安婦問題の解決を日韓首脳会談の前提として持ち出すという、順序が逆のカードを切り、３年近くは持ちこたえた。その出口が、２０１５年12月28日の慰安婦合意である。しかし、結果的には朴政権も過去のパターンから抜け出すことには失敗したようだ。慰安婦合意が逆風にさらされており、両国の対立が再発したためだ。

記者は、日韓政府の合意によって設立した「和解・癒やし財団」の理事であることを改めて明らかにする。昨年7月に理事に就任した後、「私が非難される慰安婦財団の理事になった理由」

というコラム（2016年8月1日付）で、「不可能な最善」よりは「可能な次善」を支持すると述べた。その所信は今も変わりはない。

記者個人の所信など大した問題ではないだろう。日韓関係を左右する重要な要素の一つはメディアだが、最近の慰安婦問題に関する一部メディアの報道姿勢には違和感があることを指摘したいだけだ。韓国メディアは、（植民地支配からの）解放後に数多くの聖域を打ち壊しながら成長してきた。今は、いかなる権力機関、いかなる職域、いかなる国家の批判も、少しも躊躇することなくできる。しかし、最後に残された「聖域」がある。日本関連の報道である。日本関連の報道で、メディアは相変らず国民感情から自由でない。だが、反日、克日（日本の克服）を超えて、「用日」（日本の活用）と「協日」（日本との協力）を唱えていたメディアが、最近あまりにも簡単に反日へと回帰しているようだ。

このような主張をすれば、非難を覚悟しなければならない。はっきり言っておくが、日本の政府や政治家たちの誤った主張や、慰安婦合意の過程で足らざる部分があったという批判には、記者も同意する。国民感情も尊重する。記者が気になるのは、韓国メディアが報道したことではなく、報道していないことについて、である。日本関連の報道においても、メディアは「感情的な選手」ではなく「冷静な審判」になってこそ、国内外から信頼を得て、究極的にはそれが国益になると信じる。

このような問題はどうか。慰安婦合意当時、生存する慰安婦被害者は46人だった。そのうち34人が、「和解・癒やし財団」が賠償金の性格で支給する1億ウォンを受け取ると申請し、うち31人は、二回に分けてすでに全額を受け取った。予想より多い数字であり、意味がある。ところが、このプレスリリースは冷遇された。国民の情緒にそぐわないため、記事を書きたくないという記者もいた。合意を拒否する被害者や団体の意見も重要だが、悩んだ末に異なる決定を下した被害者らの選択も尊重されて然るべきではないのか。

10億円で少女像を売り飛ばしたという主張もそうだ。韓国政府は、日本政府による謝罪のしるしとして、わずか1円でも「日本の予算」を受け取ることを望み、その結果が10億円となったにすぎない。それにもかかわらず、日本政府が10億円と少女像撤去を結びつけるという本末転倒な主張をするならば、日本政府を批判するべきであり、韓国政府を追及する話ではない。慰安婦少女像は、他の場所であればどこであろうと問題ないが、他国の公館前に立てるというのは国際条約上の問題である、という点も明確に指摘しなければならない。最終的かつ不可逆的な解決というのは、政府間の約束であるだけで、民間団体まで拘束する根拠はないということも知らせるべきだ。大統領選挙の有力候補者が、慰安婦合意を破棄するならば、どんな方法でそれ以上の成果を得るかについて問うて然るべきだ。最近の社説やコラムなどは、こうした見方を示しているが、事実を忠実に伝えなければならない一般記事の報道は、むしろ消極的だ。

一部では慰安婦合意を屈辱的な外交惨事だと言う。中国は、THAADの配備決定を撤回しろと言い、まさに今、安保問題について内政干渉までして韓国の屈服を強要している。中国が朝貢(ちょうこう)を受けていた時代に行っていた振る舞いだ。それでも、在韓中国大使館前にTHAADの模型をたてて抗議しようという主張も、団体もない。何か変ではないか。

韓日問題を報道する韓国メディアが、どちらも悪いかのように書いていると批判し、日本の態度をより一層叱責(しっせき)しなければならない、という知人もいる。国民の情緒から自由ではない韓国メディアが、韓日双方への非難をできるまでになったのも、進展といえば進展というのが記者の考えだ。30年前には試みることさえできなかったことである。韓国はもう日本の従属変数ではない。日本の変化にだけ命をかける理由もない。日本だけを叱責して国内的評価に満足していた報道スタイルは、解放後に韓国メディアが70年間歩いてきた気楽な道である。楽ちんな報道では韓日関係を変えることができなかった。

（沈揆先コラム「東亜日報」２０１７年1月16日付）

４　魂なき公務員の傑作。女性家族省の監査報告書

合意検討ＴＦが検証結果を発表した２０１７年12月27日、女性家族省も和解・癒やし財団の点検結果を発表した。だが、同資料は非常に問題が多いと思う。次のような理由からである。

（１）女性家族省による報道資料

まず同日に発表した報道資料を見よう。

「女性家族省、「和解・癒やし財団」点検結果等の発表」

・女性家族省（大臣＝チョン・ヒョンベク〈鄭鉉柏〉、以下、女家省）は、12月27日、「和解・癒やし財団」（以下、財団）と「日本軍『慰安婦』被害者関連記念事業」に対する点検調査（以下、点検）結果を発表した。

・今回の点検は、財団の設立過程、財団で実施した生存被害者対象現金支給事業、日本軍「慰安婦」記録物のユネスコ世界記録遺産登録支援中断等、これまで外部で問題として提起された事項を中心に２０１７年７月21日から行われた。

点検結果と主要内容は次のとおり。

〈財団の設立過程〉

①財団設立は12・28韓日合意［２０１５年の韓日慰安婦合意］が「日本政府の拠出金で『慰安婦』被害者支援事業を担当する財団を韓国政府が設立」を許可したことを受け、両国合意のフォローアップ措置として進められた。

②２０１５年12月30日に開催された関係省庁会議で外交省は、設立手続及び推進日程とともに所管部署に対する特段の協議なしに財団登録部署を女家省と明示した「財団設立計画（案）」を提示し、２０１６年１月６日、「静かに速やかに設立を進めよ」という当時の大統領の指示事項を女家省に伝えた。

③これにより、女家省は外交省とともに２０１６年１月29日に財団設立のための「官民タスク

フォース」を発足させ、2016年3～4月の設立を目標に必要な手続きを進めた。

その後、財団の設立方式、被害者別の支給額決定と国内外の政治状況、日本拠出金の拠出時期等を考慮する過程において設立が遅れ、2016年7月28日に財団が発足した。

④設立過程で手続上、違法な事項は発見されなかったが、女家省が申請日から平均20日かかる法人設立許可を5日で処理し、設立許可に必須の法人事務室の賃貸借契約を所属職員が代理で結ぶ等、財団設立を積極的に支援した状況が確認された。

〈財団の行政費用（運営費）国庫支援〉

①女家省は、2016年8月30日、日本軍「慰安婦」被害者（以下、被害者）記念事業予算の一部を財団の人件費、管理費等の運営費目録として支援した。

②日本軍「慰安婦」被害者関連記念事業を遂行する民間団体に経費を補助する際には、補助を受ける民間団体に、関連事業遂行実績がなくてはいけないにもかかわらず、事業実績のない財団に国庫を補助した。

また、国庫補助の前に受けるべき「日本軍『慰安婦』被害者生活安定支援及び記念事業審議委員会」の審議を受けなかった。

〈日本軍「慰安婦」被害者現金支給事業〉

①現金支給事業は、被害当事者または遺族の申請を受け、財団において韓日合意の発表当時、生存被害者と死亡被害者の遺族に対して日本政府の拠出金を支給することであった。

生存被害者に対しては、個別面談等を通じて当事者の意思を確認した後、支給申請書を受け付け、審議等の手続きを経て現金を支給した。

②生存している被害者に対する面談は、2016年1月から2017年6月まで外交省、女家省、財団の関係者により、個人ごとに1~7回にわたって行われた。

この過程で政府及び財団関係者が被害者たちに対して、韓日合意の肯定的な面を伝えて現金受領を積極的に勧めたり、説得したりする発言を確認できた。

※主要面談日程（訪問機関）：2016年1月（外交省）、2016年4月（外交省、女家省）、2016年6月（財団設立準備委員長、外交省、女家省）、2016年10月（外交省、女家省、財団）、2016年10月~（財団）

③現金支給手続きに必須の「支給申請書」は、被害者同意の下に当事者が直接作成したが、被害者が病気または非識字者等で作成することが難しい場合、保護者が代理で作成した。

一部被害者の場合、同意意思を示したとしても、高齢、言語（中国語）の制約等により支給される現金の意味を正確にわかっていたのかについての議論の余地は残る。

〈「記録物ユネスコ登録推進委託運営」事業支援中断〉

①女家省は2015年まで、日本軍「慰安婦」関連記録資料ユネスコ世界記録遺産登録を、韓国女性人権振興院を通じて支援してきたが、2016年からは予算支援を中断した。

②女家省は、当時中断事由について「ユネスコ登録は民間の推進が原則であって、政府の支援は不適切であり、政府が支援すると関係国の反発を招き、かえって審査に不利である」と説明した。

しかし2016年1月6日、「ユネスコ登録支援事業に韓国女性人権振興院は関与せず、推進過程で政府色をなくすようにせよ」という当時の大統領の指示が伝えられ、事業支援を中断した。

③女家省は、今回の点検に関連し、「12・28韓日合意発表後、財団設立と運営過程で日本軍『慰安婦』被害者たちの意見を十分に集約せず、現金支給事業進行過程においても、被害者らに葛藤と心的な苦痛を与えたことに対して深く謝罪申し上げる」とした。

④「今後、日本軍『慰安婦』被害者関連記念事業推進に際して被害者の意見を十分に聴取して事業を進める一方、今回の点検結果を基に今後の財団の運営方向等に対しては関係機関と協議していく計画」であると明らかにした。

【別添】1．和解・癒やし財団点検結果報告書
2．日本軍「慰安婦」被害者関連記念事業調査結果報告書

この報道資料の問題点は次のとおりだ。

最も問題なのは、当時最大の関心事であった現金支給の過程で、元慰安婦たちに対してお金を受け取れと強要したことはないかという争点について、和解・癒やし財団の過ちはなかったということを確認したにもかかわらず、これに言及しなかったことだ（この点は後に詳述するが、公務員の常識を疑わせる）。

また、報道資料の末尾に、和解・癒やし財団の点検結果とは何ら関係のない、慰安婦記録資料ユネスコ登録に必要な予算をパク・クネ（朴槿恵）大統領の指示で中断したという内容を付けたという点だ。この意図として、和解・癒やし財団の点検結果において、特段の問題点が発見されなかったため、他のニュースを提供したようだ。実際、多くのメディアが、和解・癒やし財団の点検結果ではなく、朴大統領が慰安婦資料ユネスコ登録予算を削減したことをメインニュースとして報道した。女家省の意図は成功したと言える。

また、和解・癒やし財団の点検では、これといった不正事実が明らかにならなかったにもかかわらず、「現金支給事業進行過程においても、被害者らに葛藤と心的な苦痛を与えたことに対して深く謝罪申し上げる」とすることで、まるで和解・癒やし財団の運営に問題があるかのように糊塗した。

（2）報道資料に添付された二つの報告書

報道資料の末尾には、「別添」として「1．和解・癒やし財団点検結果報告書、2．日本軍『慰安婦』被害者関連記念事業調査結果報告書」が付けられている。このうち「和解・癒やし財団の点検結果報告書」を重点的に検討した。客観的な事実を摘示したことを除き、点検チームの意見だけを選び、整理すると次のとおりだった。まず、報告書の該当部分を示し、その部分が報道資料にもあれば紹介した後で、筆者の意見を述べる。

◎和解・癒やし財団設立

①（報告書）提出された法人設立許可申請書と関連書類を確認した結果、言及すべき書類上の瑕疵は発見されなかった。ただし、女家省の通常の法人設立許可の平均所要期間は20日なのに、和解・癒やし財団は5日で、迅速に処理された。特に財団設立過程で必須の事項である法人事務室の賃貸借契約を、女家省職員が代理で結んだ事実が確認され、これは通常の職務範囲ではない（事務室代理賃借契約締結に関連し、担当公務員は「韓日合意により韓国政府が財団を設立しなくてはならない立場であり、日本から拠出金が入ってくる前に事務室を準備しなければならない状況であった。（略）事務室を借りられる場所がなく、20カ所以上探し回り、女家省傘下機関の事務室を使うことができるかを調べるなどした」と釈明）。（報道資料）財団設立過程で手続き上、違法な事項は発見されなかったが、女家省が、申請日から平均20日かかる法人設立許可を5日で処理し、設立許可のために必須である法人事務室の賃貸借契約を所属職員が代理で結ぶなど、財団設立を積極的に支援した状況が確認された。

法人許可を早期に処理したことや女家省職員が事務室を代理契約したことは、法的に問題はなく、当時財団を早期に発足させるための政府レベルの措置として理解できるにもかかわらず、あえてこれに言及することで設立過程に問題があるという印象を与えている。

②（報告書）和解・癒やし財団の目的事業として二つのみを明示（イ．日本軍慰安婦被害者の名誉と尊厳の回復及び心の傷を癒やすための事業、ロ．財団の目的に合う事業）し、具体的な計画は理事会を経て、女

家相の承認を得て施行するようにすることで、財団設立時、実現可能性いかんを判断することが難しかった。

財団設立の目的として二つだけを明示したため、実現可能性いかんを判断することが難しいという表現は、点検チームの極めて恣意的な結論だ。他の財団とは違い、和解・癒やし財団の設立目的は明らかであるため、事業も制限的だ。つまり事業を広げる必要がない。また、具体的な計画は、別途立てて行うようにしているが、実現可能性云々することは根拠のないあら探しである。

③（報告書）財団の定款のうち一部は、主務省庁である女家相が、重要事項に対する許可について承認前に外交相と協議を経るようになっている。

まるで女家省が外交省に従属されており、それが問題であるかのように表現している。財団運営過程で女家省と外交省が協議を経るようにしたことは、政策選択の問題であって、チェックリストに入る項目ではない。

◎財団国家補助金支援及び執行

①（報告書）福祉支援課は「国際協調活動及び民間団体記念事業支援」を「日本軍慰安婦被害者名誉回復及び心の癒やし事業」に変更し、財団に補助したが、不適切な執行と判断されなかった。

②（報告書）財団に対する国庫補助金を全額、運営費にだけ支援することはできないという規定はないが、そういった事例も見つけることは難しい。

③（報告書）「補助金管理に関する法律」第16条によれば、補助事業の特性を考慮し、公募方式とすることが適切ではないと認められる場合には、例外的に公募手続きを経ないことも可能なため、女家省が公募手続きを経ず、財団に補助金を支援したことは法令上瑕疵があると見ることは難しい。

④（報告書）民間団体に経費を補助する際は、関連事業の遂行実績がなくてはならず、審議委員会の審議を経ねばならないが、これを遵守（じゅんしゅ）しなかった（福祉支援課では、財団設立委員会の活動実績を財団の事業実績として認め、これまでの前例に従い審議委員会の審議を経なかったと釈明）。

（報道資料）日本軍「慰安婦」被害者関連記念事業を遂行する民間団体に経費を補助する際には、補助を受ける民間団体に関連事業遂行実績がなくてはいけないにもかかわらず、事業実績のない財団に国庫を補助した。また、国庫補助の前に受けるべき「日本軍『慰安婦』被害者生活安定支援及び記念事業審議委員会」の審議を受けなかった。

以上の四つの指摘は、おおむね問題がないという意味だ。ところが、報道資料は非常に細かい問題点を指摘することで全体的に問題があるという印象を与えている。

◎個別被害者への現金支給事業

①（報告書）政府及び財団の関係者が被害者と面談する過程で、現金受領を強要する内容を確認することはできなかったが、被害者たちに韓日合意を肯定的に伝えて現金受領を積極的に勧めたり、説得したりする発言は確認できた。

※メディアで財団関係者の懐柔・慫慂事例として引用された対話は、現金受領を決めきれずにいた被害者との面談過程においてなされたものとして、説得力のある発言があった。

（報道資料）この過程で、政府及び財団関係者が被害者たちに対して韓日合意の肯定的な面を伝えて現金受領を積極的に勧めたり、説得したりする発言を確認できた。

女家省の発表の最も大きな問題は、まさにここにある。現金受領過程に強要があったのかは最も敏感な争点だった。監査結果、強要がなかったことが明らかになったのであれば、まず明確に「強要はなかった」と記述するのが正しい。だが報告書は、「現金受領を強要する内容を確認することはできなかったが」という表現で短く触れただけで、すぐに受領を勧めたり、説得したりした過程を問題視している。さらに大きな問題は、報道資料には「現金受領を強要する内容を確認することができなかったが」との内容すら入れなかったことだ。現金受領過程に強要がなかったことを認めたくないという意思を明らかにしたのも同然だ。これは決して公正ではない（このような報道資料をどのレベルの幹部まで関与してつくったのか、誰が最終許可をしたのか気になる。歳月が流れれば必ず究明すべき部分だと考える）。

②（報告書）被害者たちが高齢により、意思表示が限定的で、他人によって歪曲され得るため、財団では被害者の現金支給の同意について当事者から確認し、支給申請書を受付。ただし、一

部被害者の場合には、病気で健康状態が良くなかったり、長い間の中国での生活で韓国語ができなかったりで（通訳で意思伝達）、たとえ被害者が事業への参加に同意の意思を示したとしても、支給される現金の意味を正確にわかっていたかは議論があり得る。

（報道資料）現金支給手続きに必須の「支給申請書」は、被害者同意を下に、当事者が直接作成したが、被害者が病気または非識字者等で作成するのが難しい際には保護者が代理で作成した。一部被害者の場合、同意意思を表示したとしても、高齢、言語（中国語）の制約等により、支給される現金の意味を正確にわかっていたのかについての議論の余地は残る。

金銭受領の意思をどう表示したのかも重要な問題だ。一部議論があったことも事実だ。しかし監査結果、大きな問題はないものと確認された。筆者は、この問題に関連し、元慰安婦たちが意思表示が可能であった際、受領の意思を明らかにし、その後、認知能力が衰えたのであれば、どちら側の意思を尊重しなければならないのか問いたい。筆者は、意思表示が可能であった際に明らかにした意思を尊重することが常識に合っていると考える。本人たちが、健康に問題がない時に、意思表示をした資料も財団が持っている。

また、「高齢、言語（中国語）の制約等により、支給される現金の意味を正確にわかっていたのかについての議論の余地は残る」としているが、そうであれば議論の余地を残さない方法が何であるか問いたい。現在としては、明らかな方法がなければ家族や周辺の人たちの助けを受けざるを得ないのではないか。

③（報告書）現金は、保護者名義の通帳に入金された一人を除き、すべて被害者名義の通帳に入金。
※保護者名義の通帳に入金された一人は、中国居住の被害者で、現在、被害者に対する生活安定支援金及び看病費が入金される家族名義口座に入金
※現金が保護者の通帳に入金されたという一部メディアの報道があり、確認の結果、被害者名義の通帳に入金されていた

この問題も議論が多かったが、まったく事実無根であることが明らかになった。

女家省の点検結果に対して筆者は、全体的に次のような問題点があると考える。一言で言うと、女家省は問題のないことを問題があるかのように見せるため努力したということだ。

第一に、これまで見たように、すでに提起されていた財団の名誉と道徳性に関する様々な問題は、ほぼ根拠のないことが明らかになったが、女家省は、これを中立的にも摘示しなかった。

第二に、再度言及するが、最も大きな争点であった現金受領強要に関して点検チームは「現金受領を強要する内容は確認できなかった」という結論を下した。それにもかかわらず、これを報道資料ではまったく言及せず、逆に「勧誘」や「説得」という単語を使用して、まるで問題があるかのように糊塗した。

第三に、財団理事長や理事たちが、たくさんの報酬を受けるというデマについても釈明する必要があったが、しなかった。理事長と理事たちは、2016年下半期だけで会議出席手当として1回10万ウォンずつ（9回）を受け取り、国会が財団の予算を全額削減した17年1月以降の1年間は、一銭も手当を受け取らず、理事会に出席した。財団の理事たちは、そうすることで公式的に合意した。

以下は、和解・癒やし財団の理事5人が、2017年12月26日、女性家族省長官宛てに送った辞任書である。理事たちが辞めたために財団を解散したのではなく、財団がすでに「植物財団」になっていたため、理事たちが辞職したことを明らかにしたのだ。

「辞任関連意見の表明書」

作成者：チョ・ヒョン、シム・ギュソン（沈揆先）、チン・チャンス（陳昌洙）、イ・ウォンドク（李元徳）、キム・ジェリョン

作成日：2017年12月26日

和解・癒やし財団の理事長職務代行チョ・ヒョン及び上記各理事は、2017年12月26日付で財団理事職辞任に関し、次のとおり意見を表明するため、速やかに登記簿上、辞任登記手続きを取っていただくことを願います。

1．和解・癒やし財団は、2015年12月28日付で公表された「韓日間の慰安婦合意」の誠実な履行のために設立された財団であり、財団の理事たちは、上記合意にたとえ十分でない点が多くとも、理事として参加し、不十分な部分を補い、上記合意に基づく和解・癒やし財団事業が誠実に行われることの一助になればと、理事として活動してきました。

2．財団の理事らは、日本から拠出されたお金は全額、被害者のハルモニ（おばあさん）たちのための支援事業に使われるべきだとの立場を明らかにしたが、2016年の国会において、政府が確保した財団運営予算を全額削減したため、やむを得ず2017年の財団の運営経費と

して、日本が拠出した基金を使用しました。にもかかわらず、2017年の国政監査で、日本が拠出した基金を財団運営費に使用することすら適切ではない、という指摘を受けました。

3．また、外交省では韓日慰安婦合意過程の問題点を見直すためのTFチームを発足させ、その結果の発表を控えており、財団主務官庁である女性家族省も財団活動に対する真相調査をして、その結果発表を控えています。

4．このような状況下、財団は、財団定款に規定する目的事業をこれ以上推進することができずにおり、財団運営費すら確保されておらず、事実上、植物財団状態にあります。

5．これに現財団の理事として活動中であるチョ・ヒョン、沈揆先、陳昌洙、李元徳、キム・ジエリョンは、これまで口頭で明らかにしている理事職辞任意思を、正式の文書として提出しますので、適宜処理していただくことを望みます。

6．財団の理事たちは、理事職辞任に関連して、いかなる外部的公表もせず、理事職辞任及びフォローアップ手続き一切は、主務部署及び関係官庁の担当者の方々に正式手続きとして進めていただくことを願います。

【添付資料】各辞任書一部及び印鑑証明書2通

（筆者補足：理事たちは辞任意思表明に関連していかなる外部公表もしないとしたが、この事実が他のルートを通じて公開され、すでに報道にまでなっているため合意を得て公開する）

5 納得できない、和解・癒やし財団解散の根拠

ここでは、2018年12月7日に開かれた「和解・癒やし財団解散のための聴聞会」に筆者が提出した書面意見書を一部省略して掲載する。

和解・癒やし財団解散に関して意見陳述の機会を与えていただいたことに感謝申し上げます。本意見陳述人は2016年7月、財団が設立された時から理事を担い、昨年（2017年）12月、辞任の意思を表し、理事会において辞任の承認を受けられないまま、任期2年が経過した2018年7月に任期が終わったと見なされている沈揆先と申します。

政府は11月21日、前任のパク・クネ（朴槿恵）政権が2015年12月28日、日本政府との合意（以下、慰安婦合意）により設立した和解・癒やし財団の解散方針を公表しました。この聴聞も財団解散のための法的手続きと承知しています。

12月7日、聴聞に出席し自分の意見を陳述したかったのですが、その日ちょうど日本出張のため、仕方なく意見書を提出することとなった点をお許しいただければと思います。すでに解散が決められた中、意見書を提出するのは次のとおりの理由からです。

第一に、聴聞は、すでに決定された事案を支持または強化する声より、反対や異見を聞くための手

続きであると理解しているためです。

第二に、言葉よりは文書を書くことが意見陳述人の意思を、より明確に誤解なく伝えることができると判断したためです。

第三に、存在することが記録されるのではなく、記録されたことが存在すると信じているためです。歳月が流れ、和解・癒やし財団の解散についての議論を振り返る時、少数意見も存在していたことを証明する方法は、記録として残す他ないとの考えに至りました。

意見を陳述するに先立ち、自分は、この文章に接することになる関係者のみなさんに、次のお願いをしたいと思います。

第一に、韓日間の懸案、中でも慰安婦問題は誰が正しく、誰が間違っている、というフレームとして見ないことを望みます。陣営の議論から抜け、可能であれば客観的に意見を聞いていただきたいということです。慰安婦問題は、歴史的、外交的、政治的、法理的、国際的、感情的な問題等が混ざった非常に複雑な懸案です。前政権の慰安婦合意を後任の政府が否定することが、その証明です。この問題を正否の問題、あるいは勝ち負けの問題と単純化すれば、表面では明快に見えるかもしれませんが、究極的な解決方法とはなりません。そのように問題にアプローチすれば、現政権の解決方法もその後、再び批判される可能性があります。

第二に、この問題を今の見方だけで捉えず、未来のある視点から過去の問題として見ようとする姿勢も持っていただくことを望みます。政権を超えたタイムスパンで読んでもらいたいということです。今は最善の選択であると考えたことが、時間が流れればそうでないと証明されたこと、あるいはその反対も、歴史上、数え切れないほど多くあります。韓日間の近い例だけ見ても、1998年の日本の大衆文化開放を前に、国民の反対は大きかったものの、キム・デジュン（金大中）大統領は、これをはねのけ決断をしました。今は、その決定を非難するどころか、日本の大衆文化が韓国の文化競争力を高める刺激剤としての役割を果たした、と肯定的に評価しています。

第三に、慰安婦問題の解決に、新たなリーダーシップを発揮する時が来た、という事実を申し上げたいのです。リーダーシップの概念を塗り替えるべきだという意味です。歴史問題に関連して今まで、韓日両国のリーダーたちは、国民の意思だけを集約すれば良いリーダーであると自認してきました。すなわち、解決はできなくても批判されなければよいと考えてきました。今は、それを乗り越えるべきであると考えます。国益のためであれば、国の品格のためであれば、国民の情緒を機械的に集約することで終わらせるのではなく、国民を説得するリーダーシップも必要であると考えます。このようなリーダーシップは、すべての分野において要求される普遍的なルールです。ところが、ひときわ韓日問題、特に歴史問題だけは、このルールが通じません。

先に言及したとおり、韓日間の歴史問題は複雑なため、誰かの意見が全面的に正しいと断定することは難しいです。多数が支持する意見を示すためには、深い知識と年輪、相当な先見と洞察が必要であるということを意味します。意見陳述人は、かかる資質を持ちあわせていません。それにもかかわらず、韓日問題を観察してきたジャーナリストの見方と、財団に参加した所感を基に率直に意見を陳述しようと思います。

（1）和解・癒やし財団の解散について

◎意見概括

意見陳述人は、和解・癒やし財団の解散に否定的です。慰安婦合意を否定し、財団を解散しても、それより優れた合意を得ることができると思わないためです。周りからは様々な批判を受けましたが、これらの所信は今も変わりはありません。

現政権が慰安婦合意を事実上認めず、和解・癒やし財団を解散しても再交渉を求めない理由は何でしょうか。２０１５年12月28日の合意以上のものを得ることは難しいと判断したためではないでしょうか。財団を解散することは解決策ではなく、これまた国民世論と現実政治の間の妥協策にすぎません。不完全な合意に対する批判は多いですが、不完全な妥協の未来も明るくありません。

◎財団を解散できるか

慰安婦合意は両国政府が公式的・公開的に合意したものです。したがって、守ることが当然であると考えます。しかし、意見陳述人は、国民の選択を受けた政府が合意を破棄したり、無効化したりしようとすれば、それを防ぐ方法はない、と言ってきました。ただし、その場合、日本や前政権を非難することではなく、合意を破棄することが招く不利益が何であるのかを国民に率直に説明し、その不利益に耐えるという意思を明らかにすることが先決であると考えます。

◎財団を解散しないとすれば

すでに解散すると決定した中、このような意見を示すことは意味がありませんが、記録のために残しておこうと思います。

意見陳述人は、必ずしも慰安婦合意が完璧であるとは思っていません。しかし、先に言及したように、2015年12月28日の合意以上のものを導き出すことは難しいと考えます。したがって、自分は、慰安婦合意を否定したり、財団をなくしたりすることではなく、「補充協議」や「補完対策」等を通じて足りない部分を埋めていくことが合理的であると判断します。

日本が韓国のそんな試みに応じるのか、という疑問もありますが、財団を解散しても日本の態度が変わらないのは同じであり、そうであれば財団を解散することよりは、補完策を議論することがより合理的でしょう。

◎財団を解散するなら

財団を解散しても、すべてが終わったり、なかったことになったりするわけではないでしょう。意見陳述人は、財団の解散過程で次の点に留意すべきであると信じています。

イ．財団を積弊（せきへい）として片付けてはいけません

財団は、明らかに大韓民国政府の選択と、日本政府との合意により存在していた機関です。たとえ現政権の政治的判断によって、なくなるとしても、これを前政権の積弊として片付けることは、永続すべき大韓民国の国格を傷つけることであり、この問題はまた、別の当事者である日本政府を不必要に刺激するだけです。気分の良いことと国益は必ずしも一致しません。

ロ．成果があります

財団が設立され最近までしてきたことは、財団の性格や支持とは関係なく、慰安婦に対して国家がすべきことです。その過程で一部不協和音が報道されもしましたが、女性家族省が長期間監査し

た結果、それらの主張は事実無根であることが明らかになりました（女性家族省和解・癒やし財団点検結果報告書、２０１７年12月27日）。財団がこれまでしてきた業務は、今後この問題を扱うにおいて必要な資料として活用する必要があります。

ハ．元慰安婦たちを区別してはいけません

現政権は、慰安婦合意を事実上否定し、財団を批判する過程において「被害者中心主義」ということを打ち立てました。つまり被害者たちが納得できなかったため、合意も、財団も、正当性がないという主張です。しかし現政権のこの主張は二重的です。日本政府が拠出したお金を受け取らないハルモニ（おばあさん）たちの意見だけを重視することで、お金を受け取ったハルモニたちを傷つけました。悩んだ末に、日本政府が拠出したお金を受け取ることにしたハルモニたちの選択も、受け取らないことにしたハルモニたちの選択も、すべて尊重されてしかるべしだというのが意見陳述人の考えです。

彼女たちはあまねく、「被害者中心主義」で言うところの「被害者」であるためであります。

ニ．10億円返還にとらわれる必要はありません

慰安婦合意に反対してきた個人やグループは、合意の破棄、和解・癒やし財団の解散、日本が拠出した10億円の返還などを主張してきました。合意の骨組みである、和解・癒やし財団を解散することで、慰安婦合意は事実上、破棄されました。現在、10億円問題だけが残っていますが、それすら日本に返すことを求めています。しかし、意見陳述人は、合意が事実上、破棄された中、（日本政府が受け取らないことは明らかでありますが）その10億円を返して韓日間の摩擦をより大きくする必要はないと考えます。日本と協議して、どこに使うのかを議論し、それが駄目であったら、日本も納得

し得る事業に使いきることが、まだ摩擦を減らせる方法だろうと考えます。

日帝強制徴用工に対する大法院の判決で最近、韓国政府と韓国企業、そして日本企業が参加するいわゆる「2＋1財団」が議論されています。ここに言う韓国企業は、1965年の韓日請求権協定に基づいて恩恵を受けた企業、日本企業は終戦前に韓国人労働者を動員して利得した企業を言います。日本企業が応じるかどうかわかりませんが、慰安婦財団に入れた10億円は日本に返せと言いながら、1965年の韓日請求権協定により解決された強制徴用工問題は司法的判断を尊重するとし、日本企業に再びお金を出せと言う「韓国式便宜主義」をどう見るべきか、政府レベルで考える必要があります。

ホ．合意の水準を議論すべきです

日本側に再交渉を求めないことはわかります。ですが、それが今後、韓国政府は慰安婦問題に関して日本側にいかなる要求もせず、「合意しなかったものと合意する」（agree to disagree）という意味なのかは明らかではありません。また、このような方法がいつまで国民の支持を得るのか、国際社会がどう受け入れるのかも疑問です。

現政権の方針とは別に、我々は今、慰安婦問題に関して、いかなることをもって解決と見るのかについての議論を原点から再度始める必要があると思います。今回の財団の解散は、国民を100パーセント満足させることができる慰安婦合意は不可能であるということを立証しました。今、冷静になって、いかなる水準の合意を解決と見るのかについての議論が必要です。突発的な合意をして再度拒否されるより、時間をかけてでも着実に議論を蓄積し、一定の水準の合意に至ることが、時間はかかっても早道であると考えます。

(2) 財団解散の根拠について

財団を解散することは政治的判断であるので仕方がないとしても、解散の根拠については異見があります。解散という前提を受け入れるとしているので、これは言いがかりなどではありません。解散したとしても法的、理論的に、より正当な根拠を提示してほしいということです。

◎民法第38条（法人の設立許可の取り消し）

女性家族省は、法人の設立許可を取り消すことができる根拠として民法第38条（法人の設立許可の取り消し）を提示しました。

民法第38条は、「法人が目的以外の事業をしたり、設立許可の条件に反したり、その他公益を害する行為をしたりした時には、主務官庁はその許可を取り消すことができる」としています。意見陳述人は、この規定を和解・癒やし財団を解散する根拠として提示したことについて到底納得することができません。財団が、この規定のどこに違反したのか見当がつきません。財団は、目的以外の事業をしたこともなく、設立許可の条件に反したこともなく、公益を害する行為をしたこともありません（先に提示した女性家族省の監査でも、そんな指摘はありませんでした）。まさか国民の情緒に寄りかかって、国益を害した、ということではないでしょう。もしそうであれば、前政権が公益を害する財団をつくったということになり、そんな判断で財団を解散しようとするのであれば、その発想こそが法治主義を否定する、つまり公益を害する行為となります。

◎女性家族省所管非営利法人の設立及び監督に関する規則第4条（設立許可）

女性家族省はまた、和解・癒やし財団の設立許可を取り消すことができる根拠として「女性家族省所管非営利法人の設立及び監督に関する規則第4条（設立許可）」を提示しました。この規則4条は、次のとおりです。

イ．女性家族相は、法人設立許可申請の内容が次の各号の基準にすべて合う場合、その設立を許可する。
1．法人の目的と事業が実現可能であること
2．目的事業を行い得る能力があり、財政的基礎が確立されている、または確立され得ること
3．他の法人と同じ名称ではないこと

この主張は次のような問題があります。

第一に、法人設立許可の根拠を、法人設立取り消しの根拠として使うことができるのか？　次に、百歩譲ってそうすることができるとしても、上の三つの項のうち、どの条項を適用できるのか？　どう考えても「1．法人の目的と事業が実現可能であること」という条項を適用して「法人が目的と事業を実現する可能性がないため」解散する、と読まれます。そんな便法（べんぽう）を認めるとしても、この主張は以下に詳述するように様々な問題点を抱えています。

◎財団は目的と事業実現が不可能なのか

イ．わからない解散事由

女性家族省は11月21日、和解・癒やし財団の解散方針を明らかにし、次のとおり報道資料を配付しました。

「女性家族省、和解・癒やし財団の解散推進―関連法的手続きをすぐに進める予定」
・女性家族省〈長官チン・ソンミ〈陳善美〉〉は、和解・癒やし財団の解散を推進し、このための法的手続きを踏む予定であると明らかにした。
・1月9日、政府は和解・癒やし財団に対して、日本軍「慰安婦」被害者、関連団体等の国民の意見を広範囲に集約し、処理案を整えると発表している。
・これに女性家族省は、外交省とともに和解・癒やし財団の処理案に対して、意見集約及び関係省庁の合意等を進めてきている。
・同財団をめぐる現在の状況及びこれまでの検討結果を反映し、和解・癒やし財団の解散を進め、財団事業を終了することを決定した。
〈以下省略〉

この資料のどこにも、和解・癒やし財団のどの点が解散事由になるのか明らかにされていません。国家間の合意で設置し、存続の可否が焦眉の関心を引いている財団を解散するというのに、その根拠として「現在の状況」と「これまでの検討結果」という、不確実で曖昧（あいまい）な根拠を示しました。「これまでの検討結果」は政治的判断を意味するようですが、では「現在の状況」は何を意味し、民法第38条と女性家族省規則第4条のどこに該当するのかわかりません。

ロ．職権取り消しに対する擬問

女性家族省のチェ・チャンヘン権益増進局長は2018年11月21日、財団の解散方針を明らかにし、記者たちの質問に「解散の方法は職権取り消しと、理事会の自己解散の二つの形がある。現在、理事たちがいない状態であり、そのため職権取り消しの形にする」と述べました。この発言は、理事たちがいたのであれば、自己解散するという案も考慮し得たが、そうできないので職権取り消しをせざるを得ない、と読めます。表向きは、そのとおりです。

しかし、主務官庁である女性家族省は昨年（2017年）7月、キム・テヒョン（金兌玄）理事長が辞任の意思を表する前後から、そして昨年12月、5人の民間理事が辞任の意思を表す前後から、理事と財団の職員たちが、大臣や担当幹部たちに対して、面談と公文の発送、文書伝達などの方法で理事会の充員が必要だ、と何度も建議しました。にもかかわらず、定款に規定された、いかなる措置も取りませんでした。

このような指摘に対して女性家族省は、新たに発足した政府が慰安婦合意と財団活動に対して否定的なのに、どのように理事を充員し、いかに財団を支援するのかと反論したいでしょう。そうです。つまり意見陳述人は、財団の設立許可取り消しの理由を財団に押しつけるのではなく、政治的判断によって解散するのだと、すでに公表しているのだから、それに合う方法を探して解散せよということです（その方法は後に記述します）。

解散の根拠も明白にせず、その責任を財団にだけ押しつけようとする態度はまるで、連れ子にわざと食事を与えず、その連れ子があまりにもおなかをすかせて台所にこっそり入ると、その現場を捕まえて泥棒は家門の恥だとして一方的に戸籍から除くことと同じだ——そう言うと、行き過ぎた例えでしょうか。財団に関与した者として、政府の処分が不公正であると感じる理由です。

ハ．理事会と財団の機能停止の関係

和解・癒やし財団が発足した際の理事は11人でしたが、大半が辞任の意思を明らかにしたり、任期満了だったりで、現在は充て職の理事2人（女性家族省権益増進局長、外交省東北アジア局長）だけが残っています。登記簿には9人の名前が挙がっており、会議に必要な在籍過半数は5人ですが、この人員を確保できず理事会を開くことができなかったことは事実です。だからといって、財団の機能が停止されたと断定できるのか疑問です。

理事会を開けなくても、財団は持続的な窓口対応（遺族確認と支給申請資料準備等）、生存被害者支援対外協力（政府省庁と国会の資料要請応対等）、各種資料の作成といった日常業務を遂行しました。被害者遺族の面談、（被害者の要請による訪問、安否確認と名節［旧正月や中秋節］の挨拶、弔問と香典伝達等）、普段の業務はそのまま行ってきました。主務官庁が充員するに、理事会が開けなかっただけであり、普段の業務はそのまま行ってきました。要するに、理事会が開けなかっただけであり、財団全体が何もしなかったり、何もできなかったりしたという印象を与えるのは事実でないだけでなく、これを理由に解散するのは過度な処分であると考えます。

（3）政治的解散方法について

意見陳述人は、以上の理由から、和解・癒やし財団の不正から解散の根拠を探そうとすることは、正義でもなく、可能でもないと考えます。

したがって、自分は政治的解散に合う方法をとることが正しいと思い、その方法は二つ検討し得ると考えました。「考えました」と表現したことは、政府が財団の解散方針を明らかにするずっと前から、結局は財団を解散するであろうと思い、解散するのであれば、どんな方法があるのかについて実際に考えていたためです。

第一の方法は、何日かだけでも後任理事を任命して解散の手続きを踏めば良いと考えました。財団の定款に理事は5人以上15人以下となっており、充て職理事2人はいるため、3人だけを任命すれば理事会を構成することができます。その3人は、任期が終わった理事を再任命することができるでしょう（「理事長と理事及び監査の任期は2年とするが、再任することができる」財団定款第7条）。財団の解散は、理事の3分の2以上の賛成が必要であるため、5人の理事のうち4人が賛成すれば解散することができます。

第二の方法は、辞任の意思を明らかにしましたが、登記簿上は残っている理事たちが解散を決議することでした。自分は、政府側から要請があれば応じる、と私的な席で明らかにしたことがあります。理由は、政府が解散させると決めた以上、いかなる方法を使っても解散させるだろうから、あえて苦労する必要もないし、不人気な理事職を担った時から、個人の栄達のためではなく、自分なりに国家の立場を考慮したためです（他の理事たちとこの問題を議論したことはありませんが、彼らも同じ要請を受ければ何人かは肯定的に検討していたであろうと考え、第一の方法のために必要な3人の理事は確保可能だったであろうと予想します）。ところが、11月21日、政府が職権取り消し方法を使うということを聞いて、非常に意外に思い、登記簿に名前が残っていても任期が終われば理事としての権限がなくなる、という事実も知りました。

意見陳述人が、以上二つのいずれかの方法で解散することが良いと考えるのは、三つの利点があるためでした。それは、解散に大義名分を与えることが容易であり、国家が無理に取り消すという印象を避けられ、それにより日本の反発を減らすことができるということです。

解散の大義名分を与えるのが容易であるということは、解散の理由として、財団の最も重要な事業である生存被害者に対する現金支給事業が終了したため、とすれば自然であるという意味です。財団自ら解散を決定したことにより、当然、国家が強圧的に取り消しをするような印象を避けることができます。こんな方法なら、日本に協議に応じる大義名分を与えることによって、反発をなくすことはできなくても減らすことはできただろうと信じます。そうすることが、政治的判断による解散に合ったやり方ではないでしょうか。

（4）いくつかの質問と申請

意見陳述人としてこの書面を書く過程で抱いた、いくつかの疑問点について質問し、申請をしようと思います。

◎質疑事項

1．和解・癒やし財団は、設立許可取り消しの根拠として提示した民法第38条と女性家族省規則4条のどの条項に反したのでしょうか？

2．登記簿上には名前が残っていても、理事たちの権限は任期2年が経過した7月に終わったものとすることが正しいでしょうか?

◎**申請事項**

質疑事項に関連のある申請です。行政手続法第38条(証拠調査)によると、聴聞主催者は職権または当事者の申請により、証拠調査をすることができます。本意見陳述人は上記の質疑事項に関して、公的な信用があり、独立している機関から答弁を聞くことができるよう、聴聞主催者に対し、証拠調査をしていただくことを申請します。

長文を読んでいただき感謝致します。

6 朴裕河の主張を再び考える

ユン・ミヒャン(尹美香)事件が起きて、『帝国の慰安婦』という本で元慰安婦たちから訴えられたパク・ユハ(朴裕河)・世宗大学教授を思い出す人は、筆者だけではないであろう。本の内容に対する論争は別にするとして、彼女が早くから挺対協(現・正義連)と元慰安婦たちの「歪曲した主従関係」に疑問を示し、支援団体の運動方式に問題を提起したためだ。彼女の主張は、イ・ヨンス(李容洙)さんの記者会見の内容と多くの点で似ている。朴教授は、今も『帝国の慰安婦』

ではなく、挺対協の「恐れ」こそが自分を訴えた動機であると考えている。

「私は今も信じている。私の本は虚偽ではない。私が告発されたのは、本やシンポジウムのせいでもなく、ハルモニ（おばあさん）たちと近くなること、それによって、ナヌムの家と挺対協の問題が世の中に明らかになることをあの人たちが恐れたためであると考える」

「初めから私に対する告発が、本当にナヌムの家のハルモニたちの意思であったのか気になったが、（尹美香事件が起きて）疑惑がさらに大きくなった」

『帝国の慰安婦』を出して『慰安婦問題　第三の声』というシンポジウムを開き、ハルモニたちの映像インタビューを公開した。『日本からのお金を渡すのであれば、ハルモニたちの手に直接握らせないと。なぜ挺対協をかませるのか』『法的責任でも何でもいいから、私たちはまず補償からやってほしい』という話が公開された。彼女たち全員が、世の中に自分たちのことが知られることを恐れたので顔と声は変えた。

そのシンポジウムは、内心を隠さなければならなかったハルモニたちの話を、初めて世の中に発信するものだった。私費をはたいて。期待以上に韓日両国のメディアが大きく注目した。そして1カ月半後に告発された。ペ（チュンヒ＝筆者）さんが亡くなって1週間でもあった。

ナヌムの家のハルモニたちが出した告訴状には『朴裕河の本と活動をこのままにしておくと良いことはない』という内容が書かれていた。本についても、なんと109カ所が問題だとし、出版及び販売禁止と、ハルモニたちに対する接近禁止を求めた仮処分が申請された。生まれて初めて受けた精神的・肉体的苦痛の始まりだった」

（「許文明のＳＯＵＬインタビュー」、「新東亜」２０２０年７月号）

朴教授が言及した「慰安婦問題　第三の声」というシンポジウムは、筆者も取材した。シンポジウムは２０１４年４月29日に開かれ、５月１日付「東亜日報」に関連記事を掲載した。今読んでみても、かなり慎重に書いたが、記事はとても長い。

「20年間解けなかった慰安婦問題……第三の道はないのか」
朴裕河世宗大学教授、シンポジウムで問題提起

誰かがこんなことを言えば……「対立する問題を評価するためには、反対の主張までを含めすべてを客観的に検証しようという姿勢が必要である」。答えは当然「そうだ」であろう。しかし、現実はそうできない場合が多い。その中の代表的なものが日本軍慰安婦問題だ。慰安婦問題について「客観的な検証」云々すると、激烈な批判や親日派という罵倒を覚悟しなければならない。朴裕河・世宗大学教授が４月29日、ソウル韓国プレスセンターで開催した「慰安婦問題第三の声」というシンポジウムは、だから注目された。彼女は問う。「慰安婦問題が大きくなって20年以上になるが、なぜ解決されないでいるのか」。彼女は責任が日本にあるということを認めながらも、韓国社会の「主流」とは別の考えを持っている。すなわち、我々の側には問題がないのか、と問わなければならないということだ。

朴教授は、「両国政府が代弁している、相反する声、当事者たちが主張している声、この問題

の解決のため努力してきた人たちの声、とは異なる声があると」と言う。さらに「両極端の声に埋もれている声が第三の声であり、今こそそれを表に出すべき時がきた」と主張する。

シンポジウムの4時間半の間、ハラハラした。朴教授と出席者たちが、慰安婦問題でこれまで我々が当然受け入れてきた「事実」に対し、疑問を呈したからだ。日本軍の直接的な強制なくて慰安婦になった場合はないのか。慰安婦のハルモニたちはすべて賠償より、日本の法的責任をより望んでいるのか。日本に法的責任を求めることが現実的に可能なのか。「アジア女性基金」は本当に日本の国家責任を避けようという「姑息(こそく)なやり方」にすぎなかったのかなどなど。

朴教授は、これらの見方を昨年（2013年＝筆者）8月に出版した『帝国の慰安婦』という本ですでに提起している。そんな彼女の主張は、まだ少数派である。慰安婦問題は、約20年の時が流れても、異議の提起が許されない「聖域」になった。したがって「第三の見方」は、「健全な問題提起」ではなく、主流を否定することも同然である。キム・ムンスク釜山挺身隊問題対策協議会長が慰安婦の活動方式を批判した時をはじめ、客席から何度も怒声が沸き上がったのも、想定内のことだ。当初、この日のシンポジウムには、慰安婦のハルモニ何人かが出てきて発言する予定であったが、結局は立ち消えになった。彼女たちの主張は、音声を変えて、顔にモザイクをかけた映像を見せ、代わりに朴教授が説明することになった。これは慰安婦のハルモニですら、「主流」と異なる声を出すことが難しいことの反証だ。

この日、「韓日関係の改善や未来という名前で慰安婦問題を早期に覆おうとするものではないのか」との批判もあった。しかし、朴教授は「慰安婦問題解決のため、その時代、その場所で努力した人たちは多い」としつつ、「今こそ慰安婦のハルモニたちをこの問題から解放させる時が来た」と主張した。これは、慰安婦のハルモニたちを「運動の人質」としてはいけない、あるいは、慰安婦のハルモニたちが自分の意思を自由に表現できる雰囲気をつくるべきだ、という意味に聞こえた。これについてキム・ムンスク会長は「私が20年前に慰安婦のハルモニたちを初めて見つけ出した時は、それぞれが異なる話をしていたが、今はすべてのハルモニが同じ話をしている」と述べた。

朴教授のこのような主張は、本人が望もうが望むまいが、日本の立場を強めた。本人は「真実」を究明することが優先され、韓日どちら側に有利か不利かは重要ではないということが明らかだが、現実はそうでないこともまた明らかである。この日のシンポジウムに韓国のメディアよりずっと多く日本メディアが出席し、関心を見せたことからもまた、そう言えるだろう。また、朴教授の主張がともすれば、慰安婦問題に対する国内の意見を分裂させ、対日交渉力を落とし得るという意見も学会には厳存する。

シンポジウムの主催側は、行事終了後、両国政府、両国関連団体、両国メディアに対する3項目の提案を採択した。政府は、関連団体と専門家などと協議体をつくって実質的な議論を行い、関連団体は相手国と慰安婦に対する誹謗(ひぼう)行為を中止し、両国のメディアは相手国民の悪感情をあおる報道を自制せよ、という内容だ。これは「第三の道」に進むため、必要な環境醸成であり、自分たちの主張に説得力を担保するための「盾」でもある。

この日のシンポジウムで、和田春樹・東京大学名誉教授の発言が関心を引いた。和田教授は「アジア女性基金」の設置の時から関与しており、解散までの2年間、専務を務めた。女性基金の生き証人であり、韓国側の立場を代弁してきた人だ。そんな和田教授もこの日、韓日間の最大の争点である「法的責任」については、日本の雰囲気では限界があることを認めた。そして「法的責任を負うと言っても、日本の罪が許されたり、軽くなったりすることではない」とし、韓国があまり大義名分にとらわれすぎないよう求めた。

また、「女性基金」の発足の報道で、日本メディアが慰安婦に支給するお金を「見舞金」と表現したことも「女性基金」の失敗に決定的な影響を与えたとの見解を述べた。「見舞金」は韓国語で「慰労金」と訳され、日本政府が言い逃れしようとしたものと受け止められ、法的責任を求めた当事者たちも「我々は乞食か」と反発するような口実を与えたということだ。

和田教授は「当時、村山(富市)首相側は『見舞金』という単語を使ったことはない。当時の官房長官が、『見舞金』ということはまったく考えていないと、はっきり否定すべきであった」と残念がった。もちろんこの主張は、「女性基金」の失敗を言葉の使い方の失敗のせいだけにすることはできない、という批判も受けた。

この日、和田教授にこんな質問をした人もいた。「日本政府は、日本人慰安婦に対して、謝罪したり補償したりしたことがあるのか」。和田教授は答えた。「明示はしていないが、アジア女性基金は日本人慰安婦の女性も念頭に置いていた。日本人の女性が要請すれば対応するという前提があったが、実際にはそのような事例は一件もなかった」

シンポジウムが終わった後、朴教授は「出発としては良いと思う。ただ、それらの見方を周りがどう受け取るのか気になる」と述べた。朴教授の主張も、主張のうちの一つであり、当然検証の対象だ。朴教授の主張も「自分が正しい」というのではなく、検証の対象になることすら妨げてはいけないということではないか。記者が考えるに、この日のシンポジウムのタイトルは「慰安婦問題」ではなく、「主流」と異なる話をする際、我々社会がどう受けとめるのか問うてみる場であったと思う。その答えを得ようとするなら、時間が必要なようだ。

（「東亜日報」２０１４年5日1日付）

この記事は慰安婦問題に関連して、最近噴出している事案をほぼ網羅している。もし、韓国社会や学会、市民団体が早くから、このような「非主流の意見」に耳を傾ける包容力と真摯さを持っていたとすれば、どうなっていたか。

筆者は「（シンポジウムの）答えを得ようとするなら、時間が必要なようだ」と書いたが、その予想は見事に外れた。１カ月半後すぐに「反応」が出た。朴教授が予想できなかった「第4の方式」で、元慰安婦９人が２０１４年6月、『帝国の慰安婦』が自分たちの名誉を傷付けたとして、刑事訴訟、民事訴訟、出版販売禁止の仮処分申請をした。

刑事訴訟において、ソウル東部地裁は２０１７年1月25日、検察が犯罪事実として示した35の表現のうち、30カ所は意見表明、５カ所は事実の摘示であるとして、すべてに対して無罪を宣告した。しかし、ソウル高裁は２０１７年10月27日、原審を破棄し、11の表現を「虚偽事実」であり、「故意」があり、『帝国の慰安婦』が言う「慰安婦」は、「朝鮮人日本軍慰安婦全体」ではなく、「この事件の被害者」だという論旨で有罪判決を下し、１千万ウォンの罰金を宣告した。この裁判は２０２１年8月現在、大法院に係留中である。

民事訴訟は、原告９人にそれぞれ3千万ウォンを支給せよとした。ソウル東部地裁は２０１６年１月13日、原告９人にそれぞれ１千万ウォンの慰謝料を支給せよと宣告した。宣告の次の月、裁判所が朴教授の給与を差し押さえると、朴教授は強制執行停止を申請した。同年3月、ソウル高裁は、強制執行停止申請を認め、4500万ウォンを供託せよと命じた。この裁判も2021年8月現在、ソウル高裁に係留中だ。

出版販売禁止仮処分申請において、ソウル東部地裁は2015年2月17日、「『帝国の慰安婦』で34の表現を削除しなければ出版等をしてはいけない」という決定を下した。朴教授と出版社（プリワイパリ）は同年6月、34カ所を削除した本を出した。

朴教授は2018年、『帝国の慰安婦、法廷から1460日』と『帝国の慰安婦、知識人を語る』の2冊の本を出した。2冊を通じて、検察の起訴をはじめ、裁判所と外部の批判に反論した。朴教授と出版社は、この事件のアーカイブの役割をする「帝国の慰安婦、法廷から広場へ」というホームページ（https://parkyuha.org）も運営している。

朴教授は尹美香事件についてどう考えているのか。

ハルモニたちのための運動が挺対協が打ち立てた「大義」であれば、日本政府を説得し、日本の内側に、より多くの市民的コンセンサスをつくることにも邁進すべきだったのではないか。韓日関係が日ごとに悪くなるのは、挺対協のせいとは言えないが、事実を少しずつ変えて、日本人が納得しがたい主張をしてきた挺対協の運動方式が、韓日関係の悪化に大きな影響を及ぼしたことは事実だ。慰安婦の運動方式自体を考え、転換しなければならない時期である。しかし、30年間、韓国社会に定着した認識があまりにも深く、強固なため、それが果たして可能なのかと思う。

（ペ・チュンヒさんと）ナヌムの家で会うことが立ち消えになった後、露骨に警戒され、電話でのやりとりが中心となった。ハルモニ（ぺさん）は「寒いのにカーテンもかけてくれない」「訪ねてきた人がくれたお金を、職員が持っていく」とも話した。「ここを出て暮らしたい時もある」とも語った。そうして病院に入院したことを知り、お見舞いに行ったが、看護師がどこかに電話をかけて、私に出て行けと言った。それが最後だった。その後、ナヌムの家を訪ねたが、門前払いされた。それから、電話を何回かかけたが、ハルモニの体が衰え、長く話をする状況ではなかった。しばらくして、ハルモニが亡くなられたということをニュースで知った。最後までハルモニを助けられなかったという自責の念で涙があふれ出た。お通夜にも行ったが、私を不快に思う視線が感じられ、霊前には短く挨拶して、廊下に長い間座り続け、それから帰ってきた。

告発されて以降、私は一人でひたすら、団体の人たち、関係者、批判者たちが集団で仕掛けてくるすべての攻撃のメッセージを分析し、反論すべきだった。そんな作業以上につらかったことは、それらのメッセージの中に含まれた歪曲と敵対、嘲弄であった。これらは単に自分たちの考えを守るため、これまで国民に発してきた言葉の多くの矛盾をただ覆い隠すため、そして運動の妨害になるという理由で、私を偽物の学者、売国奴、親日派と決めつけた。

本には、はっきりと日本の右派を批判した部分があるのにもかかわらず、まったく注目しなかった。私の本が慰安婦を歪曲するため、意図的に巧妙に叙述されたとし、「悪辣」「残忍」「利己的」「悪意的」という単語をためらいなく使った。これが魔女狩りでなければ何なのか。さらに悲しかったことは、知識人たちですら国民の魔女狩りを誘導したということだ。

（「許文明のＳＯＵＬインタビュー」、「新東亜」２０２０年７月号）

今回の件に対する正義連の態度が「なぜ我々を傷つけるのか」であり、失望した。降りかかる疑惑に対して何ら反省もせず、「大義」という言葉ですべてのことを正当化しようというのだ。挺対協は、自分たちが世界的な成果をあげた、と強調する。慰安婦運動の公論化に成功したことは、そうだ。しかし、その内容は必ずしも正確ではなく、そのため反発だけを買った。現在の韓日関係悪化の背景には、慰安婦問題がある。

日本も過ちを認め、完璧でなかったかもしれないが、二度にわたって謝罪し、補償した。その謝罪補償を受け入れたハルモニは80パーセント程度にのぼる。それでも日本の補償の試みはすべて拒否され、誇張された内容だけを全世界に流布（るふ）して抑圧しようという活動が、解決につながるはずがない。それにもかかわらず、（挺対協は）韓国や他の国に向かって、日本が何の試みもしなかった、あるいは誠意のない試みしかしなかったかのように宣伝してきた。30年間の慰安婦運動は、自分たちが打ち立てた目標を達成できなかったので、それが限界点だ。功を功のとおり認めても、冷静な評価がなされるべき時点であると考える。なにより真の当事者主義ではなかったということが、何度も明らかになったと考える。

（インタビュー「ノーカットニュース」2020年6月9日）

朴教授は、2020年8月に『日本軍慰安婦、もう一つの声』（出版社：プリワイパリ、未邦訳）という本を出した。この本は、ナヌムの家に暮らしていたペ・チュニさんら4人の元慰安婦と、電話で交わした会話を載せたものだ。会話の期間は、2013年秋から2014年5月までで、ぺさんとの会話

(21回)が最も多く、実名を明かしたのも、ぺさんだけである。朴教授は、生前のぺさんと親しかった。この本を見ると、ペ・チュニさんも生前に、李容洙さんのように、元慰安婦と支援団体の関係について不満を抱き、批判していた。同書からぺさんの証言を取り上げる。

うん、ここは慰安婦を言い訳にしてえー、日本からも何十億ずつ、えー、挺対協に送って、ここはまたここで家を建てて、また何かをして、えー、今回もまた家を建てようと……えー、研究が多いの、何百年もやっていけるかどうかわからないけど……話す人がいないから私が言うけど、尹美香は、そりゃあどれだけ面白いだろうね。日本からファンたちがお金を何十億ずつ送ってくれて、そしてナヌムの家はナヌムの家なりにばあさんの顔を売って、そうやって儲けるのさ。そんな商売やめられないわけよ。よく考えたら……。

自分たちがその(支援団体)気持ちを見ている。人たちが(人たちの)中を全部わかると、挺対協はどうやって着服するんだ。「ナヌムの家」はハルモニの顔を売って全部お金をもらって、家を建てて、土地を買って全部そういうところだ。全部そういうところに、そんなこと(お金を使うこと)を、人情もクソもないことを。それをわかってるから、腹が立つわけ……。

(朴裕河『日本軍慰安婦、もう一つの声』2020年8月)

日本人たちと強制的に会わせないようにした状況もある。

あ、(日本人に)会わせないようにする。去年も日本の国会の人が16人来たが、部屋に飛んで入ってきてカーテンを閉めてというの、なぜ、なぜカーテンを閉めるのか、お客さんもいるのにカーテンをなぜ閉めるのかと聞いたけど、所長が入ってきてカーテンをさっと閉めて、戸もバタンと鍵かけて、あの白い紙を一枚持ってきて、全部自分たちが（私たちの）名前を書いて、あの人たちが私たちと会うのを反対だと。

（朴裕河『日本軍慰安婦、もう一つの声』2020年8月）

日本人との接触を防ぐやり方を見ると、ナヌムの家が日ごろ、元慰安婦たちにどう待遇していたのかわかる。元慰安婦たちの意思を無視しただけでなく、まるでハルモニたちが日本人たちに会いたがっていないかのようにうそをついた。

朴教授はこの本のエピローグで次のとおり所感を残した。

ここに出てくる話は、まず2020年5月の李容洙さんの問題提起と多くの部分、呼応する。支援者が慰安婦被害者を同等の人格体として尊重していたのか、つまりカントの言葉を借りると、手段ではなく目的として接したのか、李容洙さんの表現を借りれば、「利用」しなかったのか。ぺさんはこれについて、多くの考えを私に正直に話して、最後に自身の考えを直接世の中に伝えられず、あの世に旅立ったが、この本を通じて、遅まきながら伝えるぺさんの声は、その点で李容洙さんとともに並んで走ることができる、また一人の独立した「走者」になってくれるであろう。

「代弁者」が慰安婦問題関連の活動として積み重ねてきた社会的信頼と名声と権力があまりにも大きくなり、それに対する異議提起は「当事者」すら難しいということを知って、ぺさんが沈黙を選んだことは明らかだった。同じ「当事者」の間でも、力の違いがある。（略）注目されるどころか、すぐにその「代弁者」によって不利益を受けるかもしれないという恐れは、「ナヌムの家」居住者のように別に家族がいなかったり、いても家計が苦しかったりする場合、より大きかった。また、その違いは、そのまま当事者と代弁者間の力の違いになり表れた。「力」の違いを内面化した彼らは声を出さない。しかし、沈黙は声になって出てこないだけであって、声でないことはない。ぺさんがそう言っているように。

ぺさんの考えが必ずしも「被害者の声」の中心になるべきであったという話ではない。問題は、これらの声が、ただの一度も聞こえなかった事実、聞こえなかったという事実すら認識されたことがないという当事者の疎外が、30年という歳月の間、一度も問題視されなかったという事実にある。

（朴裕河『日本軍慰安婦、もう一つの声』２０２０年8月）

朴教授は「新東亜」のインタビューで、「多数でなくても多くの人が支持してくれている。私が尊敬する人の応援が大きな力になった。フェイスブックで新たに会った応援者たちは、韓国の市民社会の新たな可能性を見せてくれている。私の唯一の収穫であると言うか。繰り返すが、韓日関係が悪くなったのが、挺対協のせいだけだとは言えない。しかし、彼女らの偏狭さ、強硬さで、韓日相互間の理解の動力が失われ、政府が身動きする幅は狭くなった。厚かましい日本、謝罪しない日本人たちというイメージが定着し、良心的な日本人たちとの幅広い連帯は遠のいた」と述べた。

朴教授が「大きな力」であるとしたものの中には、次のような論文も入るであろう。ホン・スンギ仁荷大学法学専門大学院教授は、２０２０年3月、仁荷大学が発行する『法学研究』（第23集第1号）

に『帝国の慰安婦』刑事判決の批判的分析、ソウル高等裁判所2017ノ610判決を中心に」という論文を掲載した。一審無罪判決を破棄し、朴教授に1千万ウォンの罰金を宣告したソウル高裁の判決に、全面的に反論した内容だ。ホン教授が用いた国内外の法理は、専門家でなければ簡単に理解することが難しい。ただし、ジャーナリズムの側面からは、ホン教授の主張を次のように整理することができる。

第一に、名誉毀損罪は、「事実の摘示」に対する犯罪であり、「意見」は対象とはしない（刑法第307条）。だが裁判所は、朴教授の「意見」を「事実の摘示」と見たものが多い。

第二に、刑事裁判で犯罪事実の認定は、合理的な疑いのない程度の証明に至らなければならない（刑事訴訟法第307条第2項）。検事が合理的な疑いを排除できるほど、朴教授の犯罪事実を証明できなかったにもかかわらず、裁判所はこれを受け入れた。

第三に、裁判所が有罪判決の証拠として認めたクマラスワミ報告書、マクドガル報告書、アメリカ下院決議案などは、「正確で客観的な事実だけを盛り込んでいる」と見るのは難しい。にもかかわらず裁判所はこれらの資料に過度に証拠能力を付与した。

第四に、裁判所は、第三者の陳述を引用したり評価したりすることまで、朴教授本人の「事実表現」であるとした。「慰安婦が日本軍に同志意識を感じた」という、いわゆる「同志意識論」または「自発的協力論」は、当時の状況に対する証言でも出ており、他の著作でも言及している。また、朴教授だけが慰安婦の強制動員を否定したかのように断罪したが、他の様々な研究によると、慰安婦の動員方式は詐欺、脅迫、暴行、誘拐、拉致、人身売買、恐喝、勤労挺身隊の逃亡、志願など様々だった。したがって、「訓練された帝国軍隊が制服を着て朝鮮半島を荒らし、若い少女を銃刀で威嚇（いかく）して慰安婦として連れていったという主張の説得力は疑問だ」。
ホン教授は、これらの論旨を通じて次のとおりの結論に至る。

控訴審は「被告人が主張するように日本軍慰安婦問題には社会構造的原因が存在し、『朝鮮人日本軍慰安婦』たちの姿や立場が非常に多様であり、この事件図書は、被告人が既存の資料などを土台に、現在の韓国社会や学会の主流的な見方とは異なる立場から『慰安婦』問題についての自身の主張を開陳する内容であり、この事件図書の至る所で、様々な例外的なケースと多様な『慰安婦』たちの姿や立場が著述されている」という点を認めた。

それにもかかわらず、「しかし、被告人はこの事件の表現では、例外的な場合を叙述していなかったり、断定的な表現を使用したりすることで、これに接する読者たちはまるで、大部分あるいは多くの『朝鮮人慰安婦』たちが、自発的に『慰安婦』になり、経済的代価を得て、性売買をしており、『朝鮮人慰安婦』たちは日本軍とともに戦争を遂行し、日本軍と日本人は『朝鮮人慰安婦』を強制動員したり、強制連行したりしなかったと受け止め得る」と判断した。このような裁判所の判断は、学者が既存の多数の見解に反する新たな主張をすれば、多数の見解からの万が一の反論に備え、その新たな主張の前提になるすべての事実を反復し、また反復せよという過度な要求として、まったく現実性がない要請だ。（略）

『帝国の慰安婦』の「慰安婦」とは、個人ごとに事情と苦痛の層位が異なる「朝鮮人日本軍慰安婦全体」を意味する。『帝国の慰安婦』の表紙の上段には、「実はその昔、強制的に連れていかれた少女も今の闘士も「慰安婦」のすべてではない。「慰安婦」のそのすべての姿を見ずして問題は永遠に解けない」という文章が記されている。ところが控訴審は、あえて『帝国の慰安婦』の「慰安婦」を、「この事件の被害者たち」と狭く解釈した。客観的な資料に限界があり、見方を変える新たな資料が錯綜（さくそう）して、客観的真実かどうかを確認することが容易ではない、これらの種類の事件では、有罪判断を極度に自制すべきことが当然だ（大法院1998年2月27日宣告97タ19038判決等）。控訴審の判断は、学術書に対する刑事判断に絶対必要な、節制と苦心の警戒線を大きく越えた。

（ホン・スンギ＝仁荷大学法学専門大学院教授「『帝国の慰安婦』刑事判決の批判的分析、ソウル高等裁判所2017／610判決を中心に」2020年3月）

ホン教授の論文の結論を長く引用したのは、その主張が100パーセント正しいと支持したからではない。自分なりの論理を立てて「少数意見」を支持するという「もう一つの少数意見」も、それなりに意味があると思ったからだ。特に聖域化している慰安婦問題ではそうだ。

ホン教授の主張も当然、討論の対象だ。その討論は、公論の場でなされるべきであり、実際にそうなるであろう。彼の論文を処罰せよと提訴することはないだろうから。裁判所が有罪と認めた著者と著書を擁護し、判決自体を批判する主張ではあるが、裁判に訴えられる心配はない、というのは何とも皮肉だ。有罪判決を受けた朴教授による「主流」に対する非難より、ホン教授の主張の方がずっと強く、明瞭であるにもかかわらず、である。どこかおかしくないか。その「おかしさ」は、裁判所に立つ必要もなければ、立たせてもいけない学者を法廷に立たせることで、つくり出されたのではないか。

『帝国の慰安婦』が出版された後、朴教授を支持したり、学問の自由を法廷に隷属させようとする動きに反対したりする声明もあったが、逆に朴教授を批判する本や論評も少なくなかった。そのすべてを網羅して論じる知識と哲学は、筆者にはない。ただ言えることは、『帝国の慰安婦』の論争は、既存の「主流」や「常識」に挑戦する時、挑戦を受けるその「常識」がナショナリズムの援護を受けていたり、さらに日本の帝国主義に基づく「被害意識」と結びついたりしていれば、どんなことが生じるのかを、象徴的に見せつけた。また韓日問題において「主流」が当然勝つのではなく、時に「非主流」の肩を持つ、そんな社会になるよう望むことが、どれだけぜいたくなのかを克明に悟らせてくれている。

第3章

強制徴用問題と文喜相法案

1 文喜相法案をどう見るか

筆者は、強制徴用問題を解決するため、2019年12月18日、ムン・ヒサン（文喜相）国会議長（当時）が国会に提出した「記憶・和解・未来財団法案」（以下「文喜相法案」）に強い関心を抱いている。他の評価より肯定的でもある。筆者のこんな考えは、非常に少数派であり、強制徴用問題解決を考えるセミナーや討論会などで、よく批判を受ける。言葉はやんわりしているが、「日本の責任を免除する法案として具体性はなく、瑕疵（かし）も多く、支持されないので、国会での承認は難しいだろう」というのが批判の要旨だ。

筆者も、文喜相法案の弱点と限界をよくわかっている。一方的に文喜相法案を擁護するのではない。文喜相法案を一度よく読んでみよ、ということだ。一般国民はそれが難しいが、専門家たちだけでも、読んでみる必要がある。そうすればもしかすると、日本との交渉時や新たな法案をつくる際、時間の無駄を減らすことができ、さらに良い案をつくることができると考えるからだ。これは駄目、あれも駄目という言葉は本当にたくさん聞いた。だがそんなものは、提案ではなく、現状分析だ。問題というのは「解決される」ものではなく、「解決する」ものなのだ。文喜相法案を、提案という目で見てみると、違って見えてくるものがある。

ここでは、2020年5月、第20代国会が幕を閉じ、自動廃案となった文喜相法案のその後と、2

020年下半期から新たに登場した解決策を批判的に紹介する。

ムン・ジェイン（文在寅）大統領は2020年8月15日、「日本の植民地支配からの解放を祝う」光復節75周年の記念の辞で、徴用問題をはじめ、日本との葛藤と輸出規制、交渉条件などについて比較的詳しく言及した。

2005年、4人の強制徴用被害者たちが日本の徴用企業を相手に裁判所に損害賠償訴訟を提起し、2018年、大法院勝訴確定判決を受けました。大法院は、1965年の韓日請求権協定の有効性を認めながらも、個人の「不法行為賠償請求権」は消滅していないと判断しました。大法院の判決は、韓国の領土内において、最高の法的権威と執行力を持っています。政府は、司法の判決を尊重し、被害者たちが同意できる円満な解決案を日本政府と協議してきており、今も協議の扉を開いています。韓国政府は、いつでも日本政府と対座する準備ができています。

ともに訴えた3人は、すでに故人となっており、一人残ったイ・チュンシクさんは昨年、日本の輸出規制が始まると、「自分のせいで韓国が損害を受けたのかもしれない」とおっしゃいました。我々は、一人の個人の尊厳を守ることが、決して国家の損害にならないことを確認します。同時に、三権分立に基づく民主主義、人類の普遍的価値と国際法の原則を守っていくため、日本と一緒に努力します。一人の人権を尊重する日本と韓国、共同の努力が両国の国民の間の友好と未来協力の架け橋になるであろうと信じています。

（大統領府ホームページ、2020年8月15日）

2019年7月1日、日本の対韓国輸出規制以降、韓日両国が全方位で対立して1年が過ぎた時点での大統領の光復節の演説は、関心を引かざるを得ない。日本が最も注目していたのは恐らく、「司法の判決を尊重しながら、被害者が同意することができる方案を日本政府と協議してきており、今後も協議する」という部分だろう。一言で言うなら、大統領の立場は変わらなかった、ということだ。もちろん日本も変わっていない。であれば果たして韓国と日本は、円満な解決案を見つけることができるだろうか。当日や翌日、大統領の演説を報じた日本メディアの反応は、あまり好意的ではなかった。

・問題解決のため「いつでも日本政府と対座する準備ができている」と述べ対話を呼びかける一方、日本政府が求める具体的な対応には言及しなかった。一層の関係悪化の回避を図りながら元徴用工問題では妥協しない姿勢を改めて示した形だ。「共同通信」

・韓国政府関係者によると、文政権は2年を切った残り任期で、最重要課題の南北協力事業を成し遂げたいとの思いが強い。実現には対北朝鮮制裁の緩和が欠かせず、この関係者は「米国だけでなく、日本の理解も必要。演説で、さらなる関係悪化を招きかねない対日批判は避けようとの判断が働いた」と話す。「朝日新聞」

・文氏の発言は（日本製鉄の資産の＝筆者）売却命令が出されて日本企業に実害が及ぶ前に、日韓両政府間の交渉で解決を目指す意向を示したものだ。（略）「司法の判断を尊重する」という原則的な立場を崩していないことを強調し、日本側に交渉での譲歩を迫ったものと見られる。「読売新聞」

・日本政府と「協議の扉は開かれている」と述べたものの具体案には触れず、日韓政府間の交渉は難航が予想される。国会では被告企業の賠償金相当額を日韓の企業などで肩代わりする財団設立法案が2件提出されているが、演説ではこうした和解を模索する動きへの言及はなかった。「毎日新聞」

・文在寅大統領は15日の「光復節」の式典演説で、いわゆる徴用工問題について韓国最高裁が日本企業に賠償を命じた2018年の判決を「尊重する」との従来の姿勢を改めて示した。立場を変えず、日本に対話を呼びかけ、日本側の妥協以外に解決法がないという韓国側の厳しい事情をさらけ出した形だ。「産経新聞」

五つのメディアの反応をすべて紹介するのは、日本側の共通キーワードを引き出してみるためである。すべての記事の底辺には、大統領が日本の譲歩を求めており、日本が要求する具体案は提示しなかったという認識がある。

具体的な案とは韓国では、韓国企業と日本企業、韓国政府と日本政府、そこに国民の義捐金（ぎえんきん）までを合わせた五者を、いかに組み合わせるかの問題だと理解する。しかし、日本政府は、1965年の日韓請求権協定で済んだ問題であるので、日本政府や日本企業は巻き込まず、韓国政府が責任を持って解決せよという立場だ。

これまで、2019年6月19日に韓国政府が示した「1＋1案」（請求権資金を受け取った韓国企業＋強制動員〈徴用〉労働者を使った日本企業）、韓国政府が考慮しているものと言われた「1＋1＋α」案（請求権資金を受け取った韓国企業＋強制動員労働者を使った日本企業＋韓国政府?）、「2＋2」案（請求権資金を受け取った韓国企業＋強制動員労働者を使った日本企業＋韓国政府＋日本政府）などが飛び交った。

1＋1案について日本政府は、日本企業が加わることも反対だが、韓国政府が加わらなければ意味がないと主張し、拒否した。すると韓国政府は、2019年の光復節に特使を送り、日本側に1＋1＋α案を提案したという。日本企業がまず被害者に対して賠償し、韓国政府が基金をつくって日本企業が出したお金を補塡（ほてん）する案だという。それなら日本企業は、金銭的には損害を受けないという主張だ。しかし、日本政府は徴用問題は1965年協定〔韓日請求権協定〕で解決済みだとしてきた主張を曲げねばならず、韓国政府は国家予算を使わなくてはいけないという難問がある。2＋2案は、民間団体と専門家たちが最初に示した案だが、日本政府は自分たちが加わる理由はないとし拒否した。

これらの案ではなく、実際に具体的な形態を整えたのが、また別の1＋1＋α案である記憶・和解・未来財団法案（別名「文喜相法案」）である。文喜相法案の「1＋1」は、請求権資金の恩恵を受けた韓国企業と、強制動員（徴用）労働者を使った日本企業だけではなく、一般の韓国企業や日本企業にまで範囲を広げた。「＋α」は、両国国民の義捐金だ。したがって、先の1＋1＋α案とはまったく異なる。

文喜相国会議長（当時）は、第20代国会の最終盤の2019年12月18日に、「記憶・和解・未来財団法案」を代表して発議したが、担当の小委員会である行政安全委員会や法制司法委員会での議論は一度もできず、2020年5月29日に第20代国会が幕を閉じ、自動的に廃案となった。その後、この法案に関連した、いくつかの動きがあった。

まず、この法案を無所属のユン・サンヒョン議員が、第21代国会に再度上程したことだ。ユン議員は2019年12月18日、この法案を初めて発議した際、野党議員であり、共同発議者だった。その時とは異なり、第21代国会で与党議員は一人も参加しなかった。河村建夫・日韓議員連盟幹事長たちは、この法案を公開的に支持した。

被害者団体の中でも、文喜相法案に賛成する声が多いという。「中央日報」は、「行政安全省傘下の日帝強制動員被害者支援財団（支援財団）によると、財団が今年1月に行ったアンケートで傘下団体59のうち、53（89・8パーセント）は『文喜相法案に賛成する』という意見を出した」と報道した（2020年6月22日入力）。「中央日報」は、被害者団体が「文喜相法案」に賛成する理由として「包括的解決策」に言及し、「訴訟に加わらない人々も慰謝料を申請できるため」だとした。これはどういう意味か。強制動員被害者たちが日本企業を相手に訴訟しようとすれば、その企業または承継企業が韓国になくてはならず、資産も保有していなくてはならないし、その企業に強制労働させられたという事実を本人が証明しなくてはならない。大変なことだ。イ・チュンシクさんらが新日本製鉄（現・日本製鉄）を相手に、2018年10月30日に大法院で勝訴判決を受けると、それに続く訴訟が増えると予想されたが、そんなことは起こらなかった。訴訟の困難さのためだ。したがって被害者団体は、訴訟より財団設立を通じて慰謝料を受けることが現実的だと判断したのであろう。

南相九・東北アジア歴史財団研究政策室長の調査によると、日本企業を相手取った強制動員被害損害賠償請求訴訟の現況は、2021年4月26日現在、大法院勝訴3件14人、大法院係留9件110人、高等裁判所係留1件63人、地方裁判所係留5件869人で、すべて合わせると18件1056人だ。ソウル地方裁判所に669人が提起した訴訟が最も大きいが、この訴訟は、かなりゆっくりと進んでいる。2018年10月の大法院の強制徴用工勝訴判決以降に提起された訴訟は、ソウル1件31人（2019年4月4日）、光州・全南1次54人（2019年4月29日）、光州・全南2次33人（2020年1月14日）の3件118人にすぎない。

前述したように、反対グループも多い。文喜相法案は、日本にだけ有利であるため、「安倍（晋三首相＝当時）が文喜相のおかげで万歳を叫んだだろう」と批判した弁護士もいる。いわゆる日本戦犯企業の参加を強制できないことが問題だという批判もある。

（文喜相法案について）強制徴用被害者と原告団、日本軍慰安婦支援団体である正義記憶連帯等まで含め、市民代替が強く反発した。日本の謝罪もなく戦犯企業の補償もなく、韓日両国の国民と企業の共同基金で戦争犯罪を赦免（しゃめん）することと違わない、という主張だった。２０２０年1月、強制徴用被害者支援団体である韓日共同行動は「強制動員韓日共同協議体」の設置を提案した。ここには、韓日両国の被害者と原告団、学会専門家、韓日両国企業が参加する。特に韓日両国の企業の拠出によって財団を設立し、被害者を救済することを期待していた。韓国政府は、関心を見せたが、日本はすぐに拒否した。

（ヤン・ギホ（梁起豪）＝聖公会大学教授、原稿「２０２０年長崎韓日関係カンファレンス」２０２０年9月17日）

しかし、被害者たちの反発など、越えなくてはいけない課題が多い。最も大きい争点は、被害者に基金を通じて慰謝料を支給する案をめぐる議論だ。過去の歴史の被害者や関連市民団体は、このような方式は結局日本に、過去の問題の免罪符を与えることになると批判している。日本製鉄、三菱、不二越の強制動員被害者訴訟代理人であるイム・ジェソン弁護士は27日、国会前で開いた記者会見で、「文議長の提案によれば、日本企業は法的・歴史的責任ではなく、自発的な方式でお金を集め、さらにそのお金には韓日企業と国民のお金まで巧妙に混ぜることになる。

これは結局、大法院判決の履行でもなければ、加害の歴史の清算でもない、外交的葛藤を生む余地のある被害者を清算するための方式だ」と批判した。迂回的方法で賠償金を支給することに対する本質的問題提起だ。（略）

これ以外にも、強制動員被害者の慰謝料支給の対象を約1500人に確定する場合、数十万から数百万人に至る、残された被害者たちとの衡平性の問題も提起され得る。さらに、記憶人権財団を通じた慰謝料受領に同意せず、戦犯企業や日本政府から補償金を直接受けるのを望む場合にはどうするのかも整理されるべきだ。日帝被害者人権特別委員会の委員長であるチェ・ボンテ（崔鳳泰）弁護士は「基金を通じた慰謝料受領に同意しない被害者には、裁判で救済される権利が保障されるべきである。そうであれば文喜相法案が問題になることはないだろう」と述べた。しかし、この場合、日本政府や企業側は補償金問題が完全に終わらないことを憂慮し、財団に寄付金を出すのをためらう可能性がある。

（略）ただ、大法院判決の被告企業の参加を強制することはできない点は、文喜相法案の限界だ。日本企業・政府レベルの謝罪を明文化することができない。法案が通過したとしても、政治的合意として日本政府・企業の謝罪など「誠意の表示」が担保されねばならないとの指摘が出る理由だ。

（「ハンギョレ新聞」2019年12月1日入力）

そのため、一部から強く反対する声があったことも事実だ。昨年11月27日、強制徴用訴訟代理人と正義記憶連帯・民族問題研究所関係者ら約20人が国会の前で共同記者会見を開き、「文喜相法案の即時廃棄」を求めた。「自発的寄付金方式は加害企業の責任を認めず、免罪符を与えること」であるという理由だった。彼らは、議長室に抗議書簡も伝達した。この時は、法案が発議される前であり、草案に、和解・癒やし財団の残金約60億ウォンを新たな財団に移管するという内容が盛り込まれていた。正義連など女性団体の抗議でその部分は削られて発議された。

（「中央日報」2020年6月22日入力）

2021年5月現在、再上程した文喜相法案の未来は明るくない。だが筆者は、強制徴用問題を解くためには前述したように一度、文喜相法案を研究してみる必要があると考える。理由はこうだ。

第一に、今まで我々は被害者だという理由で日本側に要求だけをしてきて、我々が先に何をすると提案したことがないが、この法案は、我々がまずイニシアティブを取るというものである。

第二に、強制徴用問題が韓日間の最大懸案として登場して以降、最も具体的な解決策を提示している。

第三に、行政府（大統領）は、すでに強硬に対応する方針を明らかにした以上、引くことは容易ではない。だが立法府がつくった法案は、両国が「秩序ある退場」をすることに役立ち得る。

文喜相法案の弱点も、また、国会を通過させてはいけないという理由も数十、数百にのぼるだろう。文喜相法案を批判する専門家と運動家の話もたっぷり聞いた。そのたびに筆者が心の中で問うたのは、「では、韓国と日本の両方を満足させる法案があるのか？」ということだ。名分と実利を両方得ようと何もしない、あるいは、いつかは両方とも得ることができるだろうという、希望がないのに、まるであるかのようにだまして時間を引きのばす「希望拷問（ごうもん）」のようなものである、このどちらからも今こそ卒業する時がきた。

2 文喜相法案の「ダヴィンチコード」

ここからは、ムン・ヒサン（文喜相）国会議長が2019年12月18日代表発議した「記憶・和解・未来財団法案」の中にある「隠れた絵」を探してみよう。「隠れた絵」探しとは、法案の条文がどんな背景からつくられたのかを見てみることだ。これは正しいかどうかの価値判断とは関係ない。法案が、現実をいかに受け入れたのかを見る。まず、法案を発議した日、国会議長室から出た報道資料（一部省略）を紹介する。法案の概要を知るためである。

文喜相国会議長は18日、日帝強制動員被害者支援に関連した「記憶・和解・未来財団法案」と「対日抗争期強制動員被害者調査及び国外強制動員被害者等の支援に関する特別法一部改正法律案」を代表発議した。（略）

「記憶・和解・未来財団法案」は、2018年末、大法院判決によりすでに執行力が生じた国外強制動員被害者たちと裁判で勝訴が予想される被害者たち、及びその遺族たちに慰謝料を支給する目的で特殊財団（記憶・和解・未来財団）を設立し、両国企業と個人らの自発的寄付金を財源として助成した基金（記憶・和解・未来基金）から慰謝料を支給するという内容を骨子とした制定案である。

法案の主要内容を見ると、①「記憶・和解・未来財団」を設立し、国外強制動員被害者に対する慰謝料支給、追悼・慰霊事業、強制動員被害に対する調査・研究等を遂行させるが、②ここでの「慰謝料」は国外強制動員期間中にあった反人道的な不法行為による精神的被害に相応する金銭として明示した、③財団が設置する記憶・和解・未来基金は、韓国と日本の企業・個人等の寄付金で財源を助成するが、④寄付金を集める際、寄付を強要してはいけないことを明示した、⑤財団が慰謝料を支給すれば、これは第三者任意返済として該当する被害者の承諾を受け、財団が債権者代位権を取得したものとみなし、⑥該当する慰謝料を支給される被害者は確定判決による強制執行請求権又は裁判請求権を放棄したものとみなすことを明示した。

こんな趣旨が法案の条文にはどう具体化されているか。この法案の骨子は、10条、18条、19条にある。

第10条（基金）
1項　財団に記憶・和解・未来基金（以下「基金」とする）を設置する。
2項　基金は、次の各号の財源で助成する。
1号　韓国又は日本の法律により設立した企業の寄付金
2号　韓国又は日本に国籍のある個人の寄付金
3号　第一号又は第二号以外の政府・国際機関・企業・団体・個人等の拠出金・寄付金
4号　基金の運用の収入金

第18条（財団の債権者代位）
財団が第2条第1号による被害者に対して慰謝料を支給する際には、民法による債務者の意思に反しない限り、第三者任意返済とし、該当の国外強制動員被害者の承諾を受け、財団が債権者代位権を取得したものとみなす。この場合、該当の国外強制動員被害者は、民事上の強制執行権限を放棄し、財団は民法第450条にもかかわらず、債務者に対して債権譲渡の通知をすることができる。

第19条（被害者の裁判請求権放棄等）
1項　国外強制動員被害者（第2条第1号による被害者は除く）が慰謝料を支給される際には、国外強制動員による精神的被害に対する裁判請求権を放棄したものとみなす。
2項　第1項の国外強制動員被害者が慰謝料を支給される際に、該当被害者が原告である損害賠償請求事件等が裁判所に係属中である場合には、財団は訴訟の取り消しを条件に慰謝料を支給することができる。

上記の三つの条文を総合すると、「韓日企業と両国国民の義捐金等で基金をつくり、この基金で強制動員被害者たちの承諾を得て『慰謝料』を支給すれば、裁判所の判決により、いわゆる戦犯企業に対する強制執行権限を有した被害者は、その権限を放棄し、まだ訴訟を提起していない被害者は裁判を請求しない」というものだ。

この法案は、第20代国会で先に提出された、酷似しているものの細かい点で違いがある、いくつかの法案を検討した痕跡がうかがえる。

◎第20代国会に提出された日帝強制動員被害者支援関連法案の比較分析※

区分	法案名	発議者	主要内容
対日抗争期強制動員被害調査及び国外強制動員被害者等支援委員会活動再開	対日抗争期強制動員被害調査及び国外強制動員被害者等支援に関する特別法一部改正法律案	キム・ミンギ議員等10人（2019・5・27）	対日抗争期強制動員被害事実に対する調査及び関連遺骨の調査・発掘・収拾・奉還業務が委員会の所管下で再度体系的になされるように対日抗争期強制動員被害調査及び国外強制動員被害者等支援委員会（以下「支援委員会」）を再設立
		キム・ドンチョル議員等13人（2019・2・27）	「支援委員会」を再設立し、追加的な真相調査と慰労金等の支給申請が可能とし、遺伝子検査実施の根拠を整えること
		オ・ジェセ議員等10人（2019・2・26）	「支援委員会」を再設置し、追加真相調査と慰労金を支給すること
日帝強制動員被害者支援財団根拠法制定	日帝強制動員被害者支援財団設立及び運営に関する法律案	カン・チャンイル（姜昌一）議員等12人（2018・12・7）	・追加空間の調査等慰霊事業及び日帝強制動員被害者及び遺族に対する福祉支援、日帝強制動員被害資料館及び博物館建立等を遂行する日帝強制動員被害者支援財団を設立・運用するようにすること ・基金財源 カン・チャンイル案：政府の拠出金又は補助金、寄付金品、それ以外の収入金等 ハム・ジンギュ案：政府の拠出金又は補助金、寄付金品、政府以外の者の拠出金等 イ・ヨンホ案：政府の拠出金又は補助金、寄託金品、それ以外の収入金等
	日帝強制動員被害者人権財団設立に関する法律案	ハム・ジンギュ議員等10人（2017・8・29）	
	日帝強制動員被害者支援財団設立及び運営に関する法律案	イ・ヨンホ議員等13人（2017・12・7）	

	日帝強制動員被害者人権財団の設立に関する法律案	イ・ヘフン議員等10人（2017・6・13）	・国家に日帝強制動員被害者人権財団を設立させ、強制動員被害者とその遺族の損害を賠償し、生活を支援するようにする ・基金の財源：政府の拠出金又は補助金、寄付金品、国有・公有財産の無償貸し付け等
	日本の朝鮮半島侵略と植民支配及び重大人権侵害の真実究明と正義・人権実現のための基本法案	チョン・ジョンべ議員等17人（2019・10・25）	日本の侵略と植民地支配の被害、重大人権侵害を明確に究明し、国際規範による不法性を明らかにし、正義と人権を実現する「日本朝鮮半島侵略と植民支配及び重大人権侵害真実究明委員会」を置き、政府は同委員会が究明した真実に従い、被害者及び遺族の被害及び名誉を回復するため財団をつくって運営する（財団の名称や事業は大統領令に委任）
	【参考】日帝下日本軍慰安婦被害者に対する保護・支援等に関する法律一部改正法律案	チョン・チュンスク議員等10人（2019・8・14）	日本軍慰安婦問題について独自の調査・研究機能を遂行する「女性人権平和財団」を設立し、業務遂行の独立性・自律性・持続性を担保し、研究結果を効率的に管理・活用し、これを通じて女性の人権と平和という価値増進に寄与する
被害者支援拡大	対日抗争期強制動員被害者調査及び国外強制動員被害者等の支援に関する特別法一部改正法律案	キム・ヨンホ議員等10人（2018・10・31）	未収金支援金の基準を当時の日本国の通貨1円あたり2千ウォンから1円あたり9万3千ウォンに引き上げ
	対日抗争期強制動員被害調査及び国外強制動員犠牲者等の支援に関する特別法一部改正法律案	チョン・ヤンソク議員等10人（2017・7・19）	国外強制動員被害者の配偶者にも医療支援金を支給し、国家が海外同胞のために設置した墓地に遺骨又は遺体を安らかに葬ることができるようにする

	対日抗争期強制動員被害調査及び国外強制動員被害者等の支援に関する特別法一部改正法律案	カン・チャンイル（姜昌一）議員等13人（2017・3・6）	軍人・軍務員として国外強制動員され、死亡又は行方不明となった国外強制動員被害者のうち「支援委員会」によって慰労金支援を受けた遺族に対し、追加で特別被害補償金及び特別生活支援金を支給する
	対日抗争期強制動員被害調査及び国外強制動員犠牲者等の支援に関する特別法一部改正法律案	イ・ミョンス議員等10人（2016・9・27）	法の名を「対日抗争期強制動員被害調査及び国外強制動員被害者等の支援に関する特別法」から「対日抗争期強制動員・関東大震災被害調査及び被害者支援に関する特別法」に変更し、対日抗争期被害調査及び支援対象に関東大震災の大虐殺を含め、朝鮮半島内での強制動員被害者に対する支援を新設する
強制徴用被害者賠償・補償のための基金設置	日帝下強制徴用被害者基金法案	ホン・イルピョ議員等48人（2019・9・30）	・日帝下、強制徴用被害者に対する強制徴用損害賠償金の円滑な支給に必要な財源を整えるため、日本政府及び企業との協力等、外交的努力を尽くすよう国家的責務を規定 ・裁判所の判決で確定された日帝下の強制徴用被害者の日本企業に対する損害賠償金の円滑な支給のため、日帝下強制徴用使外者基金を設置 ・基金の財源は韓日両国政府及び民間企業の拠出金又は寄付金等で助成する ・基金は強制徴用損害賠償金支給及びそれに必要な経費を支援する用途で使用 ・日帝下強制徴用被害者は判決で確定された損害賠償金の支給を委員会に申請することができるようにし、政府は委員会の支給決定に従い、損害賠償金相当を支給したり供託したりできるようにする
強制徴用被害者損害訴訟による日本政府及び戦犯企業の賠償履行を促進	日帝下強制徴用被害者損害賠償訴訟最終勝訴による日本政府及び戦犯企業の賠償履行を求める決議案	キム・グアンス議員等28人（2018・11・12）	韓国国会は、日本及び戦犯企業が戦犯国家及び強制労働の主体としての責任を直視するようにし、大法院判決により日帝強制徴用被害者たちに対して慰謝料損害賠償を誠実に履行し、被害者たちの人権を迅速に回復することができるよう決議案を提案

以下の内容を合理的範囲内で総合し「新たな制度」を提示	対日抗争期強制動員被害調査及び国外強制動員犠牲者等の支援に関する特別法一部改正法律案	文喜相議員	・〈目的条項〉被害者／遺族に慰謝料も支給することを明示 ・慰謝料支給業務を担当する「記憶・和解・未来財団」（仮称）を設立 ・慰謝料賠償対象の範囲を設定・制限するために「記憶・和解・未来財団」（仮称）傘下に「審議委員会」を置く ・同改正案（「新たな制度」）の意義 〈時限立法〉 ・慰謝料として支給される財団の基金の財源 ①韓日両国の企業の自発的寄付金 ②両国民間人の自発的寄付金 ③「和解・癒やし財団」の残金（約60億ウォン）※※ ④その他寄付金及び収入金等 ・慰謝料以外の財団運営経費は、韓国政府の拠出金・補助金で充当 ・慰謝料申請は1年6カ月以内にすることとする ・慰謝料支給は2年以内に終了することとする 〈包括立法〉 韓日請求権協定第2条の解釈運用に関連し、これまで持続的に発生してきた強制徴用被害者及び日本軍慰安婦被害者問題等、韓日間の葛藤を根源的・包括的に解決 〈遡及立法〉 ⑴大法院判決で執行力が生じた被害者たちに対し、慰謝料が支給されれば日本企業の賠償責任が代位返済されたものとみなす ⑵まだ訴訟を提起していない者が1年6カ月以内に慰謝料申請をしなければ該当申請権を放棄したものとみなす

			(3)慰謝料賠償を受けた者に対しては民事訴訟法に従い、「裁判上の和解」が成立したものとみなす ・本法案の構造的特徴：ツートラック（two-track） ・従来終わらせられなかった慰労金・未収金支援金・医療支援金支援業務を進めるため、同業務を担当していた「対日抗争期強制動員被害調査及び国外強制動員被害者等の支援委員会」を復活させる一方、大法院判決により、すでに執行力が生じた国外強制動員被害者たち（原告）と今後同一の内容の裁判で勝訴が予想される被害者たち、またはその遺族に対して、慰謝料を支給する目的で設立される特別財団「記憶・和解・未来財団」（仮称）を新たに設立し、上記委員会とは別途に活動するようにするツートラックを設定

※国会で整理した資料
※※「記憶・和解・未来財団」の基金に「和解・癒やし財団」で使い残った60億ウォン（実際には56億ウォン）も入れるとされていたが、関連団体の反対により実際の法案では削られた

このような知識を備えた上で、文喜相法案を見ると、注目点は次のとおりである。

まず、法案の提案理由で「金大中・小渕宣言」に言及した背景だ。「金大中・小渕宣言」に言及することは、この法案が日本側に一方的に免罪符を与えるものではなく、日本の謝罪を前提にしているということを強調するためだ。だからこそ、「今世紀の日韓両国関係を回顧し、我が国が過去の一時期韓国国民に対し植民地支配により多大の損害と苦痛を与えたという歴史的事実を謙虚に受けとめ、これに対し、痛切な反省と心からのおわびを述べた」という「金大中・小渕宣言」の一節を長く引用したのである。

日本は韓国に謝罪したことが何度かある。韓国人は「日本は韓国に対して一度も謝罪したことがな

い」と簡単に言う。いや、謝罪したことは何度もある、と言えば「心からまともに謝罪したことがあるのか」と聞き返す。

「まともにする謝罪」の基準が何であり、誰が判定すべきであるかわからないが、1990年、明仁(あきひと)天皇は、ノ・テウ(盧泰愚)大統領の訪日の際に「痛惜の念」という言葉を使った。1993年、細川護熙(もりひろ)元首相は、日本が起こした戦争を「侵略の戦争であった、間違った戦争」であると指摘した。国会の答弁では「私は率直に、我が国の行為が多くの人々に過去に耐えがたい苦しみと悲しみをもたらしたと認識し、改めて深い反省とおわびの気持ちを申し述べるために『侵略戦争』と『侵略行為』という表現を使った」と述べた。

1995年、村山富市元首相は終戦50周年の談話で、「植民地支配と侵略によって、多くの国々、とりわけアジア諸国の人々に対して多大の損害と苦痛を与えました。私は、未来に誤ち無からしめんとするが故に、疑うべくもないこの歴史の事実を謙虚に受け止め、ここにあらためて痛切な反省の意を表し、心からのおわびの気持ちを表明」するとし、「痛切な反省の意」という表現を使った。「村山談話」と呼ばれるこの談話は、首相個人の見解ではなく、閣議を経て発表したという点で、重みがあり、その後、日本政府は「村山談話」を継承するという意思を明らかにしてきた。ただし、「村山談話」は韓国だけを特定して謝罪したものではなく、アジア全体に対して謝罪したものという限界がある。

細川首相時代は、自民党が1955年以降、初めて完全に政権を失い、野党が連立政権を運営していた時であり、村山首相時代は自民党が村山社会党委員長を引き入れ、連立政権を打ち立てることで政権の一角に戻った時だった。自民党が政権を完全に取り戻した1998年、小渕恵三首相は「金大中・小渕宣言」を通じて、日本の過去の歴史に対して「痛切な反省」という言葉を使ったが、過去の過ちを受け入れながら進んだ韓日関係を目指したものと評価できる。

韓国に対する日本政府の謝罪で外すことができないのは、韓日併合100年目に当たる2010年、民主党政権の菅直人首相が発表した談話だ。

ちょうど100年前の8月、日韓併合条約が締結され、以後36年に及ぶ植民地支配が始まりました。三・一独立運動などの激しい抵抗にも示されたとおり、政治的・軍事的背景の下、当時の韓国の人々は、その意に反して行われた植民地支配によって、国と文化を奪われ、民族の誇りを深く傷付けられました。

私は、歴史に対して誠実に向き合いたいと思います。歴史の事実を直視する勇気とそれを受け止める謙虚さを持ち、自らの過ちを省みることに率直でありたいと思います。痛みを与えた側は忘れやすく、与えられた側はそれを容易に忘れることは出来ないものです。この植民地支配がもたらした多大の損害と苦痛に対し、ここに改めて痛切な反省と心からのお詫びの気持ちを表明いたします。

（首相官邸ホームページ「内閣総理大臣談話」2010年8月10日）

菅元首相はこの談話で「朝鮮王朝儀軌」を韓国に引き渡すという意思を明らかにし、翌年、実際に返還した。最近の韓日両国関係においては、「菅談話」が韓国だけを特定し、韓国が受けた苦痛を具体的に言及し、これに謝罪した点で再評価すべきだという意見が出ている。

このように日本が謝罪した事例も少なくないのに、韓国で「謝罪しない日本」という認識が強い理由は何か。菅談話にある「痛みを与えた側は忘れやすく、与えられた側はそれを容易に忘れることはできない」という表現に答えが隠れているようだ。チェ・ソミョン（崔書勉）国際韓国研究院長は「日本は謝罪したことだけを覚えており、韓国は謝罪を覆したことだけを覚えている」と表現した。

文喜相法案が「金大中・小渕宣言」に注目したことは、この宣言を両国指導者が合意し、発表したためであろう。文喜相議長は、この法案を発議する1カ月半前である2019年11月5日、早稲田大学の演説でこう促した。

何よりも大事なことは「21世紀に向けた新たな日韓パートナーシップ」の根底を貫く精神であります。「過去を直視しながら未来を目指そう」ここで「過去を直視すること」は、歴史的事実をありのままに認識することであり、未来を目指すということは、ありのままに認識された事実から教訓を見いだし、より良い未来を共に切り開いていこうという意味であります。（略）

（文在寅大統領と安倍首相が）首脳会談を通じ、まず第一に国交正常化の決着を付けた韓日請求権協定と1998年に金大中大統領と小渕首相とが署名した「日韓共同宣言」を尊重し、第二に、日本のホワイトリストからの韓国排除と韓国のGSOMIA終了措置を元に戻し、第三に、両国の懸案問題（強制徴用工問題など）を立法によって根本的に解決する妥結が行われることを期待します。韓日首脳が近いうちに会って、「21世紀の新しい韓日パートナーシップ宣言」に勝る第二の金大中・小渕宣言、「文在寅・安倍宣言」が出されることを希望します。

（早稲田大学・和解学の創成～正義ある和解を求めて～ホームページ）

この法の第3条（基本原則）1項は「この法を適用し、記憶・和解・未来財団を運営する際に、国外強制動員被害者の意思が最優先に考慮されるべきである」と規定している。

この条項は明らかに、パク・クネ（朴槿恵）前政権が2015年12月28日に発表した、韓日慰安婦合意に対する否定的な認識を反映するものだ。文在寅政権は17年5月の発足直後、「韓日日本軍慰安婦被害者問題合意検討タスクフォース」（合意検討TF）をつくり、その年の12月27日、慰安婦合意に対する検証結果を発表した。その際、公表した四つの問題点のうち、第一に挙げたのが「被害者中心的なアプローチの欠如」で、検証報告書では「戦時女性の人権に関する国際社会の規範として確立した被害者中心的アプローチが慰安婦交渉過程では十分に反映されておらず、一般的な外交懸案のようにギブ・アンド・テイク式の交渉で合意がなされた」と批判した。

被害者の意思を尊重すべきだという意見に文句をつける人はいない。文喜相議長が法案をつくる前に、利害当事者や所属団体の意見をよく聞こうとしたことも、こういった趣旨からだろう。だが筆者は、文在寅政権が徴用工問題の代案を模索する過程で「被害者中心主義」をどれだけ適用したか疑問だ。利害当事者が最小数万人から最大20万人に達するというこの問題を、誰とどのラインまで相談することが「被害者中心主義」を満たすのか明らかではない。また相手のある問題で、特に外国との交渉で、被害者の意思を尊重することは必要であっても、それを守ることがどれだけ大変なことかを被害者も知るべきであり、結局は外国と妥協する前に、国内で政府と被害者がまず妥協すべきだというのが筆者の考えである。

第8条（事業）は財団の事業を次のとおり列挙している。

1号　記憶・和解・未来基金の助成及び運用
2号　国外強制動員被害者に対する慰謝料支給
3号　国外強制動員被害者と日本政府又は日本企業間の紛争交渉等に対する調整及び支援
4号　追悼慰霊事業
5号　国外強制動員被害に対する資料館及び博物館建立
6号　国外強制動員被害に関連した文化、学術調査研究事業
7号　その他第1号から第6号までに関連した事業として定款で定める事業

このうち、1・2・3号は財団の固有業務であるが、4・5・6号については財団が必ずすべきであるのか、そんなことにまで基金を使わなければならないのか、という意見が出てき得る。しかし、それらの主張は浅はかな考えである。過去の歴史の問題は、謝罪、処罰、補償以外に、同様のことが再び起きないように教育し、研究することも重要だ。したがって財団が4・5・6号事業にあたるのを当然、勧奨すべきである。基金をつくり、被害者たちが分け合うことだけが財団の目的ではない事実を見せなくては、国際社会からも指示を得ることができない。

第10条（基金）2項を再度見てみよう。

第10条2項　基金は、次の各号の財源で助成する。
1号　韓国又は日本の法律により設立した企業の寄付金
2号　韓国又は日本に国籍のある個人の寄付金

3号　第1号又は第2号以外の政府・国際機関・企業・団体・個人等の拠出金・寄付金
4号　基金の運用の収入金

2項3号「政府・国際機関・企業・団体・個人等の拠出金・寄付金」に注目すべきである。2項1・2号は広く知られているとおり1+1+α案（韓国企業+日本企業+両国国民の寄付）の主要財源であるため、新たなものではない。3号のうち、1・2号以外の国際機関、企業、団体、個人等の拠出金と寄付金を念頭に置いたこともおかしなことではない。注目すべきは「政府の拠出金や寄付金」である。当初、韓国、日本ともに、強制徴用問題を解決するにあたって政府予算は使えないという立場だった。韓国側は「司法府の判決は日本の戦犯企業が慰謝料を払えということなので、政府のお金を使ってはいけない」であり、日本側は「日韓請求権協定により両国の債権債務関係は終わっているため、日本政府が改めて強制徴用者に慰謝料を支払う義務はない」というものだ。それにもかかわらず、3号にこのような規定を入れたのは明らかに、後々にでも両国政府が参加できる隙間を開けておいたのだ（韓国政府が、日本政府に対する慰安婦賠償判決が確定した2021年1月23日に「韓国政府レベルでは日本に対していかなる追加的請求もしない」と明らかにしたことが、法案の構図にどんな影響を与えるのかはわからない）。

同10条3項は費用支出の優先順位を定めたものである。

第10条3項　基金は次の各号の順序に従った重要度を根拠とし、第1号による費用から優先支出されるべきである。

1号　国外強制動員被害者に対する慰謝料
2号　国外強制動員被害者と日本政府又は日本企業・国民間の紛争交渉等に対する調整支援費用
3号　第8条第1号又は第4号から第6号までの事業
4号　第39条による財政支援が足りない場合、財団の人件費及び経常運営費

1・2・3号は当然であるが、4号が注目される。4号が言及している第39条はこのようになっている。

第39条（財政支援）　政府は財団の人件費及び経常運営に必要な経費を、予算の範囲から拠出または補助することができる。

第10条3項4号と第39条を合わせて読むと、「政府は財団の人件費と経常運営費を支援できる。そしてそれが足りなければ、財団の基金の一部を人件費と経常運営費として使うことができる」ということとなる。

このような規定をなぜ入れることになったのだろうか。当然だと言うこともできるが、先例から学んだようだ。朴槿恵政権がつくった「和解・癒やし財団」理事会は、日本が拠出した基金は全額、元慰安婦にだけ使わねばならないとの立場を堅持し、朴政権もこれを受け入れて、2016年に財団の人件費と運営費として1億5千万ウォンを支援した（その年、不足した分の5900万ウォンは日本の拠出金から使った）。しかし、政権が代わり、共に民主党が予算を全額削減したため、財団は2017年と18年、仕方なく日本の拠出金を使わざるを得なかった。ところがその年、国政監査で共に民主党所属議

員は、財団の基金を人件費と運営費に使うことにすら強く批判した。

したがって、この法の39条は、両国の企業と国民が出した寄付金は、ただ強制動員被害者にだけ使うようにし、財団運営費は国家が支援し、国家の国格を立てろということだ。またこれを法に規定することで、財団に国庫で支援する問題をめぐり、与野党が争わないようにあらかじめ〝交通整理〟しておいたのだ。

だがもし、政府がこれを支援しない状況がくればどうなるか。第10条3項4号は、そんなことが起きた場合、合法的に財団の基金を人件費と運営費に使えるような根拠をつくった。

第39条と第10条3項4号は、明らかに和解・癒やし財団の議論から学んだものである。

第15条（資料・情報の共有）はこうなっている。

1項　財団は、第14条による慰謝料申請者に対して、第2条第1項ナ及びタの国外強制動員被害者に該当するかを確認するために必要だと認める場合、行政安全相や関連機関団体に資料や情報を要請することができる。

2項　財団は国外強制動員被害者に対する現況調査のため、行政安全相や関連機関団体に資料や情報を要請することができる。

3項　財団は、行政安全相や関連機関団体から国外強制動員被害者に関する資料や情報の共有要請を受けた場合、必要であると認めれば該当資料や情報を提供することができる。

この条項も、先例から学んだようである。和解・癒やし財団は、連絡がつかなかったり補償金申請しなかったりした元慰安婦と、その子孫たちの所在地、家族関係などを把握する必要があった。しかし、強力な「個人情報保護法」に遮られ、いかなる書類にもアクセスできず、ただ本人たちが出す資料にだけ頼らなければいけなかった。和解・癒やし財団の理事会は「国家と国家が合意してつくった財団なのに、こんなことがあり得るか」と、行政安全省と外交省に何度も資料アクセス権を要請したが、「個人情報保護法」の壁を越えることはできなかった。この法の第15条は、そのような不合理な状況を防ぐための事前措置である。

第27条（理事会）の3項まではこうなっている。

第27条（理事会）

1項　財団に理事会を置く。

2項　理事会は理事長を含む理事で構成する。

3項　理事は国外強制動員や慰謝料支給と関連した豊かな専門性及び経験を持ち、公正に職務を遂行できる者のうち、次の各号のとおり構成する。

1号　国会議長が指名する2人

2号　国会の交渉団体及び非交渉団体が指名する3人

3号　外交相及び行政安全相が指名する2人

4号　第34条の国外強制動員被害者団体協議会が指名する4人

5号　韓国弁護士協会長が指名する1人

目を引くのは3項4号「第34条の国外強制動員被害者団体協議会が指名する4人」だ。第34条はこうだ。

第34条（国外強制動員被害者団体協議会）
1項　財団は慰謝料支給に関連した国外強制動員被害者の意見集約等のために財団に国外強制動員被害者団体協議会を置くことができる。
2項　第1項に従い、国外強制動員被害者団体協議会は次の各号の者で構成される。
1号　第2条第1号カの被害者を代表する者
2号　第2条第1号ナからマまでの被害者で構成された民法等による法人としてその法人を代表する者
3号　その他、定款で定める者
3項　その他、第1項の国外強制動員被害者団体協議会に対する構成及び運営に関して必要な事項は財団規定で定める

この法が「国外強制動員被害者団体協議会」を置き、協議会に4人の理事指名権を与えた理由は推測できる。現在、強制動員被害者団体の数は約60余りに上る。団体が多いので、代表制をめぐって葛藤を起こす事例が少なくない。したがって団体協議会を置くようにしたのは、前述した「被害者中心主義」を念頭においたものではあるが、関連団体同士、事前に意見を調律するようにして争いを減らそうという意図だろう。

最後に、「記憶・和解・未来財団」という名前を見ると、第二次世界大戦後、ドイツが強制労役動員者を補償するためにつくった団体が「記憶・責任・未来財団」、韓日合意で作った慰安婦補償財団が「和解・癒やし財団」、韓国挺身隊問題対策協議会と正義記憶財団が統合した団体が「正義記憶連帯」である。四つの財団に入っている単語を列挙すると、記憶、和解、癒やし、責任、未来、正義だ。このすべての価値を満たせる、より大きな価値は何か。その価値を実現するため構成員は何を追求し、何を譲歩すべきであるか。強制徴用問題を解く道は、この二つの問いの答えを模索する道だと感じる。

3　産業遺産情報センターを「第二の靖国神社」にするな

2020年6月、ユネスコ世界文化遺産として登録された日本の近代産業施設が、再びニュースとして浮上した。この問題はその5年前、日本の8カ所の地域の近代産業遺産23カ所をユネスコ世界文化遺産として登録する際にも、韓日間で先鋭的な外交の葛藤を起こしたことがあった。当時、日本側は、世界文化遺産を広報する機関を開く際、朝鮮人たちが強制労働をしたという事実を明記すると約束し、ユネスコもその約束を前提に世界文化遺産に指定した。ところが日本政府は今回、「産業遺産情報センター（Industrial Heritage Information Center）」を開館したが、5年前の約束を守らなかった。

当然韓国側は反発した。

「東亜日報」東京特派員は、日本政府の態度を次のとおり批判した。

14日午後、日本の東京新宿区所在の総務省第二庁舎別館に構えた産業遺産情報センター。透明のガラスでできた玄関を過ぎると、65インチの大型テレビ画面7個が備わったスクリーンが目を引いた。画面には、２０１５年ユネスコ世界文化遺産に登録された長崎県の別名「軍艦島（端島）」炭鉱の姿が多角度で紹介されている。

他の空間では軍艦島に住んでいた住民の証言映像が流れてきた。太平洋戦争当時、若い時代に父親とともに軍艦島で過ごしたという在日同胞2世、鈴木文雄（故人）氏は映像で「朝鮮出身者たちが奴隷労働に追いやられたか」との質問に、「そんな話は聞いたことがない」と述べた。彼は「朝鮮人が鞭で打たれたのではない。作業班長であった父親は賃金をしっかりもらっていた」と述べた。

映像に出てきた台湾の徴用者も「給与をきっちりもらった」と証言した。テレビ画面の横のパネルには、月給袋が展示された。「当時、朝鮮人と日本人はみな同じ日本人であったので差別はなかった。虐待もなかった」という日本人の証言もあった。情報センターのどこにも、韓国人らが軍艦島に連れて行かれ、劣悪な環境で強制労働をしたことに対する謝罪や、彼らを追慕する内容は見当たらなかった。

（「東亜日報」２０２０年6月14日付東京、パク・ヒョンジュン（朴炯準）、キム・ボムソク（金範錫）特派員）

筆者は、２０１５年にこの問題に対して長い文章を書いたことがある。日本の近代産業遺産ユネスコ登録をめぐる韓日の外交戦で、韓国政府は対応が遅く、内容面でも敗北したとの批判を受けた時だった。しかし、筆者の意見は違った。韓国が一方的に敗れたのではなく、あえて言うならば引き分けであり、「今後、日本の登録遺産を紹介する記念館や広報館などに朝鮮人の強制労働の事実を明記し、遺産を眺める日本人と外国人が、その事実を知るようにすることがより効率的」であると主張した。

だが当時の佐々江賢一郎・駐米大使が「あまりにも具体的な字句（language）にとらわれてはいけない」と述べたということを聞き、日本が約束した「情報センター設立」などをきちんと履行するのか疑わしいと案じ、もし日本が約束を守らなければ、日本だけではなくユネスコ相手に圧力を行使せねばならない、とした。

以下は当時の記事である。

「日本の文化遺産登録非難、方向が間違っている」

日本の近代産業施設のユネスコ世界文化遺産登録をめぐる余震が続いている。問題は二つだ。一つは、韓国外交省が登録を阻止する、あるいは登録されたとしても「強制労働」という言葉を明記しなければならないという原論的な問題であり、もう一つは、日本が登録決定文で使った「強制労働」という表現を安倍晋三首相（当時）まで乗り出して、すぐに否定しているという問題だ。問題は二つだが、後者も結局は外交省が日本に機会をやったため、すべて外交省の過ちだとの指摘も出てきている。

外交省は、一貫して「うまくいった交渉」であるという立場を堅持している。ユン・ビョンセ（尹炳世）外相は5日の夜の記者会見に続き、9日の寛勲クラブの討論会でも「我々の正当な懸念を充実に反映し、多くの難関を賢明に克服し、対話を通じて問題を解決した」と自らを評価した。それに対して一部メディアは、交渉内容とは別に、「自画自賛がひどい」「困惑する」という表現で外交省の態度を非難する。

誰の言葉が正しいのかを評価するのは簡単ではない。人によって、立場によって、メディアによって考えは違い得る。さらに日本問題は、論理だけでは評価しがたいものが少なくない。ただし記者は、外交省がしくじったのであればどれだけしくじったのか、日本の態度の変化をどう見なければならないのか、今から何をすべきなのか、についての最近の非難には、若干異なる考えを持っている。

まず、外交省の過ちに対する非難だ。結論的に私は外交省が「予想以上に善戦した」と評価する。日本は遺産登録のため、２００９年から緻密な準備をしてきた。これに比べ韓国の外交省は、問題の深刻性についての認識が足りず、対応も遅かった。だから、後回しにした宿題でもやるように、この問題にかかりきりになった。これは非難されるべきである。だからといって「結果」までも非難すべきではない。例えば、１００メートル走のプロの陸上選手が、スタートは出遅れたものの記録が比較的良ければ、これをどう評価するのかと状況は似ている。スタートが遅いことを練習不足であると批判するのは当然だが、「記録」まで無視してはならない、というのが記者の考えだ。

であれば今回の合意が「比較的良い記録」という根拠は何か、という質問があり得る。正当な疑問だろう。いくつかの根拠のうち、まず、日本がこの合意に満足していないのが反証だ。登録が決定される瞬間、日本の代表団は笑いもせず、拍手もしなかった。日本国内でも、日本があまりにも多く譲歩した、あるいは外交を誤った、という非難が出ている。その非難は次第に大きくなっている。スタートラインに早く着き飛び出した、なので手に負えない相手だった、この日本のこの反応は何を意味するのか。

これが日本の演技だとすれば第三国の見方はどうか。マリア・ベーマー・ユネスコ世界遺産委員会（ＷＨＣ）委員長（ドイツ）は、登録決定の木槌をたたいた後、「韓日両国に謝意を表したい」と述べ、こう続けた。「今日、そしてこの何日間、私たちは信頼がどれだけ重要であるかを目撃した。信頼というものは、何より重要な『通貨』だ」。韓日両国ともよくやったという意味だ。外国の視角を客観的に反映した発言だろう。今回の登録をめぐる両国の全方位的な圧迫外交に、ＷＨＣの19の加盟国（韓国と日本を含む21カ国）は、相当居心地が悪く、困惑した。我々が１００パーセント正しく、日本が１００パーセント誤っているという主張は、国際社会では通用しない。日本が少しだけ譲ってきたのも外交省だけの力ではない。強制労働の事実を含め、登録対象のすべての歴史（full history）を記録せよ、という国際記念物遺跡会議（ＩＣＯＭＯＳ）の勧告が決定的であり、大統領の首脳外交と親書、国会の決議と議員外交、国際社会の圧力などが総合的に影響を及ぼした結果だ。

こんな状況のため、登録が決定された直後、韓国が「逆転判定勝ち」を得たと、比較的寛大な評価をしたメディアもあった。また、日本があれだけ認めることを嫌がった「強制労働」の事実を、初めて国際社会で公開的に認めさせたとの評価も、最近数年間、関係が良くなかった韓日が投票で対決せず、対話を通じて合意したという評価も、いずれも支持を得た。適切な評価であり、この評価は維持されるべきだろう。

問題は、日本がすぐに「強制労働の事実を認めたのではない」と言って、決定文を否定し始めたことだ。すると外交省は再び非難の的になった。外交省が仕事をきっちりできなかったためだ、という指摘だ。一見、うなずけるが、このような主張は評価の始点を原点から再び始める「二番煎じの非難」であり、より大きな責任のある日本に免罪符を与えることと同じである。

日本政府代表である佐藤地ユネスコ大使は、登録を前提とした第39回WHCの演説で明らかに「本人の意思に反して連れてこられ、厳しい環境の下で働かされた（against their will and forced to work under harsh conditions）」と述べた。これをどう解釈するのか。「朝日新聞」の若宮啓文・前主筆は9日付の「東亜日報」のコラムで「普通に考えれば、これは『強制労働』に対する要約説明であると言っても誤りではない」と評価した。尹炳世外相も寛勲クラブ討論会で「韓日が合意したのは英語版であり、日本の代表が発言した内容も英語版であり、議長が公式に宣言したように、会議の正本も英語版である。英語版に忠実であれば、いかなる誤解もない」と述べた。つまり強制労働の意味が含まれているという事実は、火を見るより明らかだということだ。

これに関連して記者は、「forced to work」の日本語翻訳文について、一部韓国メディアの解釈にも誤りがあると考えている。日本は「forced to work」を「働かされた」と翻訳したが、一部メディアはこれを「働くことになった」という意味であり、強制性が入っていないと指摘した。だが「働くことになった」という意味なら、「働かされた」ではなく、「働くようになった」「働くことになった」とせねばならない。つまり、「働かされた」は、「強制労働を受けた」というよりはもちろん意味が弱いが、「望まない労働」という意味が含まれている。「労役させられた」という程度に解釈するのがよい。納得しがたいとの批判だが、まったく足りないというほどではない。それではなく日本の過ちは他にある。

それは根本的に「負の歴史（negative heritage）」を認めまいとする退行的な歴史観にあり、今回はその土台の上に、手のひらで日の光を遮ろうとしているのである。「本人の意思に反して厳しい環境の下で働かされた」ことが「強制労働」でなければ、一体何だというのか。

このような非難に対し、岸田文雄外相（当時）に続いて10日には安倍晋三首相（当時）まで加担した。安倍首相は、この日の国会で「forced to work」とは、対象者の意思に反して徴用されたこともあるという意味」だと答弁した。つまり、強制労働を意味するのではなく、すでに日本が認めた強制徴用をした場合もあるとの意味だと言うのだ。安倍首相はまた、「強制労働を否定した岸田外相の発言に韓国政府は異議を唱えていない」と述べた。まるで日本の主張が正しいので、韓国政府が対応できなかったかのように読める。

二つを分けて見てみよう。安倍首相の言葉が正しければ、強制徴用はあったが、強制労働はなかったという意味になる。矛盾だ。強制徴用された人の労働行為は強制労働と見るべきではないのか。さらに日本の学会でも、強制労働に関する研究がかなり蓄積されている。この問題に精通した外村大（とのむらまさる）・東京大学教授は、「意思に反したことが強制したこと。言葉のごまかしは国際社会では通じない」（朝日新聞社説、8日付）と述べた。

次に韓国政府が対応しなかったという問題だ。外交省は「すでに公開的に何度か明らかにしており、重要なことは日本が国際社会で約束したとおりに履行すること」であるとした。外交省が岸田外相や安倍首相の発言に対応しないことをもって、一部からは批判され得る。しかし、もし外交省が、日本の動きに全面対応することがかえってマイナスになるという判断をしたとすれば、尊重すべきである。サッカーの試合で我々がすでにゴールを入れた時、日本チームが監督（安倍首相）まで出てきてゴールではないと言い張ったとしても、我々が日本のチームと争う理由はない。もし日本の主張のせいで登録決定文を変えるとすれば（そのようなことはないであろうが）、その時は日本ではなく、世界遺産委員会を相手に争うべきである。

韓国としては、すでに国際社会で「強制労働」という点が認められたのだから、この問題が他の問題の解決に悪影響をおよぼさないように管理する必要がある。つまり、「仕切り対応」が必要なのだ。安倍首相や岸田外相の発言は、国内用の性格が濃い。日本がずっとこの問題に食い下がるなら、礼儀正しく「本当にそう考えるのなら世界遺産委員会の登録決定文を変えよ」と言えばそれで済む。

8日（現地時間）、アメリカ・ワシントンでアン・ホヨン駐米大使と日本の佐々江賢一郎駐米大使が保守系シンクタンク、ヘリテージ財団主催のセミナーで会った。この場で佐々江大使は「日韓ともに国内的な困難があったが、合意でき、登録できたという事実が何より大切だ。他のことは些細（minor）こと」だと述べた。これに対してアン大使は「合意内容は文案として出ており、今後、合意内容をどう履行するのかが重要だ」と答えた。すると佐々江大使は再び、「具体的な字句（language）にとらわれてすぎてもいけない」と述べた。日本が約束した「情報センター設立」などをしっかり履行するのか疑わざるを得ないくだりだ。

佐々江大使の発言は普段、法と原則、記録と約束を重んじ、言葉の字句を重視する日本の態度とは大きな違いがある。強制徴用はあっても強制労働はなかったという日本の論理も、日本軍慰安婦を募集する際、「広義の強制性」はあっても「狭義の強制性」はなかったという苦しい論理を思い起こさせる。

今後、我々はどうすべきか。我々が望んだことが100パーセント達成できなかったのは間違いないものの、それは無理だったということを認めるべきである。最近の韓日問題は、我々の思い通りに解決されることが次第に減ってきている。これは何を意味するのか。国際秩序と環境が変わったということだ。したがって常に目標を高く持つことだけが良いわけではない。遺産登録問題は、日本が約束をしっかり守るのか見守り、きちんと守るよう圧力をかけることが我々のすべきことだ。そこに誤りがないよう推進すべきである。

チョ・テヨル（趙兌烈）外交第二次官は、ドイツ・ボンの現地で、日本の佐藤地ユネスコ大使が発言し終わった後、「韓国政府は委員会の権威を全面的に信頼し、日本政府が今日、この権威ある機関の前で発表した措置を誠実に履行していくであろうと信じるため、この問題に関する委員会のコンセンサス決定に賛成することを決めた」と述べた。要するに、日本の発言と履行の意思を信頼するため、投票での対決はしないことにした、という趣旨だ。趙兌烈次官とアン・ホヨン大使が語ったように、今後は日本がした約束を思い起こし、これを履行させることが最善の攻撃である。

一部ではこんな指摘もある。日本政府の強制労働発言と情報センター設立の約束が決定文の本文に明記されておらず、注釈と参考文に入っていて見つけづらいとの批判だ。そのとおりだ。しかし、我々の目的が国際社会で日本に恥をかかせることでないのなら、それらの発言がどこに盛り込まれていようが関係ないだろう。発言の内容を日本はわかっており、韓国もわかっている。しかも両国の最大の懸案だった。国際社会に日本が強制労働をさせたということを知らせることよりも登録遺産を紹介する記念館や広報館などに朝鮮人の強制労働の事実を明記するようにし、遺産を眺める日本人と外国人がその事実をわかるようにすることが、より効率的だ。

約束を破ることは日本の自由であるが、そうなればそれ相応の非難と損害を甘受しなければならない。日本は2017年12月1日までに経過報告書を出すようになっており、18年の第42回WHCで履行結果をチェックされねばならない。もし履行をしないのなら、その時は国際社会で日本に恥をかかせても、正当性は我々にある。

今回、ドイツのボンで世界遺産登録をめぐり繰り広げられた韓日間の対決は、明らかに我田引水の解釈の余地を残した「弥縫策」だったのは間違いない。しかし、「弥縫策」だと言っても必ず非難を受けねばならないとは思わない。もし、「強制労働」を駄目押しできなかったことを我々が引き続き問題視していたら、投票での採決になっていたかもしれない。その結果は誰も予測できない。負けた側は国内的に致命的な打撃を受けただろうし、両国は今よりもずっと深く、より長く、外交が冷え切った期間を過ごさなければならなかっただろう。両国とも、そんな事態を望まなかったのは明らかだ。したがって今回の問題を勝ち負けの目線で見てはいけない。あえて言うなら引き分けだ。韓日両国は延長戦に入っており、延長戦で我々は攻撃側という、有利な位置にあるという事実を肝に銘じればと思う。

朝日新聞は8日付の社説でこう書いた。「苦い後味を残しはしたが、双方が最後は歩み寄って最悪の事態を回避できたのも事実だ。日本政府は委員会で、『負の歴史』も踏まえた情報発信をすることを約束した。誠実に実行し、世界遺産を多面的な歴史を語る場にする責任がある（略）」。今回登録された産業施設が集中している九州地域の新聞であり、全国的な影響力のある有力紙、「西日本新聞」も、「光と影を凝視し、未来に」という7日付の社説で「負の遺産」も直視する必要があると強調した。日本国内でも、日本の責任を促すグループと勢力が確かに存在する。韓国でも今回の外交戦を自分たちだけの視角ではなく、客観的に見ようと努力せねばならない。
今回の外交戦に対する評価を見ると、一つ心配なことがある。日本軍慰安婦をめぐる韓日交渉である。どの程度、進んだのかを語るのは難しいが、もし日本軍慰安婦問題を今回のような視点で評価すれば、絶対的に満足できる合意というのは難しいだろう。であればどうすべきか。もう合意せず、「爆弾ゲーム」でもするかのように次の政権に引き継ぐか、あるいは非難を甘受(かんじゅ)してでも大統領が決断をするか、二つに一つだろう。どちらにしても悩ましい選択だ。悩ましい最大の理由は、国民の思い、つまり世論である。国民は日本軍慰安婦問題をどの水準で解決すれば満足なのか、誰もが答えに窮するが、誰もが避けがたい質問でもある。韓日葛藤は政府だけで解決できる問題ではなく、国民とメディアがともにあたるべきだということを実感する、このごろである。

（「東亜ドットコム」2015年7月11日入力）

以上の経緯を見ると、韓国が「もしかして」と思っていたことに、日本は「やはり」とばかり応酬した。韓国政府の譲歩を「でたらめ」で返したのである。当時、日本側に、より確実に駄目押ししておくべきだったとも思う。日本は手のひらで太陽の光を遮ろうとせず、日本の近代産業遺産に注がれた朝鮮人の血と汗の歴史を、それ以上でも以下でもなく、あるがままに記録する義務がある。近代産業遺産を保有する先進国が、国際社会を相手にした約束を守るべきは当然である。

日本はこの約束をして、まだ数年しかたたないことをよく考えてみるべきだ。日本は韓国側に、1965年に結んだ韓日基本条約と請求権協定を遵守せよ、と一貫して求めている。57年前に結び、新たな争点に対応するのが難しい昔の協定については守れとしつこく要求しながら、わずか7年前にした約束を、何の事情の変更もないにもかかわらず、無視することなど許されない。

韓国政府が冨田浩司・駐韓日本大使を呼び出し、抗議したことは当然であり、ユネスコに書簡を送り、世界文化遺産登録を取り消せと求めたことも支持する。ただ、登録の取り消しは難しいと見る専門家が多い。キル・ユンヒョン「ハンギョレ新聞」記者によれば、世界遺産が取り消されたケースは、1972年にこの制度が生まれて以降、二回しかない（オマーンの「アラビアオリックス保護区」とドイツの「ドレスデン・エルベ渓谷」）。それらも何か問題があって取り消したのではなく、当事国が保全よりも開発を選んだためだという。ユネスコの「世界遺産条約履行のための作業指針」によれば、指定取り消しをするのであれば「資産がその特徴を喪失する程度に壊れた場合」や「ユネスコが求めた改善措置を履行しない場合」に「ユネスコ加盟国の3分の2以上が賛成しなければならない」。したがって日本の近代産業遺産登録の取り消しは、現実的には難しいということだ（2020年7月29日、以下で紹介する国際フォーラム）。

事実この問題は、慰安婦合意破棄と強制徴用判決による葛藤によって、解決がいっそう難しくなってしまった側面がある。以前であれば接点を探すことができる問題も、最近の関係悪化により、両国ともに融和策を捨て去り、強硬策に走っている。両国政府が「国民感情」を強く意識しているためだ。この問題をどう解くのか。2020年7月29日、ソウル中区の韓国プレスセンターで、「アジア平和と歴史研究所」主催、海外文化広報院の後援で国際フォーラムが開かれた。フォーラムのテーマは「人類共同の記憶、ユネスコ世界文化遺産と国際社会の信頼―日本近代産業施設、強制労働の真実と歪曲された歴史」だった。「国際社会の信頼」と「歪曲された歴史」という言葉から、日本に対する不信を読みとることができる。

このフォーラムには韓国、日本、豪州、アメリカ、台湾の専門家たちが参加した（コロナ禍により外国人専門家たちは「ズーム」で参加した）。専門家たちは、異口同音に2020年6月15日に日本政府が一般に公開した「産業遺産情報センター」は不当であると批判した。

矢野秀喜（ひでき）・強制動員問題解決と過去清算のための共同行動事務局長、キム・ミンチョル慶熙大学教授、松野明久・大阪大学教授らの主題発表を聞き、新たにわかった事実もかなりあった。新事実が発表されたというのではなく筆者が初めて知ったという意味だ。要約すると、次のようになる。

①日本政府としては2015年7月5日、ユネスコ世界遺産委員会で佐藤地・首席代表が「ⓐ日本は1940年代、いくつかの施設で多くの朝鮮半島出身者やその他の国民を、ⓑ本人の意思に反して連れてきて、ⓒ過酷な条件の下で働かせ、ⓓ第二次世界大戦当時、日本政府も徴用政策を施行していたという事実を理解できるようにする」と約束した。しかし2017年11月、ユネスコに提出した「保全状況報告書」では、ⓓだけに言及し、それすら「戦争前と戦争中、戦争後に多くの朝鮮半島出身者が日本の産業現場を支援した（supported）ことを理解できるような展示をする」とした。「意思に反した強制労働」は抜いてしまい、「支援（support）」という新たな単語を使ったのである。

②日本政府は2017年の報告書で、韓国の労働者関連の調査業務を「産業遺産国民会議」に委託すると明らかにした。この団体は常に、韓国人の強制労働の事実自体を否定してきており、この団体が集めた「軍艦島（端島）で韓国人強制労働はなかった」という証言を産業遺産情報センターに掲示し、問題が発生した。この団体の専務である加藤康子は「産業遺産」をユネスコに登録した一番の功労者として、草創期には、「産業遺産の隠れた部分も客観的でリアル

に次世代に伝えなくてはいけない」と主張していたが、内閣官房参与等を経て、その言葉とは異なる道を歩んできた。今は「産業遺産情報センター」のセンター長になった。

③ユネスコ世界遺産委員会（WHC）は2018年6月、日本の「保全状況報告書」が勧告履行をきっちり行っていないと指摘し、「説明戦略に関する国際的な模範事例を参考とし」「関係者と引き続き対話を行え」と促した。しかし、日本政府は主要な「関係者」と言える韓国と中国の強制動員被害者、被害者団体やNGO、専門研究者と一度も対話をしたことがない。

④産業遺産情報センターは、韓国人強制労働に関連し、軍艦島だけに言及しており、三池炭鉱、三菱長崎造船所、八幡製鉄所などには言及していない。韓国人以外の中国人や連合軍捕虜については言及もない。強制動員に関連した公文書や関連資料も展示しておらず、データベース化もしていない。

⑤産業遺産情報センターを犠牲者を記憶する場所としてつくろうとしたのであれば、彼らが働いていた福岡県、長崎県など、現場から近い場所にセンターをつくるのが道理ではないか。なぜ遠く離れた東京につくったのか。

⑥ICOMOS（国際記念物遺跡会議）とTICCIH（国際産業遺産保存委員会）の共同原則は、産業遺産を定義し、「産業遺産には有形のもの（動産と不動産）に無形のもの、例えば技術のノウハウと労働組織や作業者、共同体の生活をつくって社会と世界全体に大きな組織的な変化をもたらした複雑な社会的文化的遺産を含む」とした。日本政府の明治革命遺産に対するアプローチの態度は、これらの精神をしっかり反映できていない。

⑦ユネスコに登録された近代産業遺産の公式名称は「明治日本の産業革命遺産　製鉄・製鋼、造

船、石炭鉱業」である。日本が初めて登録を図った2006年には「九州・山口の近代化産業遺産群」として始まった。この時の首相が安倍晋三であり、彼の選挙区は山口だ。その後、ユネスコに申請する際の名前は「九州・山口の近代化産業遺産群――非西洋世界における近代化の先駆け」「近代国家日本の台頭～九州・山口」「明治日本の産業革命遺産――九州・山口と関連地域」に名前を変え続けた。最近では産業遺産を西洋の産業革命や技術移転の見方ではなく、明治という栄光の時代の牽引車として見ようという視角が強くなった。政治的意味を加味したのだ。そうでなければ産業遺産とは関係のない山口県萩市の松下村塾を産業遺産に登録したことを説明できない。

⑧吉田松陰が開設した松下村塾は、近代産業遺産をユネスコに登録するプロジェクトの核心である。この学校で教えた要諦は、天皇中心主義、外国人排他主義、領土拡張主義であり、そのもとから伊藤博文・初代首相ら、明治時代に大活躍した人物たちを多数輩出した。そして安倍元首相は自身の選挙区が輩出した伊藤首相を尊敬する。2013年8月、日本の文化庁文化審議会は「長崎の教会群とキリスト教関連遺産」をユネスコに登録申請することに決定した。政府は普通、文化庁の意思を尊重するが、この年は違った。内閣官房（韓国の大統領秘書室に該当＝筆者）は、近代産業遺産を登録することを決め、官房長官は二つのうち近代産業遺産を選んだ。2017年、内閣官房が異例的に「保全状況報告書」作成にまで関与し、「説明戦略」として「日本明治時代の変貌という誇らしい記憶を次世代に継承する」とした。これがまさに首相官邸が内外に提示したかったことだ。

（2020年7月29日国際フォーラム資料集及び一部追加）

以上が専門家たちの見解だ。このような状況を見る限り、日本政府は産業遺産情報センターへの批判から自由ではない。手遅れになる前に改めるのが賢明だ。

日本の近代産業遺産のユネスコ登録問題と同時並行で2015年に進められた韓日慰安婦合意（2015年12月28日発表）の関連性もよく見極める必要がある。

関心は二つだ。一つは韓日両国が、慰安婦合意の骨格をすでに2015年4月につくっていたにもかかわらず、日本の近代産業遺産のユネスコ登録問題で争ったため、慰安婦合意の発表が遅くなったという説をどう見るのかという点だ。この説は、もし日本の近代産業遺産のユネスコ登録問題がなかったなら、慰安婦合意の発表が早まり、パク・クネ（朴槿恵）大統領が弾劾を受ける前に慰安婦合意の説得作業ができる時間を稼げただろうから、慰安婦合意に対する事後の評価も変わっていただろうという「希望的観測」につながる。これに対し、慰安婦合意に深く関与したある元高官は「二つの事案は関連がない」と言い切った。しかし、合意検討ＴＦの報告書には「2015年4月の第4回ハイレベル協議で暫定合意内容が妥結した後、外交省は内部検討会議で四つの修正・削除の必要がある事項を整理した」という語句が入っており、2015年4月の「暫定合意」を無視することができないようである。

もう一つの関心は、韓国政府は近代産業遺産の登録の過程で日本から譲歩され、他方、日本政府は慰安婦合意の過程で韓国からの譲歩を得る形で、駆け引きしたのではないかという疑問だ。もちろん、二つの事案は関連がないとした元高官の言葉が正しければ、この疑問も成立しない。だが関連があるようだと主張する学者もいる（ナム・キジョン〈南基正〉2020年7月29日国際フォーラム資料集）。

すべての主張が、すべてうそだったり、真実だったりということはないだろう。ユネスコで近代産業遺産登録問題が一段落した後、日本側は韓国側に不満を吐露したのも事実だ。要旨は「forced to work」に対する解釈の違いだった。韓国側は「forced to work」を「forced work」または「forced labor」として解釈し、日本が国際社会で「強制労役」や「強制労働」を初めて認めたものと評価した。しかし、日本側は「forced to work」は「強制労働」ではなく「意思に反して連れてこられ働かされた」という意味であると主張した。つまり動員過程に強制性があったということであって、労働過程で強制性があったという意味ではない、と反発した。さらに日本側は「当時、日本はそう解釈すると韓国側に明らかに伝えたのに、韓国が逆に違うことを言った」と主張した。そのためか、「安倍晋三首相（当時）が外務省の言葉を信じ、（世界文化遺産での）合意を了承したが、後で韓国の主張を聞いて激怒した」という話が聞こえてきた。日本側が「ユネスコ登録問題のため、慰安婦交渉が影響を受けることもあり得ると述べた」という指摘もある。

　これらの状況を総合すれば、二つの事案が直接的に影響を与えあうことはなかったとしても、間接的な影響もなかったと断言することはできまい。つまり、慰安婦問題を改めて議論することにかなり否定的だった安倍元首相が、慰安婦交渉の再開に応じたのは「肯定的な信号」だと見たのは事実だが、近代産業遺産をめぐる葛藤により、雰囲気が冷え切ったことも事実のようだ。

　この問題がどう解決されるのかはわからないが、２０２０年７月29日の国際フォーラムにおいて、ある外国の学者が述べた言葉が耳に残る。オーストラリア国立大学のローレン・リチャードソン教授の言葉だ。

「産業遺産情報センターを、右翼たちだけが訪れる第二の靖国神社にしてはいけない」

エピローグ

被害者の品格

エピローグに、2021年4月、ソウル大学国際学研究所が主催した「グローバル戦略セミナー」で筆者が発表したものを紹介し、締めくくりとしたい。

まず、今日こうして意義あるソウル大学国際学研究所の第8回グローバル戦略セミナーに呼んでいただき、パク・チョルヒ（朴喆熙）所長とこのセミナーを準備してくれたスタッフの皆様に感謝を申し上げます。同時に、この場にいらっしゃる皆様、そしてオンラインを通じてこのセミナーに出席される皆様にも、お会いできて嬉しいという言葉をお伝えします。

慰安婦問題は非常に微妙で、複雑で、誤解の素地が多いテーマです。私は様々な場所で、主流とは少し違う意見を述べてきました。ですが今日は、準備してきた文書を読むことで、私の意見をさらに明確にお伝えしようと思います。

また一つご了解いただきたいのは、今日の討論の主題は「慰安婦問題、どう解くのか」となっていますが、慰安婦問題にだけこだわってはかえって問題を解きにくくした最近の逆説的な現実を反映し、今日は範囲を少し広げ、韓日の葛藤の根源的な原因についても言及しようと思います。

今日のセミナーのテーマが慰安婦問題とされたのはやはり、ムン・ジェイン（文在寅）大統領が1

月18日の新年記者会見で、2015年12月28日の韓日慰安婦合意が両国の公式の合意だったことを認めると述べ、何らかの変化や解決の糸口が生じるのではないか、という期待を反映したものだと思います。しかし、私としては言葉のみ変えただけで、心は変えておらず、口だけ動いたのであって、足は動いていないという、「プラシーボ効果」にすぎないと見ています。

慰安婦問題は今から30年前、1991年8月14日、キム・ハクスン（金学順）さんが慰安婦被害の事実を初めて公表した後、二律背反的な二つの道を歩んできました。一つは成就の道であり、一つは独占の道です。

成就の道で私たちは、慰安婦問題を過去のある一時期の韓国だけの問題ではなく、今日までを含めた、あらゆる戦場における女性の人権の問題であり、人類普遍の問題として浮かび上がらせ、その過程で運動団体は世界と連帯し、成長し、日本が過ちを認めるようにする成果を得て、時には韓日が額を突きあわせ解決策を整えもしました。

独占の道で慰安婦問題は、道徳的優位を盾（たて）にして、時間が流れるほど誰も近づけない、ついには国家すらも手の付けようのない聖杯のような存在となりました。また慰安婦の運動団体は、まぶしいほどの成就とともに、批判を拒む「銃を持った天使」になりました。聖所に住む天使の白い羽が汚された悲劇的な結末が、ユン・ミヒャン（尹美香）事件であり、運動団体の「金城鉄壁（きんじょうてっぺき）」に攻城のはしごをかけたのは意外にも、批判を業（ごう）とするメディアではなく、30年間、聖杯と聖所を支えてきた他でもない慰安婦被害者のイ・ヨンス（李容洙）さんでありました。

成就の道も独占の道も、もしかしたら私たちの内部の問題だったのかもしれません。ところで最近、慰安婦問題をさらに難しくさせる新たな外部要因が登場しました。時間、空間、人間という「三間」

の攻勢です。

時間は、韓国と日本がともに自分たちに有利なように利用しています。日本が過去に行けば、韓国は未来に行こうとし、韓国が過去に行けば、日本は未来に行こうとします。最近韓国で頻繁に、ツートラックと言いますが、これはかつて日本が使っていた言葉です。韓国は明らかにパク・クネ（朴槿恵）政権時代、慰安婦問題と首脳会談を結び付けたワントラックでした。その時、日本はツートラックを主張していましたが、２０１６年12月、釜山の日本総領事館前に市民団体が少女像を設置すると、韓国の通貨スワップの提案を拒むなど、ワントラックに戻りました。強制徴用判決を受けた２０１９年7月の両国の攻防は、過去の歴史問題が経済はもちろん、安保の領域まで影響を与えたという点で「スリートラック」の登場であると言えます。もし日本が独島（竹島）に対して深刻な挑発をすれば、韓国政府はツートラックを堅持できるでしょうか。できないでしょう。したがってツートラックが、相手国より成熟した態度を見せる証左だという信頼は、長く続かない自己催眠にすぎません。

慰安婦問題は、韓日間の代表的な過去の歴史でしょうか。私は慰安婦問題が長い間、葛藤の中心にありながら、今は過去の歴史ではなく未来の問題に変わったと思います。未来の韓国は、まともに謝罪しない日本に最後まで責任を問う堂々とした国家でなくてはいけない、と考える韓国のプライドと、未来の日本は、きりのない謝罪だけをするそんな卑屈な国家では駄目だと考える日本のプライドが衝突する、その接点に慰安婦問題も存在します。

三間の2番目である空間の問題は、皆さんご承知のとおり中国の浮上が核心キーワードです。アメリカと中国の衝突、中国と日本の競争、北朝鮮と日本の敵対、中朝接近と米日牽制、南北間の微妙な関係、このすべての渦巻きの真ん中に韓国がいます。トゥキディデスの罠（わな）を掘るのにスコップですくうことも一度としてできない韓国が、地政学的に強大国の間で罠にはまることを恐れ、巻き添えの恐怖（fear of entrapment）と捨て去られる恐怖（fear of abandonment）とを行ったり来たりし、選択を強要されています。そして、米日同盟は過去の歴史のプリズムとして日本を見る韓国に対し、それほど好意的でありません。つまり慰安婦問題は今や、韓日米の同盟に対する韓国の「善意」を測る尺度に変わってきています。韓日の葛藤を解決するのにアメリカが介入することを期待したり、予想したりすることがその証拠です。

しかし、私は過去の歴史問題までアメリカに任せることには反対です。私たちは、イ・ムンヨル（李文烈）の小説『われらの歪んだ英雄』で、新たに赴任した先生が、長い間、学生の上に君臨したオム・ソクデを一瞬で制圧したように、新たに発足したバイデン政権が日本を戒め、韓国側についてくれるものと期待しています。けれどもアメリカは目に見えるようにどちらか一方の側につくほど、愚かではないでしょう。だからアメリカが仲裁する解決には限界があります。少なくとも過去の歴史だけは、韓国と日本が自ら解決することが、時間がかかれども早道でしょう。

三間の最後である人間の問題は、政治のリーダーシップと国民の問題です。同時に信頼の問題でもあります。リーダーシップと慰安婦問題を結び付ければ、安倍晋三首相（当時）と文在寅大統領の間に信頼が足りなかったということが問題悪化の一つの原因でした。つまり、指導者の「キャラクターリスク」があったことを否定できません。二人の指導者の間に信頼がなく、お互い譲歩する考えもなかったため、静かに解決できる問題も、次第に大きくなりました。韓国の海軍駆逐艦と日本の海上自衛隊哨戒機のレーダー照射問題が代表的な例です。

日本の国民は変化し、韓国の国民のようになったということです。長い間、韓国は日本から何かを求める際、その要求を日本の国民がどう考えるのか考えませんでした。ただ政治家たちが政治的に解決すればよいと考えていました。ところが、そんな時代はもう戻ってこないようです。韓国と妥協したり、融和的な代案を示したりしようとすれば、「ノー」と言う日本国民が増え、政治家たちもこれを意識し始めました。日本国民の韓日問題に対する政治志向度が、韓国のように変わったのです。日本の政治家の間に最近、韓国を助けるな、教えるな、関与するなという「非韓3原則」というものが広がっていると言います。これは政治家が「つくった」ものではなく、有権者の強い求めによって「つくられた」ものだと考えます。私はこのような変化を「日本にも国民がいる」という言葉で表現します。ところが韓国の政治家や政策立案グループは、こんな日本の変化を努めて無視しながら、「かつて」を懐かしんでいます。しかし、その懐かしさが満たされることはないでしょう。

この三間を覆う大きな雲が別にあります。両国ともに、依然としてナショナリズムが力を発揮しているという事実です。ある日本の言論人の主張のように「不可能な最善」だけを求める韓国の原理主義者は、日本の右傾化を加速させ、時代の流れを無視する日本の歴史修正主義者は、韓国の原理主義者にせっせとエネルギーを供給しています。つまり、韓国の左派と日本の右翼は奇妙な共生関係にあるということです。韓国の左派は、竹槍歌を歌い、日本の右翼は、ヘイトスピーチを叫びます。そして両国の政治家は彼らを利用する。これこそがまさに韓日問題の国内政治化であります。韓日葛藤を利用することに誘惑を感じる政治家が韓国にはまだ多くおり、日本も大急ぎでその味を覚えている真っ最中です。

状況がこのように複雑なため、慰安婦問題が簡単に解決するはずがありません。私はこの場で韓国社会に対して、二つの根本的な質問をしようと思います。それは特定の政治圏に対する質問ではなく、韓国社会全体に対するものだということを強調しておきます。

第一に、韓国は慰安婦問題を韓国が望む水準で解決できるでしょうか。具体的に言うなら、2015年12月28日の韓日慰安婦合意は欠陥が多いとして、大統領、外相、女性家族相、「韓日慰安婦被害者問題」合意検討タスクフォース、与党の国会議員らが数十回、公開の席でこれを批判し、結局は「和解・癒やし財団」を解散させました。そうであるなら、少なくとも2015年の合意よりも良い合意を目標にしなければなりませんが、その可能性はあるでしょうか。私はその可能性はないと考えます。私がこの質問をする理由は、もし政権内部でもそんな可能性がないと判断するならば、これ以上国民を希望拷問(ごうもん)にかけるな、ということです。もし、結果と関係なく、より良い結果を得るため努力することが政府の義務であると考えるのなら、「韓日合意は認めないが、破棄や再交渉も求めない」と相互矛盾する原則を捨て、再交渉を求めるのが筋です。それが道理に従うことであり、正直な政府のすることでしょう。ところがこれまで、国内でそれらの矛盾を問題視したグループはありません。陣営論理から、味方をかばった結果です。

第二に、「韓国が望む解決水準」というのは、一体誰が決めるべきなのでしょうか。いえ、決めることが可能でしょうか。これまでは慰安婦運動団体が全権を行使してきました。そのため、尹美香氏が日本政府の法的責任を依然として求めているのかどうかが、国家間の交渉の主要なモメンタムになるというハプニングが起きました。今後は、市民団体が国家の上に君臨するようなことはないようですが、であれば一体誰がその役割を代わりにするのでしょうか。私はこの問題をICJ(国際司法裁判所)に持って行くことを議論する前に、国内で公論の場に持って行ってみる必要があると考えます。各界の専門家が集まって議論し、その議論の過程を随時公開し、結果を政府に建議する形を通じて、韓日問題の解決の水準を決定すれば、政権の負担も減り、対日交渉力も高まるであろうと考えます。もちろん前提が必要です。国民はこの議論を、忍耐強く見守る必要があります。途中で介入して反対したり、批判したりすることは自制せねばなりません。公論の結果が気にくわなければその後、国民も政府も拒否すればよいのです。仮にそんな状況が来たとしても、このような過程を経て韓国は、過去の歴史問題に一層より柔軟な態度をとることができるようになるでしょう。

私は、今こそ韓国社会がこの二つの質問に答えるべき時がきたと考えます。そうできる社会が成熟した社会であり、私たちはそれに値する国家になったと考えます。

次に、韓日間の過去の歴史問題を解くにあたり、いくつかの問題を考えたいと思います。

第一は、異見を受け入れる空気が必要です。他の意見を示せることは、民主主義を支える基本要素の一つです。しかし、韓日問題ではこのような原則が通じません。反日、排日、嫌日、克日は受け入れても、容日や文字のとおり日本と親しくしようという「親日」は許されません。個人もそうですし、メディアも同じです。このような現象を「自己検閲」といいますが、「自己検閲」が唯一作動している分野がまさに日本問題です。したがって、私は日本関連の報道が、メディアの「最後の聖域」であると考えています。この聖域には二つの種類があります。日本に有利、あるいは韓国に不利な記事を書いてはいけないというのと、もう一つは、反日的な性向の団体に不利な記事を書いてはいけないというものです。前者はメディア自らが努力してある程度、なくしてきている最中でしたが、後者は依然として難攻不落でした。ところが、尹美香事件が起こり、反日団体を批判できる突破口を開いたという点で、この事件は言論史的な側面でも重要な意味を帯びています。

私は現役記者時代、日本の味方をしているのではないかという誤解を受けるに値するコラムや記事をかなり多く書いた方です。ご存じのとおり、韓国紙の記事のクレジットには、記者の名前のあとにメールアドレスが書かれています。ここではっきりと言いますが、私は韓国を批判したり、日本の肩を持ったりするような記事のために、メールで批判を受けたことはただの一度も、本当にただの一度もありません。私が最も多くメールをもらった記事の1位と2位は、東京特派員時代に書いたものです。1番目は、リアップという有名な発毛剤が性能を高め、再び販売を始めたという記事、2番目は日本政府が日本に留学に来る外国人学生に対して5万円の奨学金支給を検討するという記事でした。靖国神社を首相の資格で訪問した小泉純一郎元首相の右翼性向を一生懸命に批判した私は、激励や支持のメールを1通も受け取ったことがありません。ところが読者は、発毛剤と5万円にかかる反応を見せるだなんて……一種の裏切りのようなものを感じましたが、しかしそれは読者の過ちではなく、私が世の中を読めなかったせいであったかもしれません。私は今や韓国国民も、日本の肩を持つような記事を何でもかんでも批判するようなレベルを超えたと考えています。

それはあなたが言論人だから、むやみに批判しにくいだけではないのかという反論もあり得ましょう。では一般社会はどうでしょうか。

2020年7月1日から9月6日までソウル恵化洞にある演友小劇場で、「親日探求」という題で、若い演劇者たちが親日問題をテーマにした10編の作品を舞台にかけました。親日問題を文章や言葉ではたくさん読み聞きしてきましたが、演劇という形を通じて「親日」を「見た」ことはなかったので、非常に気になりました。私は10編の作品をすべて見て、こんな結論を出しました。演劇者たちは、一般人たちよりもずっと勇気があるということです。すべての作品がそう言えるほど、演劇の中の親日は「角(つの)の生えた鬼」ではありませんでした。制作陣はほとんど、「親日」または「親日派」を快刀乱麻的に断罪することには懐疑的であり、そんな考え方を観客の前で正直に示しました。
「俊生」という作品で安重根の次男、ジュンセン（俊生）は、伊藤博文を狙撃する前日、父親と空想の中で会い、父親がやろうとしている義挙を「英雄遊び」とこき下ろし、「家族の悲劇に耐えられるのか」と怒鳴りつけます。そして、伊藤を暗殺しても何も変わらず、国は結局、植民地となり、自分をはじめ家族たちの生活だけ不幸になるので、どうか義挙を中止してくれと、しつこく求めます。他の作品も「親日派」のせいで、亡国となったのか、平凡な小市民が「親日」を避けることができたのか、誰でも独立運動家や英雄になれるのか、独立運動家や英雄はその家族にも尊敬されたのかという質問を投げかけます。私は彼らの前で恥ずかしさを感じました。「憎い日本」を断罪するより、「憎むことができない自分たち」をどう理解すべきか悩む演劇者たちの大胆さが、私にはなかったためです。多くの観客が彼らの演劇を見ましたが、内容を問題視するという話は聞いたことがありません。もしかすると、私たちは世の中を変えようとせず、世の中が変わることを期待しており、変わった世の中が訪れたのに、それを認めないでいるのかもしれません。

韓日問題では、日本に批判的な見方が主流です。ですが、主流も主流として、「善意」を独占するのに伴う責任意識を感じる時が来ました。少数の意見を「親日」だの「土着倭寇」だのという感情的な物差しで見るのではなく、当然の現象として見る時が来たと考えるのです。少数意見を開陳することがこれ以上、勇気ある行動だと言われてはなりません。

第二に、過去の歴史に対するリーダーシップを変える時がきました。これまで過去の歴史に対するリーダーシップは、国民の意思をよく受け入れれば、良いリーダーシップであると言われました。この問題を国民の意思に反して踏み切った大統領は、１９６５年に戒厳令まで宣布（せんぷ）して韓日国交正常化に署名したパク・チョンヒ（朴正熙）大統領、1998年にほぼすべての国民が反対する中で日本文化の開放を断行したキム・デジュン（金大中）大統領、そして2015年に歴代すべての大統領が「爆弾ゲーム」で先延ばししてきた慰安婦問題に合意した朴槿恵大統領の3人だけでした。

日本の問題で仕事をして何か失敗すれば非難されますが、他方でまったく何もしなければ、大統領は足を伸ばしてぐっすり眠ることができます。しかし、そんなリーダーシップもいよいよ限界が来たようです。文在寅大統領のジレンマがその例です。就任直後から慰安婦合意に明らかに反対してきた文在寅大統領は、韓日問題では平凡な大統領として残ることもできました。しかし、2021年1月18日の新年記者会見で、どういう理由なのかこれまでと態度を変える発言をしました。文大統領は、2015年12月の韓日慰安婦合意は公式合意であった、2018年10月の強制徴用判決による日本企業の資産の現金化は望ましくない、2021年1月の日本政府に賠償責任を認めたソウル中央地検の判決には実は困惑した、と述べました。意外でした。慰安婦合意に対する既存の立場を覆すだけでなく、司法の判断には介入できないとしていたこれまでの態度も変化させました。

しかし先ほど少し言及したように、大統領の発言後に変わったことはありません。政府内でいかなる準備をしているのかはわかりませんが、少なくとも具体的な案を出し、日本に交渉を求めたり、和解・癒やし財団に残ったお金の使い道など、2015年の合意に対するフォローアップ問題に言及したり、被害者の意見を集約したり（その後、国務総理室や外交省、女性家族省などで慰安婦被害者団体との会合が何度かあったが、特に解決策などは示さなかった）、半公開的に専門家の意見を求めたり、交渉のレベルを上げようと要請したり、日本企業の資産の現金化を防ぐ具体的な策に言及したり、という目に見えるアクションがなければ、1年も残っていない文在寅政権で解決の糸口を探すことは難しいでしょう。もし、大統領の新年の会見がいかなる変化ももたらさなければ、「プラシーボ効果」は、否定的な信頼が実際に否定的な結果をもたらす「ノーシーボ効果」に変わるでしょう。大統領の発言が変わったのを見て、私は日ごろ、自分が考えていたことを、また改めて考えるようになりました。私は文在寅政権の発足直後、2015年の慰安婦合意を破棄せず、気には入らないけれど国家間の合意なので守らざるを得ないという立場をとるなら、日本に「補完交渉」を求めることを望んでいました。それが最も賢明な方法であり、そうすれば国民も理解してくれたであろうと考えます。しかし、文在寅大統領はそうせず、はっきりと反対の道を進みました。そして今回それを覆しました。その理由を説明しませんでした。大統領としては、大きな決心をしたのかもしれませんが、日本の反応は非常に冷淡であるだけでなく、まったく変化がありません。私は被害者にも風格がなくてはいけないと考えますが、大統領が発言を覆したことは、風格とは、ほど遠いものです。

今こそ慰安婦問題の解決案に対して言及する時です。これまで言及したいくつかの前提を総合して、私は次のとおり四つのプロセスを一つのセットとする策を提案します。

第一に、韓国が望むことをすべて得ることはできないという点を前提にすべきです。過去の歴史問題は、譲歩と妥協をせざるを得ません。

第二に、国民を説得しなければなりません。私たちが得たものと失ったものを明らかにし、なぜそういう選択をしたのかについて説明すべきです。至難な過程ですが、避けることはできません。この過程を避ければ、合意はまたしても原点に返ることになるかもしれません。

第三に、リーダーが出てこなければなりません。今、両国は局長級協議を行っていますが、私はそれを観客のいない安っぽい演劇であると酷評します。私が聞いてもそうなので実際そうでしょうが、このような膠着した局面で、局長級が集まって、どんな問題を解決することができるでしょうか。記録に残すために、オウムのように自己主張だけを繰り返しているのでしょう。

第四に、両国は同時に行動を行わなければなりません。両国は現在、先に相手が何かを提案をすれば、それに合わせて自国の立場を決める、としています。相手にまず、ひざまずけということです。両国ともにそのようなことは絶対にしないでしょう。ハイレベルの水面下の接触を通じて、いかなる問題をどんな方法であれ合意をした後、これを同時に行動に移さなければなりません。

和田春樹・東京大学名誉教授ら日本人の学者8人が参加している「東アジア平和会議」はこう提案しました。日本は2015年の合意を再確認し、首相名義の謝罪の手紙を書き、駐韓日本大使が生存者の元慰安婦に渡せ。韓国は和解・癒やし財団の拠出金使用の内訳を日本に正式に伝え、残った56億ウォンと韓国側が預け入れた約103億ウォンを合わせて慰安婦問題研究所を設立する案を日本側と協議せよ、と。これらも一つの策となり得ます。しかし、あくまでも始まりにすぎません。そうすれば慰安婦問題解決の糸口は探すことができるかもしれませんが、足元で燃えている強制徴用判決による日本企業の資産の現金化問題は依然として残ります。もし現金化がなされれば、慰安婦問題にだけ合意してもまったく意味がありません。したがって私は、慰安婦問題と強制徴用問題を同じ交渉のテーブルにのせ、同時に解決する策を議論すべきであると考えます。

また、このように深まった葛藤を縫合し、慰安婦と強制徴用問題だけを解決して満足するのは問題があると思います。当然の話ですが、二つの問題を解決すると同時に、両国が過去の歴史を未来の教訓とするための教育、研究、継承、記憶する問題を議論せねばなりません。これは慰安婦被害者とその遺族に対する現金支給業務をある程度終わらせた和解・癒やし財団がやろうとしていたことです。

しかし、そんなこともできずに財団は解散させられてしまいました。

加えて提案したいことは、韓日間の連帯をさらに強化させられるビッグパッケージ、つまり第二の金大中・小渕宣言のようなものも考慮してみる、ということです。2020年末、パク・チウォン（朴智元）国家情報院長がこのような提案を日本側にしたと言われていますが、当時は韓国側の必要性から、急にあまりにも大きな提案をしたという印象を与えました。それでは難しく、両国ともその必要性に共感しなければなりません。その案に何を盛り込むのかは、専門家たちが議論すれば、いくらでもひねり出すことができるでしょう。もし、そのような宣言が可能であれば、内容も内容ですが、両国が長い葛藤の末、未来志向的な合意を導き出したという象徴的な意味合いも大きいことでしょう。

問題は、日本がまったく動いていないことです。日本が書類にサインし、お金を出してすべてが終わった、と主張することは正しくありません。合意の骨組みを揺るがさない範囲内で、感性的な行為はいくらでもできると思います。つまり、書類の合意は終わりではなく、管理の始まりと考えなければなりません。しかし、日本が交渉を拒否し続ければ意味がないので、両国はまずテーブルに向かい合う案から議論すべきでしょう。

いつ、いかなる方式で今回の葛藤が縫合（ほうごう）されるのかわかりませんが、私たちは「韓日関係の回復」という言葉はこれ以上使えないことを悟っています。両国は今、以前の関係に戻るにはあまりにも遠くまで来てしまっており、また先ほど指摘したように、日本があまりにも変わってしまいました。したがって私たちは、韓日関係の回復ではなく、再構築のために努力すべきでしょう。再構築という言葉には、両国が被害者と加害者の特殊な関係ではなく、隣国同士の普通の関係として向き合うべきだという意味があります。

このようなことを言えば、誰かがこんな反論をするでしょう。日本を適当に許せということか。いいえ、その反対です。現在、日本と韓国は、加害者と被害者の位置が入れ替わった格好です。日本は韓国がしきりに合意を覆していると韓国に抗議する一方、国際社会でもそう主張しています。かかる構図は正しくもなく放置してもいけません。私は公私の場で、何度も次のような主張をしてきました。もし私たちが望む水準で、日本の謝罪を引き出すことができないと判断するなら、日本に反省と謝罪は求めるけれども、これ以上、金銭的な要求はしないでいようということです。前例がなかったことではありません。1993年3月、キム・ヨンサム（金泳三）大統領がこう宣言し、元慰安婦たちのための関連法をつくり、我々自らが彼女らの支援を始めました。その際、日本を相手にしていた外交官は、堂々として誇らしかった、と回顧しています。私たちは今、過去の歴史の清算費用程度なら自らが負担できる国になったではありませんか。2022年に発足する新たな政権には、この策を必ず一度検討していただければと思います。そうであれば韓国は永遠に道徳的優位に立つことができます。

時々、こんな指摘がされます。なぜ日本を批判をしないのか。2020年亡くなったチェ・ソミョン（崔書勉）国際韓国研究院長の言葉を、答えの代わりにしようと思います。「日本の良識のある学者が、独島（竹島）は日本の領土ではない、と言えば、韓国ではすぐにその学者が、独島は韓国の領土であると語った、と言います。そうではない。独島が韓国の領土であるということは、韓国が証明しなければならない」。これと同じように、私が韓国に対する批判的な立場を取っても、それがすなわち日本には何の過ちもない、ということにはなりません。日本にも、韓国に対してと同様に、言わねばならないことがたくさんある。しかし、私は最近、日本に対する批判は、日本のメディアや、いわゆる良心勢力に任せようと考えています。その理由は、韓国と日本はいま、ともに相手国の批判にほとんど耳を傾けないためです。つまり、批判しても効果がありません。約20年前、私が東京特派員であったころは、日本の新聞に韓国に関する記事が出れば、可能な限り紹介しようとしていました。その記事が韓国を批判していようが、称賛していようが、です。これはソウルで勤務する日本の特派員も同じだったと思います。でも最近は、そんな記事を見つけるのは難しくなりました。なぜなら、そんな記事を書いたところで反応がほとんどないためです。したがって日本に対する批判は、日本に任せるのが、まだ効果的だと思います。

ただ私は最近、韓日問題だけは、日本のメディアに若干の不安を覚えています。東京特派員時代に経験した日本メディアは、多様性、準備性〔しっかりとした事前準備〕、深層性の面でうらやましい側面がありました。ところが、準備性と深層性は変わらないものの、最近、多様性はかなりなくなってしまいました。つまり日本の政権に対する批判的な論調や、韓国への友好的な論調が、明らかに減ってしまいました。このような現象は、2012年8月にイ・ミョンバク（李明博）大統領が独島（竹島）を訪問した後、安倍晋三首相の長期政権期間に目立っていきました。韓国の立場をかばうことが難しくなり、いわゆる親韓派の肩身が狭くなったからだと、日本メディアの人々は言います。そんな時、私はこう言います。韓国のメディアは韓国併合以降100年間、「親日派」と批判されながらも、多様な意見を伝えるためにつらい道を歩んできた。日本メディアがたかだか10年ぐらいで戦意を喪失するのは問題だ、と。

メディアの話では、もう一つ別の問題があります。韓日関係の膠着には、メディアに責任があると言う人が最近多いことです。私はこれらの意見は、半分は正しく、半分は間違っていると考えています。今、この瞬間だけを竹筒を使って観察するなら、そう見ることもできるでしょうが、20年、30年という長いタイムスパンで見た場合、韓国メディアの日本報道は明らかに進歩してきました。むしろ日本が逆方向に行っています。

そんな論点とは別に、韓国と日本のメディアは今、ペンとマイクの方向を少し変えてみる必要があると思います。両国のメディアは今まで、主に相手を批判することに紙面と電波を使ってきました。しかし、そんな報道のやり方は、両国関係の改善にまったく役立たないということが最近の状況で証明されました。そのため私は今後、両国メディアが偏屈な自国中心の報道から脱皮し、相手を批判するために使っていた紙面と電波の10分の1でもいいから、相手の立場を伝えるために使うことが、長期的に見ると両国関係の改善に役立つだろうと確信します。メディアがそうするのは何か特別なことをするのではなく、元々そうしなければならなかった、そうできなかったことを改めるということです。また、日本の問題については、誰かが論調を独占したり、判断したりせず、新聞社の論調と異なる意見も、外部コラムや寄稿を掲載することで報道の均衡(きんこう)をとる、いわゆる集団的知性を活用する方法を検討する必要があります。これはメディアの役割でもありますが、そのような作業を通じて読者に、過去の歴史問題に対する均衡的な見方を提供することができ、これが過去の歴史問題を解くことに、間接的に役立つことになるでしょう。

私は、韓日間の懸案の説明で、こんなたとえを使ったことがあります。「政治家は太陽を見て、学者は白い雲を見て、大臣や次官は雷と稲妻を見て、実務者は雨を見て、メディアは雨がつくったぬかるみを見る」。政治は国民の意思にだけに逆らわなければよく、学者は理想的な策だけを示せばよく、大臣や次官は世論の叱咤(しった)だけを避ければよく、実務者は現実にだけ順応すればよく、メディアは批判だけをすればよい、という意味でした。これは、実に多くの人々が韓日の問題に関与するが、結局は誰も責任を負わなくてもよい、という話でもあります。私は今、不可能な目標を可能だと欺(あざむ)いてきた国家も、国民も、被害者も、運動団体も、メディアも、考えと行動を変える時が来たと思います。

このような提案をすれば「土着倭寇(わこう)」と言われるかもしれません。しかし、このような主張をしても私が得るものは何もなく、悪口だけ言われるので、私は私を「土着虎口(ここう)」「日本に友好的な態度をとることで韓国では損をする愚か者」であると思います。そうですが、今日のように、このような場で自分の所信を話すことができることも「土着虎口」であるからこそ可能だと思います。最後に今日の私の発表のタイトルは「被害者の品格」としたいと述べて、発表を終わらせたいと思います。お聞きいただきありがとうございます。

この本の韓国版の原稿を書き終えるころ、次のようなコラムに出会った。

> 韓国が道徳的絶対優位を持った過去の歴史問題で、日本に圧迫されるという超現実的なことが起こった原因と責任が、文在寅政権にだけあるのではない。日本に対する強硬一辺倒の声以外は許さないという、韓国社会全体の責任だ。日本問題に関しては、生産的な討論が不可能だ。何が国益に役立つのか、道徳的優位を維持し続けようとすれば、いかなる戦略を持たなくてはいけないのか、冷徹に議論する余地が許されないためである。韓国には、反日感情を政治的・社会的に利用しようとする部類、そんな扇動に巻き込まれ、対策のない強硬論を叫ぶ部類、誤った道に進んでいることを知りながらも人目が気になって沈黙する部類、それらだけが存在する。そんな歳月が積もりつもった結果が、今の韓国が目撃している韓日の過去の歴史問題の現実だ。

政治家、官僚、学者、法曹人、メディア、市民団体すべてが共犯だ。

イ・スンシン（李舜臣）が、釜山の日本軍本陣を攻撃せよ、という宣祖の命令に従わなかったことは、国を救おうという忠誠心がなかったからではなく、その戦いに勝つのが難しく、結局は国を守ることができなくなることを知っていたからだ。強制徴用・慰安婦の判決の後に来る甚大な影響を心配し、政府の対応の問題点を批判することは、親日的な見方を持っているためではない。そのような方式では、日本に勝つのは難しく、問題も解決できないことを伝えるためである。今からでも真摯で冷徹に過去の歴史問題を解いていかなければならない。そのためには、李舜臣が転生しても親日派とされるしかない今の社会の雰囲気が変わらなくてはいけない。「悲しみ憤り嘆いて命を投げるのは簡単ではあるが、最後まで辛抱し義を成就することは難しい（慷慨赴死易従容就義難）」。

（「ユ・シンモ（柳信模）の外交フォーカス」、「京郷新聞」2021年1月29日付）

筆者の主張と似ていて、より良い文章と出会った。このコラムをエピローグのエピローグとしたい。

訳者あとがき

本書は韓国で出版された『慰安婦問題、聖域から広場へ　沈揆先の慰安婦運動団体分析』（2021年2月、ナナム）の一部を省略した日本語版である。沈揆先さんは韓国紙・東亜日報で編集局長や役員などを歴任した韓国言論界の重鎮であり、東京特派員を務めた日本通だ。

ただ、本書を著すにあたり、そんな輝かしい経歴は何の意味もなさなかっただろう。必要なのは「事実」を丹念に集め、政治志向や国益、国民感情に拘束されることなく自由に書くという、ジャーナリストとしての当然の営みだけだったと思われる。記者を鍛え、動かすことができるのは、読者の反応でも何らかの見返りでもない。いわんや上司の指示でもない。ただ「事実」のみ。そんな原点に立って記された一冊である。

言わずもがなではあるが、本書はいわゆる「嫌韓本」のたぐいではない。確かに、ユン・ミヒャン（尹美香）事件と慰安婦問題の支援運動の批判的分析に多くの紙幅を割き、鋭く切り込んではいる。だがそれらは根拠がない誹謗（ひぼう）・中傷ではなく、冷酷なまでにひたすら「事実」にこだわった結果であり、記者に求められる基本姿勢を貫いたにすぎない。

日韓関係を取材する両国のメディアにとって、慰安婦問題は非常に悩ましい懸案である。被害の実態をどう見るか、被害者たちをいかに救済するのか、そもそも問題の解決とは何か……。立場によって見解が分かれる上、時間の経過とともに「記憶」や「感情」がぶつかりあい、それぞれの主張は交わるどころか、反り返るようにどんどん離れていく。冷静に事態を見つめるべきジャーナリズムも、いつしか国の威信をかけた競争に放り込まれ、その結果、さして知識や関心がなかった市民の感情までをも煽（あお）りたてる格好になっている。

慰安婦問題の和解を試みる日韓外交の動きに、支援団体が大きな影響力を及ぼしてきた事実は否定できない。なぜそれほどまでに存在感を増したかといえば、一つには韓国の政府や世論が被害者の存在を知りつつも一定程度以上には関与せず、支援団体に丸投げしてきたことが挙げられるだろう。

本著に詳述されているように、１９９０年代の「アジア女性基金」と２０１５年の日韓慰安婦合意は、この問題を考える上で大きな節目だった。だが支援団体には受け入れられなかった。

とりわけ日韓慰安婦合意は、ムン・ジェイン（文在寅）政権の国内向けの政治利用に振り回され、すっかり骨抜きになってしまった。この合意をめぐり、アメリカの強い圧力に耐えかねた日韓両政府がしぶしぶ非公式協議を始め、最終合意にいたったとの誤った言説が一部に広がっている。しかし、事実はまったく異なる。非公式協議は、未来世代に険悪な隣国関係を継承させてはいけないとの思いから、アメリカの関与なしに互いに向き合った共同作品にほかならない。

そんな合意の精神が日韓政府双方に見つけられない現状は、目を覆うばかりである。沈さんも理事を務めた、合意を基に設立された「和解・癒やし財団」は文政権が強引に解散した。かたや安倍晋三首相に代表される韓国に対する、かたくなで悪意的とも映る姿勢には、合意で表明された「おわびと反省」のかけらすら感じられない。

日本政府側の問題点も十分に把握している沈さんは、その気になれば本書を上まわる分量で、その不誠実さや狡猾(こうかつ)ぶりを書けただろう。にもかかわらず、あえて世界文化遺産「明治日本の産業革命遺産」の登録と、その後にできた「産業遺産情報センター」の展示の問題点にとどめたのは、まずは韓国国内で考えるべきこと、行動できることは何かという枠組みを維持するためではなかったか。

日韓の対立をやわらげ、問題の解決を目指すヒントとして、最終章では徴用工問題の解決策として国会に上程されたムン・ヒサン（文喜相）国会議長案を詳しく取り上げている。確かに韓国国内でも文喜相案をめぐっての評価は分かれる。与党の国会議長が主導した案とはいえ、大統領府は当初から距離を置いた。文在寅政権が難色を示した理由にもまた、個々の被害者の意向というよりは、弁護団や支援団体の理解が得られないことがあった。

懸案を乗り越えるには、互いに歩みを相手方に一歩進める動きが欠かせない。沈さんが訴える「実現不可能な最善」か「実現可能な次善」のうち「次善」を選択するのなら、どちらか一方だけの歩み寄りはありえない。つまり韓国側がもし「次善」にかじを切ったのなら、日本としても最大限の誠意を示さねば、対立が収まるどころか、さらなる反発を生むだけに終わってしまうことを、私たちは悟らねばなるまい。

沈さんは今回、慰安婦問題の支援運動という「事実」を深く掘った。だが当然それは、日韓の歴史問題の一つの側面にすぎない。ジャーナリズムはこれからも「事実」を追い求め、検証し、分析するという地道な作業を重ね、沈さんの後に続かねばならない。その対象の聖域化は一切許されない。

翻訳作業に手間取り、電話やメールでのやりとりが何度も続く中、沈さんは大学で講義を続けながらも大著『ジャパンウォッチャー　誰が日本を見ているのか』を書き上げてしまった。現役時代と変わらぬ取材、出稿量には頭が下がる。

最後に、専門性が高く、経緯も複雑な問題を扱う本であるにもかかわらず、丹念に読み込み、常に適切なアドバイスをいただいた朝日新聞出版の海田文さんにも厚く感謝の意を表したい。

２０２１年12月

コロナ禍の中、次期韓国大統領選の動きを日本で見つめながら

箱田哲也

著　沈揆先（シム・ギュソン）
1956年、韓国・京畿道安城生まれ。ソウル大学国語教育学科卒業後、83年に保守系大手新聞社である東亜日報入社。東京特派員、編集局長、論説室長、大記者などを歴任したのち、2017年に退社。15年の韓日慰安婦合意に基づき発足した「和解・癒やし財団」の理事も務めた。現在はソウル大の日本研究所客員研究員。著書に『日本を書く』、『朝鮮通信使 韓国の中の今日』（ともに2017年）、『ジャパンウォッチャー 誰が日本を見ているのか』（2021年、すべて未邦訳）などがある。

訳　箱田哲也（はこだ・てつや）
1988年４月、朝日新聞社入社。初任地の鹿児島支局や旧産炭地の筑豊支局（福岡県）などを経て、97年から沖縄・那覇支局で在日米軍問題を取材。朝鮮半島関係では、94年にソウルの延世大学語学堂で韓国語研修。99年からと2008年からの２度にわたり、ソウルで特派員生活を送った。13年４月より朝日新聞論説委員。

韓国最大の支援団体の実像に迫る
慰安婦運動、聖域から広場へ

2022年１月30日　第１刷発行

著　　者　沈揆先
訳　　者　箱田哲也
発 行 者　三宮博信
発 行 所　朝日新聞出版
〒104-8011　東京都中央区築地５-３-２
電話　03-5541-8832（編集）
03-5540-7793（販売）

印刷製本　株式会社 加藤文明社

ISBN978-4-02-251805-7
定価はカバーに表示してあります。